KB210905

외대부고
공신들의
**진짜1등
공부법**

박인호 지음

외대부고 공신들의
진짜1등 공부법

진학 야전사령관 박인호 선생님의 SKY 입시공략의 비밀

글로세움

중학생이나 고등학생 자녀를 둔 학부모들 사이에서 가장 많이 오르내리는 얘깃거리는 단연 자녀 교육 문제이다. 동창회를 가도, 지인들을 만나도 자녀 교육이나 진학 문제가 화제에서 빠지는 경우가 드물다. 기승전 '골프'에 이어 기승전 '교육'인 나라다.

우리나라는 대학진학률 1위의 나라로 고급 인력이 넘치는 반면, 다른 한편으로는 학군과 학원에 따라 부동산이 들썩이고 사교육의 과잉으로 부모의 등골이 휘는 나라다.

누구나 여기저기 주워들은 교육정보를 가지고 한마디씩 한다. 자신의 경험을 일반화하여 얘기하는 경우도 많다. 그래서인지 교육에 관한 한 모두가 전문가라는 말이 있다. 그런데 많은 분들과 얘기를 나누다 보면 의외로 정보에 어둡거나 안다고 하더라도 잘못 알고 있는 경우가 많아 놀라곤 한다.

용인외대부고에 와서 줄곧 아이들의 진학과 진로에 대한 고민을 함께 나누었다. 지난 6년간은 고3 부장으로서 진학을 맡아 씨름했고 그러면서 경험하고 느꼈던 소중한 이야기들이 너무 많다. 각양각색 제자들의 공부에 대한 열정과 그 발자취가 내 기억 속에서 지워지기 전에 기록으로 남겨야겠다는 생각을 하게 됐다.

이 책에 수십 명의 졸업생을 소환했다. 실전 사례의 일부가 될지언정 열정을 따라가며 그들의 경험과 내 경험을 진솔하게 담았다. 수많은 제자들의 행적을 따르면 여기서 다룬 몇 이야기는 무지갯빛 빨주노초파남보 중 빨주 정도에 불과하다. 이 책에 담은 공부와 진학에 관한 이야기들이 독자 여러분의 공부 태도를 바꾸고 진학 전략을 수립하는 데 조금이나마 도움이 된다면 더할 나위 없겠다.

'엄친아'라는 말이 있다. 아이들에게 이 말은 스트레스의 원천이다. 엄친아와 관련된 담론 속에는 포장되거나 과장된 이야기들이 많다. 설령 잘나가는 엄친아가 있다 해도 모든 것을 다 잘하는 학생은 거의 없다. 하나를 잘 하면 다른 것에 약한 경우가 현실적이다. 우리 아이가 가진 재능에는 주목하지 않고 옆집 아이의 잘난 면에만 더 주목하고 부러워하는 것은 아이러니다. 적절한 비교는 동기유발의 기제가 될 수 있겠지만 지나친 비교는 불행의 씨앗이다.

페이스북 등 소셜 네트워크 서비스를 많이 이용할수록 우울증에 빠질 확률이 높다. 좋은 음식, 좋은 장소 위주로 올리는 수많은 사진과 글을 자신의 처지와 비교하게 되기 때문이다.

공부 고수는 남과 비교하는 대신 자기 자신의 성취에 관심을 갖는다. 누구보다 앞서기 위해 공부하기 보다는 이전보다 발전하는 나를 발견하는 것을 즐긴다. 남과 비교하는 삶은 타인의 시선과 기대대로 사는 삶이다. 이런 삶은 끊임없이 스스로를 비교의 굴레에 가두기 때문에 피곤하고 왜소한 삶을 살게 되는 것이다. 삶의 주인공은 타자가 아니라 나 자신이다.

학부모의 자녀에 대한 관심과 기대가 자칫 조급한 마음과 결부되어 자녀를 심리적으로 압박할 수 있다. "성적이 이게 뭐니", "이래서 대학은 가겠니" 등의 말은 아이들에게 상처가 될 뿐 긍정적인 효과를 가져 오기 힘들다. 아이들은 부모의 말을 잔소리로 듣기 시작한다. 서로 간에 소통이 차단되고 점점 장벽이 생기게 된다.

아이들이 성적에 대한 압박감을 가지면 공부에 몰입할 수도 없거니와 제대로 실력을 발휘할 수도 없다. 혹여 성적으로 인해 아이가 풀이 죽어 있으면 핀잔 대신 위로를 하는 편이 낫다. "네가 우리 곁에 있는 것만으로 충분하다. 네 존재 자체가 우리 가족에게는 행복이다."라고 말이다. 이 아이들은 무려 수억 대 일의 경쟁률을 뚫고 태어난 존재들이라는 점을 잊지 말자.

학부모와 상담을 하다 보면 "우리 애가 이런 애가 아닌데…"라며 갸우뚱하는 분들을 보게 된다. 보통 부모는 자녀를 가장 잘 안다고 생각한다. 하지만 부모가 생각하는 아이는 일면적이다.

부모 앞에서와 또래들 앞에서 하는 모습은 아주 다르다. 자녀가 제대로 노래 부르는, 춤추는, 발표하는, 토론하는, 갈등을 해결하거나 배려하는 모습을 제대로 살펴 본 경험이 없을 것이다. 아이들은 부모 앞에서는 어린 아이처럼 칭얼거리기도 하고 치대기도 한다. 때문에 부모의 시각으로 보면 마냥 어리고 어설프게 보일 수 있다. 하지만 학교라는 공간에서 공부하고 생활하는 모습은 사뭇 다르다. 그래서 부모는 자기 아이를 잘 모른다고 하는 것이다. 이런 불일치는 어쩌면 당연한 것인지도 모른다. 역할 연기가 다르기 때문이다.

부모 중 일부는 자신의 한을 아이에게 투사하여 대리만족을 얻는다. 아이와 상담하면서 왜 의사, 판검사를 하고 싶은지, 언제부터 그런 꿈을 갖게 되었는지 물어보면 "그냥 어릴 때부터 부모님도 원하시고…"라며 두루뭉술하게 대답하는 경우가 많다. 꿈조차 마치 종교와 같이 그냥 그런 거라고 믿는다는 것이다. 학생 스스로 자신의 잠재 역량을 찾는 것이 중요하다. 부모는 자녀가 자신의 끼와 잠재력을 찾을 수 있도록 도와 주는 역할이 요구된다. 이런 일에는 시간과 인내가 필요하다.

"우리 아이가 중학교 때는 참 잘 했었는데…"라는 부모도 많다. 흔한 경우라서 그다지 놀라운 일이 아니다. 중학교와 고등학교는 다른 레벨의 세계다. 프로에 지명된 아마추어 선수는 고등학교 시절 다들 한가락 하던 선수들이다. 그러나 프로 세계에 들어오면 진짜 실력이 드러난다.

공부도 마찬가지다. 고학년으로 갈수록 잠재 역량이 드러나느냐 점차 사그라드느냐의 갈림길에 서게 된다.

공부를 잘 하고 싶은 욕망은 누구에게나 있다. 하지만 공부는 누구나 다 잘하지는 못한다. 이 책에서 공부 잘 하는 학생들의 '진짜공부' 이야기를 풀어보고자 한다. 이 책을 읽었으면 하는 사람은 중·고등학생과 그 자녀를 둔 학부모들이다. 이들과 대화하는 마음으로 쓰려고 했다.

후배들을 위해 진솔한 합격 후기를 보내준 노윤, 민서, 정은, 하은, 동준, 보금, 정환아 정말 고맙다. 아울러 제자들과 함께한 소중한 시간, 아름다운 추억에 감사한다. 앞으로 맞게 될 많은 제자들에게도 힘이 되고, 조금이나마 도움이 되는 인생의 길잡이로 살고 싶다.

2018년 9월
학구열 넘치는 왕산리 계곡에서
박인호

1장 고수는 '진짜공부'로 이긴다

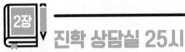

2장 진학 상담실 25시

3장 대입의 시작은 고교 선택부터

4장 무엇이 학교를 특별하게 만드는가

5장 대학 입시 이렇게 준비했다

1장

───

고수는
'진짜공부'로
이긴다

───

01
즐기는 자를 이길 수 없다

'공부' 하면 바로 떠오르는 이미지는 무엇인가? 한숨부터 짓는 사람들이 꽤 있을 것이다. 머리가 지끈거린다는 사람도 있을 것이다. 어떤 학생은 엄마의 얼굴부터 떠오른다고 한다. 그 표정이 어떠냐고 물으면 그다지 좋은 말이 나오지 않는다. 많은 학생들에게 공부는 지겨운, 짜증나는, 싫지만 안 할 수는 없는, 과업이면서 숙명과도 같은 것 등의 이미지로 다가올지 모른다. '땀과 눈물'을 떠올린다면 그나마 귀여운 축에 속한다.

그렇다면 그런 학생들에게 '학교'는 어떤 의미로 다가올까. 만약 학교가 나에게 부담만 잔뜩 주는, 억지로 가야 하는, 심지어 감옥 같은 곳으로 여겨진다면 얼마나 불행하겠는가.

나는 늘 학생들에게 인생은 재미있게 사는 게 최고라고 말한다.

살아가는 동안 대부분 이런저런 공부를 하면서 살게 될 텐데 그 공부가 재미없다면 그야말로 인생 자체가 재미없을 게 아닌가.

과연 '공부'라는 단어와 '재미'라는 단어는 서로 어울리는 말일까. 물론이다. '공부하는 재미'라는 말로 표현했을 때 결코 모순되는 조합은 아니다. 공부에서 재미를 느끼며 행복하게 살아가는 사람들이 주변에 의외로 많다. 그런 사람을 우리는 공부 고수라 부른다. 공부의 재미를 아느냐 모르냐가 고수와 하수를 가르는 첫 번째 기준이라 하겠다.

공부가 재미있다고 하면 혹자는 제 정신이 아닌 사람 쳐다보듯 한다. 공부에 찌들어 힘들었던 기억이 있는 사람이라면 어쩌면 당연한 반응일지도 모른다. 하지만 공부 고수는 공부의 재미를 안다. 공부의 재미는 지적 호기심이 충만한 사람들이 갖는 특권이다.

합스(HAFS, 용인외대부고의 약칭)를 수석 졸업하고, 서울대 사회과학부에 합격한 2기 수진이는 자신의 학생카드 장점을 적는 난에 '지적 호기심과 동기 충만, 매사를 재미있게 열심히 함'이라고 당당히 적었다. 수진이는 자신의 대입 자기소개서 첫머리에 이렇게 적었다.

"제 꿈은 사회과학자입니다. 공부는 제가 가장 잘 할 수 있고, 가장 재미있는 일이며, 가장 하고 싶은 일이고, 가장 뜻 깊은 일입니다. (중략) 대학 생활에 대한 모든 상상 중에서 가장 설레는 것은 책과 유인물을 잔뜩 쌓아 놓고 공부에 빠져 있는 제 모습입니다."

나는 대학에 보내는 수진이 추천서의 첫 부분에 이렇게 썼다.

"학습을 진심으로 즐기는 학생입니다. 수업에 놀라울 정도로 집중하며 교사의 질문에 적극적으로 대답합니다. 특히 사회 과목에 관심과 흥미가 많아 수업 외에도 스스로 심화 학습을 하는 등 자기주도적 학습 역량을 갖추었습니다."

공부를 놀이처럼 재미있게 하고 학교를 놀이터 삼아 다닌 학생들은 수도 없이 많다. 11기 하은이(서울대 서양사학과 수시 합격)는 "기숙사 학교의 특권을 마음껏 누려라"며 학교를 어떻게 놀이터 삼아 즐겼는지를 고백하고 있다.

11기 민서(서울대 경영대학 수시 합격)는 합격 수기에서 "피할 수 없다면 즐기라는 말이 있듯이 학교 수업은 우리가 가장 즐겨야 할 일상이다."라고 말한다.

11기 보금이(서울대 화학생물공학부 수시 합격) 역시 합격 수기에서 다음과 같이 말한다.

"합스는 내 인생의 터닝 포인트였다. 많은 사람들이 대학교 진학이 인생의 전환점이라 말하지만, 나는 한 치의 망설임도 없이 합스에 진학한 것이 내 인생의 전환점이라고 확신한다. 합스를 통해 나는 세계를 바라볼 수 있는 시각을 얻었고, 수많은 소중한 인연을 맺었으며, 스스로 성장할 수 있었다. (중략) 나는 합스인이기에 자랑스러웠으며, 자랑스러운 합스인이다."

학교를 놀이터 삼아 즐기지 않았다면 나올 수 없는 고백이다. 11기 정은이(서울대 정치외교학부 수시 합격)는 무려 8개의 동아리 활동을 하며 학교를 정말 놀이터 삼아 즐긴 학생이다. 힘들 때도 있었겠지만 내가 바라본 정은이의 얼굴은 늘 웃는 낯이었고 수업과 학교생활을 즐기는 기운이 느껴졌다.

물론 합스를 거쳐 갔거나 다니고 있는 학생 모두가 공부를 재미있어 하는 것은 아니다. 공부를 버거워하거나 학교에 적응하지 못해 무척 힘들어하는 학생들이 왜 없겠는가. 울기도 하고 상담을 요청하는 학생도 적지 않다. 안타깝게도 매년 10명 안팎의 학생이 일반 학교로 전학을 가기도 한다.

공부를 힘들어 하는 학생들에게 특효약은 없다. 다만 그런 학생들에게 공부를 대하는 관점부터 바꾸라고 권한다. 스스로 공부 맛을 알고 어려움을 극복하며 쾌감을 느끼는 것을 경험할 때까지 기다리는 수밖에 없다. 분명한 것은 그런 경험들이 쌓일수록 자신감이 생길 것이고 공부하는 재미와 힘을 알게 될 것이라는 점이다.

2018년 3월 14일 76세로 생을 마감한 영국의 천재 물리학자 스티븐 호킹(1942~2018)은 "인생이 재미없다면 그것은 비극이다"라는 말을 남겼다. 호킹은 뇌와 척수의 운동 세포가 파괴되어 머리조차

가눌 수 없는 치명적 장애를 딛고 경이로운 업적을 남겼다. 그런 호킹 박사가 인생이 재미있었다고 한다. 멀쩡한 몸으로 하루하루를 재미없게 사는 사람들을 향한 따가운 일침이 아닌가.

불치의 장애를 가지고 어떻게 인생을 재미있게 살 수 있었을까. 공부하는 재미였을 것이다. 미지의 세계를 알아가는 재미를 고스란히 느끼며 살았을 테니 행복했을 것이다. 고대 그리스의 수학자이자 물리학자 아르키메데스가 목욕탕에서 부력의 원리를 발견하고 '유레카'라고 외치며 알몸으로 뛰쳐나왔다는 유명한 일화가 있다. 앎의 기쁨이 얼마나 컸으면 그랬을까. 관점과 호기심에 따라 공부가 짐이 될 수도 있고 재미있는 일이 될 수도 있다.

뛰어난 성적을 올리는 야구 선수의 인터뷰를 주의 깊게 들어보면 야구를 재미있어하고 즐긴다는 것을 알 수 있다. '천재는 노력하는 자를 이길 수 없고, 노력하는 자는 즐기는 자를 당할 수 없다'는 말이 있다. 호킹의 경우는 천재가 즐기기까지 했으니 누가 감히 당해내겠는가. 천재가 아니라면 좋아하는 것에 빠져 노력하거나 즐겨 보자. 그러면 적어도 게으른 천재보다는 낫지 않겠는가.

공부를 재미없는 것으로 만든 원흉이 시험이다. 지나친 내신 경쟁을 하게 되면 공부가 놀이일 수 없고 학교가 놀이터가 아닌 전쟁터가 된다. 시험이 스트레스인 이유는 시험 점수에 연연하고, 그 점수를 다른 친구와 비교하려 들기 때문이다.

이제부터는 관점을 바꿔야 한다. 결과에 연연하거나 점수를 목표로 공부하지 마라. 남과 비교하지도 마라. 자기 자신의 과거와 현재를 비교하라. 과거보다 현재가 나아졌다면 칭찬받을 일이고 현재보다 나아질 미래가 있다면 희망적인 것이다.

고수의 오늘과 하수의 오늘은 다르다. 고수의 오늘은 기다려지는 놀이터와 같지만 하수의 오늘은 버거운 걱정거리다. '카르페 디엠'Carpe diem이란 말이 있다.

'Carpe diem, quam minimum credula postero.'
'오늘을 붙잡게, 내일이라는 말은 최소한만 믿고.'

농사에 관한 은유로서 로마의 시인 호라티우스(B.C. 65 ~ B.C. 8)가 쓴 싯구의 일부이다. '오늘을 즐겨라'라는 말로 통용되고 있는데, 미래를 버리고 오늘 감각적 즐거움만 추구하라는 뜻이 아니다. 매 순간 충만한 생의 의미를 제대로 느끼며 하루하루를 살라는 뜻이다.

시험과 입시라는 내일만 바라보고 오늘의 재미와 행복을 유예시키지 마라. 오늘, 바로 지금 여기에서 재미를 느끼고 행복하라.

카르페 디엠!

여러분에게는 공부라는 재미있고 설레는 놀이가 있지 않은가.

02
진짜공부를 알면 꽃길로 대학 간다

"진짜공부 경험이 많은 학생을 보내 달라. 그런 학생을 수시에서 뽑고 싶다." 몇 년 전 서울대 입학본부 김경범 교수와 대화 중 나눈 말로 기억에 생생하다. 주어진 커리큘럼에 따라 수동적으로 수업을 듣고, 그저 열심히 익혀 좋은 점수를 받을 수는 있다. 그러나 그런 학생은 대학에 와서 성장을 멈추고 도태되는 경우가 많다는 것이다.

공부란 무엇인가. 공부에 대한 정의는 사람마다 다양하지만, 유시민의 정의가 흥미롭다. 그는 공부를 '인간과 사회와 생명과 우주를 이해함으로써 삶의 의미를 찾는 작업'이라고 말한다. 그러한 작업을 타의에 의해 수동적으로 하거나 하기 싫은 마음을 억누르며 억지로 하는 것은 가짜공부이다.

진짜공부는 궁금한 것을 찾아 스스로 깊이 파고들어가며 탐구하는 공부다. 궁금한 것을 스스로 찾아 파고들기 위해서는 반드시 갖춰야 할 것이 있다. 바로 지적 호기심이다. 지적 호기심이 풍부한 학생은 누가 말려도 알기 위해 발버둥 친다. 그리고 그 호기심이 충족되었을 때 느끼는 희열이 어떤 맛인지 잘 안다. 그런 경험이 하나하나 쌓이면서 성장하는 것이다.

진짜공부의 핵심 조건은 '지적 호기심+자기 주도성+심화 탐구 능력'이다. 즉, 지적 호기심을 바탕으로 자기주도적으로 깊게 파고들어가는 공부가 진짜공부다. 진짜공부 경험을 가진 학생일수록 장차 발전 가능성이 크기 때문에 대학 입장에서는 선호할 수밖에 없다. 김 교수의 이 말은 매우 강렬했다. 내신 성적이 다소 떨어지는 학생이라도 진짜공부 경험이 축적되어 있다면 가능성을 높이 보고 선발할 수 있다는 얘기였다.

그 후 나는 제자들에게 진짜공부를 강조했고, 이런 학생을 찾아 눈여겨보는 습관이 생겼다. 가짜공부를 하는 학생은 공부를 할수록 에너지가 소진되는 데 비해 진짜공부를 하는 학생은 공부를 하면 할수록 에너지가 솟구친다.

간혹 학생들이 자기소개서를 쓸 때 '1등급을 받기 위해 코피 터지도록 죽어라 공부해서 목표를 달성했다'는 식으로 쓰는 경우가 있는데, 이런 학생은 별로 좋게 평가하기 어렵다고 한다. 공부 자체를 즐기지 못하고 목표 지향적으로 공부하다 보면 그런 열정은 소진되는 에너지에 불과하다는 것이다.

그런데 애석하게도 아이들의 끓어 넘치던 지적 호기심은 성장하면서 많이 시들어버린다. "그걸 질문이라고 하니", "시끄러워! 가서 공부나 해", "쓸 데 없는 질문 말고 저리 꺼져" 등 무의식적으로 내뱉은 말 앞에 질문이 막히고 호기심의 싹이 시들어버린 것은 아닐까.

사람의 생애 주기 중 3살~7살 정도의 나이가 호기심이 가장 왕성하다. 여기저기 열어보고 만져보고 부수고 하는 행동들은 호기심에서 기인하는 자연스런 행동들이다. 어린 아이가 "엄마, 나무는 왜 서서 자는 거야?"하고 묻는다. 이때 그냥 "나무니까" 하면서 얼렁뚱땅 넘어가버리면 호기심은 점점 줄어들게 된다. 아이들의 지적 호기심이 얼마나 확장되고 연장되느냐는 거의 엄마들의 인내심과 관련된다고 해도 과언이 아니다. 이게 말이야 밥이야 싶어도, 당황스러워도, 끊임없는 질문 공세에 인내심을 갖고 차분히 설명해줄 때 호기심은 더 커지고 오랫동안 소진되지 않는다.

공부 고수는 공부에 대한 관점이 다르고, 공부의 맛을 안다. 공부는 새로운 것을 배우는 행위이므로 무척 설레는 일이다. 공부가 설렌다고 이상할 것 하나도 없다. 우리가 소풍을 가거나 여행을 갈 때 늘 설레던 경험이 있을 것이다. 미지의 세계로 떠나 새로운 것들을 보고 느낄 수 있기 때문에 설레던 게 아닌가. 공부가 설레는 이유는 알고 싶은 호기심이 있기 때문이다.

교과서에 있는 지식들은 수백 년 동안 각 분야의 천재들이 발견해 낸 원리와 이론의 집합체이다. 공자, 맹자는 물론 소크라테스, 플라톤, 아리스토텔레스, 프로이트, 아담스미스, 리카도, 피타고라스, 가우스, 라이프니츠, 뉴턴, 아인슈타인 등 이루 헤아릴 수 없는 천재들의 이야기가 펼쳐진다. 그들과 호흡하며 대화하라. 이 얼마나 가슴 설레는 일인가. 우리가 재밌는 드라마를 볼 때 가장 지적 호기심 수치가 증가하는 때가 있다. 갑자기 중간 광고를 할 때다. 그 20~30초를 참기가 힘들다. 그런 기분으로 다음 책장을 넘기는 거다.

다른 나라로 여행을 가면 꼭 들르는 곳이 있다. 박물관과 시장이다. 박물관에서는 과거를 들여다보는 재미가 있고, 시장에서는 현재를 들여다보는 재미가 쏠쏠하다. 그 나라 사람들과 대화를 나누는 것을 좋아한다. 그냥 궁금한 것들을 물어보고 알아가는 재미가 있다. 외국에 가면 일부러 한식을 찾지 않는다. 현지 음식을 먹어보는 것이 여행의 묘미이기 때문이다. 처음에는 두리안이라는 열대 과일의 향이 싫었다. 그런데 호기심으로 계속 도전하다 보니 지금은 매우 좋아하는 과일이 되었다. 처음에는 어려워도 나중에는 끊기 힘든 은근한 맛에 빠지게 된다.

공부도 그렇다. 새로운 것에 두려움 없이 부딪혀라. 누구나 여행을 떠날 때 미리 지도를 펴 놓고 갈 곳을 그려보면 가슴이 설레던 기억이 있을 것이다. 그 이유는 새로운 곳을 알고 싶은 호기심이 발동하기 때문이다. 그런 의미에서 공부는 설레는 여행이다. 미지의 세계를 탐험하는 지적 여행이다. 대단원, 중단원, 소단원으로 책장을 하나하나 넘기면서 새롭게 다가오는 지식과 정보의 맛을 느껴보라. 그 지적 여행의 설렘을 공부에서 느끼는 자와 그렇지 않은 자 사이의 간극은 점점 벌어질 것이다.

호기심을 갖고 스스로 찾아서 하는 공부, 그것이 진짜공부이다. 여행을 가서 이것저것 먹어보고 돌아다니고 체험하며 느끼는 것들 하나하나가 공부다. 그런 공부는 지적 호기심이 충만한 상태에서 이루어지는 자기주도적 학습이다. 우리는 여행을 통해서 이미 진짜공부를 해본 경험이 있다. 용인외대부고 조경호 입학홍보부장은 한 인터뷰에서 이렇게 말했다.

"'프로세스'란 자기주도적 학습 과정을 의미한다. 만약 수업을 통해 양자역학에 대한 궁금증이 생겼다면, 인터넷 검색으로 양자역학의 정의(정답)만을 '쏙' 찾아내는 것이 아니라 관련 서적·논문 등을 찾아 읽고, 탐구활동을 진행하며 지적 호기심을 확장·충족해야 한다는 것이다. 이러한 프로세스를 강조하는 이유는 외대부고의 수업 및 방과 후 활동이 학생들이 주도하는 탐구활동을 기반으로 진행되기 때문이다."

〈에듀 동아, 2018.06.12.〉

지난해 외대부고에 입학한 14기 예원이는(자연과학계열) "교과와 연계된 내용을 깊이 학습하는 것이 중요하다고 생각해 독서활동에 기반한 탐구활동을 했다"며 "중3 수업시간에 삼각비를 배우며 흥미가 생겨 조사하다보니 삼각함수의 존재를 알게 됐다. 이것이 또 물리랑 연결됨을 알고 '파동을 삼각함수로 표현할 수 있지 않을까?'라는 호기심을 해소하기 위해 여러 책을 찾아 읽으며 탐구했던 과정을 자기소개서에 녹여냈다"고 말했다. 스스로 찾아 파고드는 공부는 누가 시켜서 하는 게 아니라 지적 호기심의 자연스런 발현이다.

외고 마지막 기수인 6기 다은이(서울대 건축학과 수시 우선선발, 연세대 건축공학과 수시 합격)는 대입 자기소개서에 다음과 같이 적었다.

> "저는 자신이 배우고 싶은 것을 스스로 선택해 배우려 노력해 나가는 과정이 공부라고 생각합니다. 그런 점에서 저는 3년 동안 다른 학생들보다 진짜공부에 더 가까운 공부를 했다고 생각합니다. 제가 배우고 싶은 것은 언제나 건축이었고 건축과에 가기 위해 배워야 하는 수학, 과학도 정말 배우고 싶었습니다. (중략) 공부는 순수하게 지식을 추구하는 마음, 그리고 그 과정에서 성장하는 즐거움입니다."

당시 자연계 학생을 위한 별도의 수업이나 프로그램이 없어 이과 수학과 과학을 혼자서 공부해야 했던 다은이가 진짜공부 맛을 알지 못했다면 버티지 못했을 것이다. 가짜공부를 하는 학생은 가시밭길을 걷지만 진짜공부를 아는 학생은 꽃길로 대학을 간다. 무엇인가를 알아가는 것은 무척 설레는 일이다. 설레는 공부 여행은 질문으로 시작되고 감동으로 끝난다.

03
몰입하는 자를 당할 수 없다

3기들이 고3이었을 때다. 내가 담임을 맡은 반 한 여학생이 4월 모의고사에서 전교 1등을 했다. 내신 성적이 전교 20~30등 권이었고 평소 그다지 공부를 열심히 하지 않는 학생처럼 보여서 당시 매우 의외로 받아들였다. 중간고사 시험기간에도 책상에 앉아 진득하게 공부하기보다는 여기저기 돌아다니며 친구들과 얘기를 나누는 모습이 눈에 띄었다. 그런데 성적은 2학년 때보다 더 상승했다.

하도 이상해서 그 녀석 기숙사 룸메이트한테도 물어보고 친한 반 친구에게도 물어봤다.

"그 녀석 내가 보기엔 별로 공부 안 하는 것 같은데 어떠니?"

아이들의 대답은 의외였다.

"쟤는 몰아서 공부해요. 다 해놓고 저렇게 빈둥거리는 거예요."

직접 그 학생을 불러 상담을 했다. 내 궁금증은 곧 풀렸다.

"나는 필feel을 받아야 공부가 된다, 그때까지는 책상에 앉지 않고 딴 짓을 하거나 돌아다닌다, 일단 공부 필을 받으면 두세 시간 집중적으로 공부한다, 아마 그게 다른 학생들 서너 시간 공부하는 것보다 많을 수도 있을 것이다."

그 학생의 대답이었다. 학생의 IQ는 우수한 편이었지만 탁월한 정도는 아니었다. 그 학생에 대한 호기심이 생겨 자료를 살펴보니 이미 영어 TEPS 920점, 중국어 HSK 6급, AP(대학과정 선이수) 5개 과목을 이수하여 만점을 획득해 놓았던 것이다. 그 후 6월과 9월 평가원 모의고사에서도 전교 1등을 하였고, 수능도 만점 가까이 받아 서울대 사회과학대학에 정시로 합격했다.

그 학생이 바로 3기 하연(서울대 사회과학대학 정시 합격)이다. 그 학생에게서 올해 4월경 전화가 왔다. 로스쿨을 졸업하고 변호사 시험에 합격하여 대형 로펌에 근무하게 됐단다. 그의 실력은 놀라운 몰입 능력에서 비롯된 것이다.

'4당 5락'이라는 말이 있다. 4시간 자면 붙고 5시간 자면 떨어진다는 뜻인데, 수많은 수험생들의 책상 앞에 마치 진리인 것처럼 붙어있다. 하지만 예전에 고시 공부하던 시절에는 통했을지 몰라도 실제 현실과는 거리가 먼 얘기다.

공부 시간과 학업 성취도가 상관관계가 없다고 말하긴 어렵다. 엄밀히 말하면 얼마나 오래 공부하느냐가 중요한 것이 아니라 얼마나 집중하느냐가 성취도를 좌우하는 결정적 변수가 된다. '공부는 엉덩이 힘'이라는 말도 몰입이 전제되지 않는 한 어불성설이다. 몰입하지 않고 백날 책상 앞에 앉아 있어봐야 헛수고다.

수능 수석합격자들이 인터뷰를 할 때 충분히 자면서 공부했다고 말하면 거짓 아니냐며 의심부터 한다. 그렇지만 실은 그게 사실이다. 그렇게 의심하는 것은 정말 고수가 안 되어 봐서 그런 거다. 공부 고수치고 밤을 새워가며 공부하는 자는 극히 드물다. 깨어 있는 시간에 몰입하여 최대한의 효율을 내는 것이 고수의 공부법이다.

영어 스터디study의 어원은 라틴어 스투데레studere이다. 스투데레의 원래 뜻은 '전념하여 노력하다, 갈구하며 몰두하다'이다. 즉 '공부하다'라는 것은 무언가를 간절히 바라며 노력하는 것이다. 퇴계 이황은 경敬 사상을 통해 "한곳에 몰입하여 다른 쪽으로 마음을 쓰지 않는 것"이 학습법임을 강조했다고 한다. 그는 "공부가 몸에 배도록 익히는 작업이 중요한데 익히는 일은 어떤 것이든 하나에 몰입하는, 이른바 정신 집중이 가장 좋은 방법"이라고 했다.

용인외대부고의 전신 용인외고가 설립 허가를 받은 해가 2004년인데, 그 해에 정민이 쓴 《미쳐야 미친다 – 조선 지식인의 내면 읽기》라는 책이 나왔다. 이듬해 1월 9일, 강렬한 제목에 이끌려 이 책을 손에 들고 단숨에 읽어내려 갔다. 지금도 그 책은 내 서재 한 가운데에 꽂혀 있다.

"불광불급不狂不及이라 했다. 미치지 않으면 미치지 못한다는 말이다. 남이 미치지 못할 경지에 도달하려면 미치지 않고는 안 된다. 미쳐야 미친다. 지켜보는 이에게 광기狂氣로 비칠 만큼 정신의 뼈대를 하얗게 세우고, 미친 듯이 몰두하지 않고는 결코 남들보다 우뚝한 보람을 나타낼 수가 없다."는 것이 저자의 말이다.

양자역학, 블랙홀, 드론, 인공지능, 가상현실, 뇌과학, 유전학, 바이오 제약, 신소재, 핀테크, 블록체인, 컴퓨터 프로그래밍, 3D 프린팅, 미적분학, 문화산업, 정의와 인권, 국제분쟁, 시사토론, 게임이론, 행동경제학, 철학, 미학, 서양미술사 등 미쳐서 몰입할 분야가 얼마나 많은가. 어느 것이든 각자의 관심 분야에 꽂혀서 한번 미쳐보라.

말콤 글래드웰의《아웃라이어outlier》라는 책이 인기를 끈 적이 있다. 아웃라이어는 '각 분야에서 큰 성공을 거둔 탁월한 사람'이란 뜻이다. 글래드웰은 성공 이유를 탁월한 재능에서 찾는 경향에 이의를 제기하면서 "그들이 역사를 구분 짓는 진정한 요소는 그들이 지닌 탁월한 재능이 아니라 그들이 누린 특별한 기회이다. 어느 분야에서든 세계 수준의 전문가, 마스터가 되려면 1만 시간의 연습이 필요하다. 1만 시간은 대략 하루 세 시간, 일주일에 스무 시간씩 10년간 연습한 것과 같다."고 말한다.

한 우물을 그렇게 집요하게 팔 수 있게 한 힘은 어딘가에 미쳐서 몰입할 때 나오는 것이다. 어릴 적 TV나 만화책에 푹 빠져 엄마가 밥 먹으라고 부르는 소리를 듣지 못한 경험이 있을 것이다. 왜 엄마의 목소리가 들리지 않았을까. 초 몰입 상태에 빠졌기 때문이다. 초

몰입 상태에서는 시간 지각이 없어져 2시간이 1시간처럼 빠르게 느껴진다. 재미있는 영화나 드라마를 시간 가는 줄 모르고 봤다면 초몰입 상태를 경험한 것이다.

공부 고수는 의자에 오래 앉아 있지 않는다. 다만 초 몰입 상태에 잘 빠지고 몰입의 효율을 잘 알고 있으니 그다지 많이 공부하지 않는 것처럼 보일 뿐이다. 고수에게 '4당 5락'이라는 말은 고리타분한 얘기다. 몰입은 지적 호기심과 궤를 같이 한다. 호기심이 약할수록 몰입력도 약해지고, 호기심이 왕성할수록 몰입력은 커진다.

이제부터라도 공부할 때 시간 단위로 계획을 잡지 마라. 과업 단위로 계획을 잡는 것이 바람직하다. 오늘 몇 시간 공부해야지, 몇 시간 공부했으니 목표 달성이야. 이건 하수들의 공부법이다. 오늘 할 과업을 정해놓고 그걸 3시간 만에 완료했으면 목표가 달성된 것이다. 그때부터 신나게 놀면 되는 것이다. 만약 오늘의 과업을 10시간을 투자해서도 완료하지 못했다면, 시간을 더 써서라도 완료하는 것이 우선이고, 자신의 수준에 맞게 과업의 양을 적절히 조절하는 게 그 다음이다.

당장 시간 때우기 식 공부 습관은 과감히 버려라. 공부는 '엉덩이 힘'으로 결정되지 않는다. 몰입하는 자를 당할 수 없다. 하고 싶고 알고 싶은 어떤 것에 미쳐서 몰입하라. 곧 앎의 희열을 맛보게 될 것이다. 정신일도 하사불성精神一到 何事不成! 모든 것은 마음먹기 달렸다.

04
나무와 숲을 넘나드는 공부

공부는 설레는 여행과 같은 것이라고 했다. 여행이 설레는 이유는 새로운 곳에 대한 호기심 때문이다. 탐험가가 미지의 세계를 탐험할 때의 설렘, 무언가를 발견했을 때의 흥분을 공부에서도 고스란히 느낄 수 있다.

공부에서 설렘과 흥분을 느낀다고 말하면 '과연 그럴까'라며 의심부터 하는 사람이 많다. 그러나 분명한 것은 우리 주변에 실제 공부의 맛을 제대로 알고 고스란히 느끼는 사람들이 존재한다는 것이다. 그들을 우리는 공부 고수라 부른다.

고수는 다음 단원을 기다리고 하수는 현재 단원에 매몰된다. 고수가 다음 단원을 기다리는 이유는 두 가지다. 하나는 현재 단원 내용을 이미 이해했기 때문이며, 다른 하나는 다음 단원에 대한 지적 호기심 때문이다.

'지금 공부하는 것도 버거운데 어떻게 다음 단원이 기다려진다는 말인가'라고 반문할지 모른다. 지금 여행하고 있는 곳을 샅샅이 다 알면 더욱 좋겠지만, 그렇지 않다고 해서 다음날 여행에 대한 기대가 사라지는 것은 아니지 않는가?

우리가 꿈에 그리던 어떤 멋진 집을 하나 장만했다고 생각해 보자. 집을 볼 때 어떻게 접근하는가. 집의 입지와 모양새부터 관찰하지 않겠는가. 그러고 나서 설레는 마음으로 눈을 동그랗게 뜬 채 살며시 문을 하나씩 열고 내부 모습과 인테리어 등을 살피게 된다. 등산을 할 때도 마찬가지다. 멀리서 산의 형세부터 조망한 후 점점 숲 속으로 들어가며 다양한 나무들을 구경하며 탐색한다.

기대를 갖고 다음 책장을 넘기는 마음, 다음 단원을 기다리는 마음은 숲을 먼저 관찰했기 때문에 가능한 얘기다. 저 숲 안에 어떤 나무가 있을까, 어떤 계곡과 경관들이 있을까 궁금해지는 것은 보통 사람들이 갖는 감정이다. 멋진 건물을 보면 그 속이 궁금해지는 심리와 매 한가지다.

학생들마다 교과서를 공부해 들어갈 때는 접근법이 다르다. 많은 학생들이 교과서나 참고서를 펼치고 습관처럼 본문 첫줄부터 죽 읽어나간다. 중간쯤 가다보면 흐름을 잃고 헤매게 된다. 나무는 보고 있지만 그것이 어디서 태생하여 어느 숲에서 자라고 있는 나무인지 알지 못한다. 이런 공부법은 하수의 방법이다.

고수는 관점과 접근법이 다르다. 공부 고수는 숲에서 시작해서 나무를 찾아들어가고, 숲으로 나와 다시 전체를 조망하는 것에 익숙하다. 먼저 능선과 계곡을 보며 숲의 형상을 관찰하고 나무로 접근하여 공통점과 차이점을 찾는다. 곧장 멀리 떨어져서 숲을 다시 살펴며 구조와 흐름을 놓치지 않는다.

공부 방법도 다르지 않다. 하지만 많은 학생들이 거시적 접근과 미시적 접근 사이를 유연하게 오가지 못하고 급하게 나무로 들어가는 버릇이 있다. 교과서는 대개 5~6개의 대단원, 대단원마다 각 3개의 중단원, 그리고 중단원 밑에 3개 안팎의 소단원으로 짜여 있다. 책을 들면 중단원 단위로 학습하되, 대단원명-중단원명-소단원명(또는 리드문)을 우선 살펴보는 것이 좋다. 중단원의 학습 목표를 확인하고, 소단원별 내용을 꼼꼼히 읽어가는 식으로 학습하는 것이 좋다. 소단원의 내용을 읽을 때도 단락 단위로 핵심 내용을 파악하는 훈련이 필요하다. 내용을 읽어나가다 다시 전체의 단원 구조를 살피기 위해 숲 밖으로 나와야 한다. 이런 식으로 유연하게 공부하는 것은 전체의 단원 흐름과 맥락을 놓치지 않는 좋은 방법이다.

예를 들어 고등학교 통합사회 교과서의 한 단원 구성을 보자.

Ⅵ. 사회 정의와 불평등

1. 정의의 의미와 실질적 기준

2. 자유주의와 공동체주의의 정의관

단원을 거시적으로 조망하면서 자유롭게 질문을 던져보는 거다. '정의와 불평등 문제는 어떤 관계지?', '정의의 본질은 평등인가?', '정의에 대한 관점이 다양하구나, 어떻게 다르지?', '사회적 불평등은 뭐고, 공간 불평등은 뭐지?', '왜 이런 불평등이 생길까?', '정의는 불평등 문제를 해결하는 기준을 제공하는가?' 등의 질문을 스스로 던질 수 있다면 적어도 하수는 아니다. 이런 질문을 끊임없이 던져야 설렘 상태가 유지되는 것이다.

지적 호기심이 많은 학생일수록 질문도 많지만, 이런 질문 연습을 통해서 호기심이 유발되기도 한다. 이렇게 형성된 호기심이 바로 다음 단계, 즉 나무로 서서히 들어가는 원동력이다. 첫 번째 중단원 안으로 들어가면 정의의 의미, 정의가 요청되는 이유, 아리스토텔레스의 정의관, 정의의 실질적 기준 등의 소단원이 전개된다.

이제부터 나무의 크기, 색깔, 모양 등을 탐색하고 공통점과 차이점을 발견하면 된다. 빵을 분배하는 문제를 둘러싼 모둠토의, 대학 입학시험 제도와 정의 문제, 성과 연봉제와 정의, 보편적 복지와 선별적 복지 논쟁 등을 다룬 탐구활동을 공부하다가 다시 단원 밖으로 나와야 한다. 탐구한 내용들이 정의에 대한 실질적 기준이 다르기 때문에 발생하는 관점의 차이이고, 그것이 두 번째 중단원의 정의관으로 이어짐을 파악하며 흐름을 놓치지 않게 된다. 이게 고수의 공부법이다.

통합과학 대단원 I 의 제목은 '물질의 규칙성과 결합'이다. 지구와 생명의 역사를 우주 역사 속에서 탐구하는 단원이다. 지구, 생명, 우주라는 숲 속을 조망한 후 '물질의 기원', '원소의 주기성', '화학 결합과 물질의 형성'이라는 중단원 숲 속으로 들어간다. 첫 번째 숲 '물질의 기원'에서는 원소 생성, 원소의 스펙트럼, 빅뱅 우주론, 핵융합 반응, 초신성 폭발이라는 나무를 탐구한다. 두 번째 숲 '원소의 주기성'에서는 양이온과 음이온, 주기율표, 할로젠, 알칼리 금속 등의 나무를 비교하며 탐구한다. 세 번째 숲 '화학 결합과 물질의 생성'에서는 옥텟 규칙, 화학 결합, 공유 결합과 이온결합 등을 탐구하며 공통점과 차이점을 찾는다. 나무를 탐구하다가 다시 숲 밖으로 나오면 우주-물질-생명체라는 거대한 숲이 보일 것이다.

학생들이 보는 교과서나 수험서에는 수많은 이론과 개념들, 탐구 활동과 자료 등이 일정한 체계 속에서 잘 구조화되어 있다. 숲을 보면서 저 안에 들어나면 나무들이 어떤 모습을 하고 있을까를 상상하고, 나무를 관찰하면서도 언제든 숲의 구조와 형상을 궁금해 하는 호기심을 가지고 교과서를 펼치자. 그러면 누구나 고수의 길로 접어들 수 있다.

드라마 연기자들이 대본을 받아 들고 연기 연습을 하는 상황을 가정해 보자. 단순히 대본을 암기하려고 시도하는 연기자는 초보일 것이다. 노련한 연기자는 빠르고 완벽하게 대본을 자기 것으로 만든다. 그들은 감정을 이입하여 대본 속 이야기에 몰입할 때 대본을 자기화할 수 있다는 것을 경험적으로 알고 있다. 이때 노련한 연기자는 숲과 나무를 오가는 방식으로 대본에 빠져든다. 드라마 전체의 구조, 기승전결의 흐름을 숙지하고 나서 미시적으로 접근하여 대사를 읽는다. 대사에 빠져들어 읽어 내려가면서도 늘 전체의 구조를 염두에 두기 때문에 감정의 과잉 없이 각 상황에 맞는 적절한 연기를 구현할 수 있는 것이다.

공부를 하는 것도 연기자가 대본을 공부하는 것과 이치가 같다. 교과서는 대본이고 학생은 연기자다. 예를 들어 조선 건국 초 정도전이 왜 신권정치를 주장하며 이방원과 충돌했는지 각각 정도전과 이방원의 입장이 되어 대본을 읽듯이 교과서에 빠져보라. 고려 말에 어떤 문제가 있어서 조선 건국 당시 토지 개혁에 전력했는가? 정도전과 이색, 정몽주의 역할을 연기한다고 가정하고 감정 이입을 해보라. 검사와 피고인의 공방을 배울 때면 스스로 검사도 해보고, 피고인도 연기해 보라.

이러한 고수의 공부법은 여러분을 공부의 객체가 아닌 공부의 주연이 되게 한다. 교과서 속 글씨들은 고통스럽게 읽어야 할 대상이 아니라 생각하게 하고 움직이게 하는 대본이다. 숲과 나무를 자유롭게 오가며 신나게 연기하듯 고수의 길을 가라.

05
많이 보지 말고 여러 번 봐라

기말고사 준비에 한창이던 때였다. 어떤 학생이 책상 위에 수학 문제집과 참고서를 잔뜩 쌓아두고 있었다. 학원에서 나눠 준 듯한 제본과 프린트도 눈에 띄었다. 그 학생은 시험 보기 전에 이걸 다 풀어야 한다고 말했다. 뭔가 강박증에 사로잡힌 것처럼 보였다. 그 많은 문제를 다 풀면 그물에 물고기가 걸리듯 시험문제가 걸릴 것이라고 믿는 것 같았다. 애석하게도 그 학생의 수학 성적은 기대에 한참 못 미쳤다.

일반적인 생각과 달리 공부 고수들은 참고서나 문제집을 많이 풀지 않는다. 가령 300문제를 1번 푸는 대신 100문제를 3번 푸는 방법을 택한다. 학생이 문제를 많이 푸는 데 매달린다는 것은 자신감이 없거나 심리적으로 쫓긴다는 의미와 다르지 않다.

우리 한국인은 예로부터 반복을 참 좋아하는 것 같다. 역전前 앞, 처가家 집, 해변邊 가 등 한자어와 순우리말이 뒤섞여 반복된다. 깡통의 경우도 깡(can의 일본식 발음)과 통桶의 결합어로 같은 의미의 반복이다. 킹왕짱도 마찬가지다. 킹king+왕王+짱(長의 중국식 발음) 등 같은 뜻의 단어를 국경을 넘나들며 반복한다. 일상 언어뿐만 아니다. 신정과 구정 새해 인사를 두 번씩 반복한다.

공부에 왕도는 없다고 하지만 사실은 그렇지 않다. 같은 시간을 투자하고도 효율성과 성과는 다르게 나타난다.《삼국지》의〈위략魏略〉편에 독서백편의자현讀書百遍義自見이라는 말이 나온다. 책이나 글을 백 번 읽으면 그 뜻이 저절로 이해된다는 뜻으로, 학문을 열심히 탐구하면 뜻한 바를 이룰 수 있음을 가리키는 말이다. 옛날 선비들은 과거科擧를 보기 위해 기본서를 무한 반복 학습했다. 고시의 최고봉이라 일컬어지는 사법고시와 행정고시 준비생들도 수없이 반복 학습을 통해 과목을 정복한다.

반복이야말로 최고의 학습법이다. 수많은 참고서와 문제집을 책상 위에 쌓아놓고 다 풀었다고 해서 성적이 오르는 것은 아니다. 진짜 고수들은 많이 섭렵하지 않는다. 그들은 기본서와 문제집 1~2권을 반복 학습하여 완전히 자기 것으로 만든다.

11기 인문과정을 수석 졸업한 노윤이(서울대 경제학부 수시 합격)는 "공부에 방법이 있다면 공들여 단권화한 기본서를 반복해서 공부하는 것이다. 쏟아지는 문제집을 푸는 데 급급하면 미세한 개념의 빈

틈을 채울 수 없고, 문제에서 봤던 특이한 선택지나 참신한 아이디어도 쌓이지 않는다."고 했다.

10기 인문과정을 수석 졸업하고 수능 만점으로 전국 수석을 한 재경이(서울대 경제학부 수시 합격)도 이것저것 참고서나 문제집을 많이 푸는 대신 기본서와 기출문제집, 수능특강, 수능완성을 반복 학습했다고 한다.

11기 정은이(서울대 정치외교학부 수시 합격)도 "수학적 감이 좋은 편이 아니라서 많은 문제를 반복해서 푸는 방식으로 공부했다. 내신 공부를 할 때는 기본서와 문제집 몇 권을 적어도 3번 이상씩 풀어 완전히 내 것으로 만들었다. 수능에서는 비교적 자신이 없었던 미적분 고난도 문제를 가능한 한 최대로 많이 구해서 여러 번 반복해서 풀었다. 틀린 문제에 표기를 해두고 해설을 보지 않고 끝까지 매달렸다."고 말한다.

11기 자연과정 수석 졸업생 정환이(서울대 의예과 수시 수석 합격) 역시 반복 학습을 통해 완전 학습의 경지에 도달하고자 애썼다. 그는 "시험 전에는 먼저 모든 것을 빠짐없이 완벽히 이해하였고 그 후에는 참고서를 보지 않더라도 내용을 읊으면서 설명할 수 있을 정도, 혹은 정리한 내용을 빈 공책에 막힘없이 써내려갈 수 있을 정도로 완벽하게 공부했다."고 한다.

인간은 망각의 동물이라고 한다. 독일의 심리학자 헤르만 에빙하우스가 16년간 연구한 결과에 따르면 인간의 망각은 학습 후 10분이 지나면 시작된다. 1시간 뒤 50%, 하루 지나면 70%, 한 달이 넘으면 80%를 잊어버린다. '인간의 기억은 시간의 제곱에 반비례한다'는 에빙하우스의 망각곡선 이론이다. 기억의 장기화 노력 없이 수년이 지나면 어떻게 될까. 그의 논리대로라면 100% 망각되어 아무 것도 남지 않는다. 반복 학습이 중요한 이유는 인간의 망각 때문이다.

조선시대 엽기적인 노력가 김득신(1604~1684)의 이야기는 유명하다. 아이큐가 절대로 두 자리를 넘지 않았을 것이 분명한 그는, 평생을 두고 잠시도 쉬지 않고 노력을 거듭한 인물이다. 한 인간이 성실과 노력으로 이룰 수 있는 한계를 보여준 사람이다. 그가 쓴 《독수기 讀數記》라는 책에는 이렇게 기록되어 있다.

《백이전》은 1억 1만 3천 번을 읽었고, 《노자전》《분왕》《벽력금》《능허대기》《의금장》《보망장》은 2만 번을 읽었다. (중략) 갑술년(1634)부터 경술년(1670) 사이에 《장자》《사기》《대학》과 《중용》은 많이 읽지 않은 것은 아니나, 읽은 횟수가 만 번을 채우지 못했기 때문에 《독수기》에는 싣지 않았다.

김득신의 사례는 바보같이 아둔한 자도 반복학습으로 이룰 수 있는 경지가 있음을 시사한다. 하지만 김득신의 학습법은 따르기 어려운 매우 비효율적인 방법이다. 학생이라면 현실적으로 어떻게 반복학습을 통해 공부 효율을 높일 수 있을까?

수업 직후 반드시 복습하고 중단원 진도 완료 후 한 번, 대단원 진도 완료 후 또 한 번 복습하는 것은 기본이다. 시험 2주 전 총 복습, 1주 전 다시 복습, 시험 전날 총정리 및 확인 등의 과정을 통해 반복 학습이 자연스럽게 이루어지게 된다. 특히 담당 교사의 출제 경향을 파악하여 그에 맞추어 대비하는 것도 중요하다.

문제집을 풀 때 답을 체크해 놓으면 다시 볼 때 사고의 폭을 제한하기 때문에 효과적인 반복 학습이 되지 않는다. 반복 학습을 위해서는 별도의 공간이나 노트에 답을 표기하는 것이 좋다. 문항 옆에는 푼 횟수를 체크해 두거나 중요도 또는 난이도 등을 자신만의 일관되고 특별한 기호를 정해 표기해 두는 것도 한 방법이다.

진화론으로 유명한 영국의 생물학자 찰스 다윈(1809~1882)은 '아주 심한 바보를 제외하고 사람의 지적 능력은 개인차가 별로 없으며 단지 열정과 성실함의 차이가 있을 뿐'이라고 강조했다. 아이들은 현재 자신의 부족함을 알고 노력하는 과정에서 열정과 성실함의 중요성을 깨닫는다. 어떤 새로운 것을 배울 때 자신이 아는 것과 모르는 것을 자각하는 것과 스스로 문제점을 찾아내고 해결하며 자신의 학습과정을 조절할 줄 아는 능력을 메타인지라고 한다. 소크라테스가 말한 '너 자신을 알라'라는 말이 부끄럽게 다가오지 않는 경지에 이를 때까지 반복하고 또 반복하라. 그러면 여러분도 공부 고수가 될 수 있다.

06
암기보다는 상상력이 우선이다

아침 공부 시간에 고난도 수학 문제 1개, 영어 단어 10개 정도를 퀴즈로 내어 풀게 하고 출제한 학생이 나와 어원과 뜻을 설명하는 시간을 가진 적이 있다.

10기 승민이(서울대 영어영문학과 수시 합격)가 생각난다. 대구에서 올라 온 영문학을 아주 좋아하는 남학생으로 전문가 수준의 영화광이기도 했다. 영어 단어가 나오면 무슨 영화에서 주인공 누가 말한 이런 대사에 나오는 단어야 라는 식으로 설명했다. 그 당시 승민이가 언급한 어휘는 생각나지 않지만, 설명 방식과 연상법이 매우 인상적이었다. 그런 내용을 그의 생활기록부에 기록해줬다.

승민이가 서울대에 제출한 자기소개서를 꺼내 보니 다음과 같은 내용이 있다.

"영화에 대한 남다른 열정으로 숱한 영화들을 감상하고 시나리오를 탐독했습니다. 특히 〈시티 라이트〉를 보고 훌륭한 각본을 써서 인간의 영혼에 버팀목이 되는 영화를 연출하겠다는 포부를 키웠습니다. (중략) 〈시계태엽 오렌지〉 등 큐브릭과 같은 거장들의 영화는 모두 영문학의 토양에서 싹텄습니다. 저는 영문과에서 작가들이 노래한 삶의 아름다움과 진리를 탐구하며 그들의 창의성과 통찰력을 배워 영화 창작의 밑거름으로 삼고 싶습니다."

수많은 학생이 어렵고 귀찮은 일쯤으로 여기는 영어 단어 암기를 승민이는 자신이 좋아하는 영화와 연계하여 공부했고, 단순 암기보다는 어원 중심의 학습법을 동원하여 즐겁게 공부했다. 어원을 따지고 드는 습관은 영문학 작품의 맛을 제대로 이해하기 위한 노력이었다. 공부 고수들은 암기를 앞세우지 않지만 하수들은 무턱대고 외우고 본다. 11기 정환이(서울대 의예과)는 합격수기에서 이렇게 말한다.

"공부할 때는 원리를 파고드는 것에 집중할 수 있었다. 나는 이해하기 전까지는 외우는 것을 싫어하고, 내가 가진 논리에 지식이 부합하지 않는다면 그냥 넘어가지 않았다. 아집이 있다고 생각할 수도 있지만, 합리적인 선에서 새로 배운 지식과 기존에 내가 지니던 체계 사이에 부조화가 생긴다면 둘 중 하나는 수정하거나 조화시킨 후에 넘어가야 한다고 생각한다. 그래서 교과서에 있는 개념들이 어떻게 연결되는지, 그 관계와 원리에 대해 고민하고 그때그때 드는 의문점을 항상 메모한 뒤에 해결될 때까지 머리를 싸맸다."

대학수학능력시험이 다가오면 방송과 신문에 관행처럼 남은 기간 수능 공부법이 보도된다. 그런데 아직도 사회나 과학 같은 탐구 과목을 암기 과목이라고 통칭하는 기자들이 있다. 학력고사 시절도 아니고 교육과정이 몇 번이나 바뀌었는데 있지도 않은 암기과목 타령인가. 사회 과목이 어렵다고 하는 학생들의 공통된 특징 중 하나는 사회를 '암기'의 대상으로 접근한다는 점이다. 사회 현상의 원리를 이해해야 하는 전형적인 이해 과목을 암기의 대상으로 대하니 어렵고 재미없으며 성적이 안 나오는 것은 당연한 일이다.

학력고사가 수능 체제로 전환된 것이 1994년도이니 벌써 24년이 흘렀다. 사회뿐 아니라 어떤 과목도 단순 암기로 해결할 수 있는 문제는 출제되지 않는다. 일부 개념 학습의 경우는 암기를 요하는 경우가 있지만, 암기는 내용 이해의 한 부분에 불과할 뿐 전체적인 흐름을 이해하려고 노력하는 것이 바른 길이다.

암기 과목이라는 착각과 함께 '사회 과목은 추상적이다'라는 것도 흔히 범하는 착각이다. 가장 추상 수준이 높은 학문은 수학과 철학 등이다. 사회 교과는 구체적인 현실 사회의 모습을 담고 있기 때문에 현실감과 구체성이 가장 높은 과목이다. 구체적이지만 수학이나 과학처럼 단 하나의 딱 떨어지는 답이 없다. 인간이 만들어내는 사회의 모습이 그렇게 단순하지 않기 때문이다.

물이 상온에서 100°C의 열을 가하면 예외 없이 끓게 되는 것은 필연적이다. 이는 자연 현상에서나 가능한 얘기이다. 사회 현상은 X라는 조건이 주어진다고 해서 반드시 Y라는 결과가 나타나지 않는다. 가령 '가격이 높을수록 수요량은 줄 것이다', '교육 수준이 높을수록 소득이 높을 것이다'는 명제는 개연성(확률의 원리)으로 설명될 수 있을 뿐이다. 그러므로 사회 현상을 탐구하는 사회 교과를 접할 때 수학이나 과학에서처럼 깨끗이 설명되는 단 하나의 답만을 추구할 것이 아니라, 다양한 관점을 가지고 다각적으로 접근하는 훈련을 쌓아야 한다.

공부 잘 하는 고수들이 암기 대신 이해의 방법으로 접근할 때 흔히 사용하는 방법이 '연상 기억법'이다. 늘 고수는 그림을 잘 그린다고 강조하는 이유다. 연상 기억법은 어떤 개념을 파악하거나 제시문을 읽을 때 그 상황이 영화를 보는 것처럼 그림으로 떠오르게 하는 기억법을 의미한다.

예를 들면, 기후와 지형에서 건조 기후를 배우면 사막과 낙타를 떠올리고 40도 가까이 올라가는 뜨거운 열기를 가상으로 느끼면서 공부하는 것이다. 고위도 한대 기후 지역을 공부할 때는 극한의 추위를 느끼며 얼음을 깨서 고기를 잡고 이글루 생활을 하는 장면을 상상하는 것이다. '강도 갑이 저항하는 을에게 팔을 꺾여 상해를 입은 사건에서 을의 정당방위 여부가 논의되고 있다'는 제시문을 공부한다면, 강도 갑과 저항하다가 가해자로 지목된 을의 상황을 연상 작용을 통해 떠올려야 상황에 대한 이해가 빠르고 정확하다.

다음 문제와 지문을 읽어보자.

<문제> 다음 사례에 관한 옳은 법적 판단을 <보기>에서 고른 것은?

17세인 갑은 정상적인 사리 분별 능력이 있음에도 평소 폭력을 일삼으며 친구의 돈을 빼앗곤 했는데 갑의 부모는 이를 모른 척했다. 어느 날, 갑은 귀가하던 을을 몽둥이로 폭행하며 돈을 뺏으려 했고, 이로 인해 을은 3개월의 치료를 요하는 상해를 입었다. 이 과정에서 을은 갑에게 떠밀려 병의 상점 앞에 진열되어 있던 노트북을 파손시켰다. 병이 뛰어나와 을을 구하기 위해 갑을 붙잡았는데, 이때 갑은 손등에 상처를 입었다. 갑은 병의 손을 뿌리치며 병에게 반격하고 달아났다. 도망 다니던 갑은 며칠 뒤 체포, 구속되었다.

내가 출제했던 한 시험 문제의 지문이다. 단순 암기로는 접근하기 어렵다. 제시문을 읽어 내려가는 순간 즉자적으로 갑, 갑의 부모, 을, 병, 체포한 경찰 등이 머릿속에 연상되도록 훈련해야 한다. 사건에 등장하는 소품인 돈, 몽둥이, 노트북 등도 당연히 그려져야 한다. 그래야 그들 사이에 누가 가해자인지, 누가 피해자인지, 상호 어떤 관계맺음과 사건들이 있었는지 단박에 파악할 수 있는 것이다.

어떻게 그림을 떠올리는지 반문할지 모른다. 우리가 《삼국지》를 읽을 때 유비, 관우, 장비를 본 적이 없음에도 불구하고 마치 직접 만난 것 같은 느낌으로 책을 읽은 경험이 있지 않은가. 글씨를 대상화하여 읽지 말고 글씨를 보며 연상을 통해 그림을 떠올리는 것은 누구나 할 수 있는 일이다. 그걸 공부에 그대로 적용해 보기 바란다.

연상 기억법 중에 중요한 단서가 되는 것이 한자어이다. 교과서에 나오는 개념의 90프로 이상이 한자어다. 이 한자어를 한글처럼 단순히 소리글자로 익혀서는 안 된다. 소리 따로 의미 따로 이중의 공부를 해야 하지만, 뜻글자로 익히면 단어의 의미를 따로 암기하거나 정리할 필요가 없다. 읽는 순간 의미가 머릿속에 저장되는 것이다.

가령 한국지리에서 '선상지扇狀地'를 공부한다고 하면 부채 선扇, 모양 상狀, 땅 지地를 헤아리면 개념을 따로 외우지 않아도 뜻이 분명해진다. '산간 계곡을 흐르던 하천이 산록의 평지로 나올 때 운반력의 약화로 사력 물질이 쌓여 이루어진 일종의 퇴적 지형'이라고 씌여 있는 교과서적 개념을 밑줄 치며 암기할 필요 없이, 그 상황을 머릿속으로 연상하면서 '부채 모양의 퇴적 지형'이라고 이해하면 된다.

정치와 법 교과서에 '피한정 후견인彼限定後見人'이라는 개념이 나온다. '질병, 장애, 고령, 그 밖의 사유로 인한 정신적 제약으로 사무를 처리할 능력이 부족한 자로서 법원으로부터 한정 후견 개시 선고를 받은 자'라는 개념을 반복해서 읽으며 암기하려고 접근하면 공부가 어려울 수 있다. '후견인'이 '뒤를 봐주는 사람'(법정 대리인)이라는 뜻이고, '한정'이 모든 부분이 아니라 '제한된 일정한 부분'이라는 의미를 갖고 있으니까, '뭔가 부족해서 한정된 부분에 한해 뒤를 봐주는 사람을 필요로 하는 바로 그 사람'이라고 이해하면 굳이 암기하지 않고도 뜻이 명확해진다. 이렇게 공부하면 '피한정 후견인의 법률 행위는 온전한 행위능력을 인정하되 법원에서 한정 후견 심판시 정하는 중요한 법률 행위만 후견인의 동의를 얻어야 한다'는 내용을 어렵지 않게 이해할 수 있게 된다.

마찬가지로 유언의 방법 중에서 구수증서口授證書에 의한 유언의 개념도 이런 방식으로 이해할 수 있다. '입 구口'에 수受 자가 받을 수가 아닌 '줄 수'이므로 '유언자가 질병이나 기타 급박한 사유로 다른 유언 방식을 이용할 수 없을 때 직접 입으로 전하는 유언 방식'이라는 개념이 쉽게 이해될 것이다. 또한 '증인이 유언 내용을 읽어주고 유언자가 고개만 끄덕여 동의를 표한 경우'는 '무효'인 이유도 이해할 수 있을 것이다. 입口으로 전하지 않았기 때문에 효력이 인정되지 않는 것이다.

답은 책 속에 있지 않고 현실 속에 있다. 연상 작용을 통해 교과서와 현실 사이를 자유롭게 왔다 갔다 하라. 상상력을 동원하지 않는 기계적 학습법은 적응력이 떨어지고 머릿속에 오래 남지 않는다. 어떤 개념을 배울 때, 개념의 의미를 단순히 암기하지 말고 드라마나 영화 혹은 한편의 CF를 보는 것처럼 현실의 특정 상황을 떠올리는 연습을 하여 자신만의 루틴을 만든다면 공부의 새로운 경지에 오를 수 있다.

07
고수와 하수는 독서력에서 갈린다

대학 입시를 위한 자기소개서는 대학교육협의회 공통 양식을 사용한다. 4개의 질문 항목이 있는데 앞의 3개 질문은 모든 대학이 동일하지만 마지막 4번 문항은 대학마다 다르다. 대부분의 대학이 진로 선택 동기나 진학 후 계획 등을 묻고 있는데 유독 서울대학교는 '독서'에 대해 기술할 것을 요구하고 있다. 서울대학교 자기소개서 4번 문항은 다음과 같다.

4. 고등학교 재학 기간(또는 최근 3년간) 읽었던 책 중 자신에게 가장 큰 영향을 준 책을 3권 이내로 선정하고 그 이유를 기술하여 주십시오.

▶ '선정 이유'는 각 도서별로 띄어쓰기를 포함하여 500자 이내로 작성

▶ '선정 이유'는 단순한 내용 요약이나 감상이 아니라 읽게 된 계기, 책에 대한 평

같은 영화를 보고 나온 친구들에게 영화가 어땠는지 물어보면 다양한 답변이 나온다. 영화를 보는 관점과 깊이가 다르고 배우고 느끼는 것이 다르다. 마찬가지로 같은 책을 읽어도 학생마다 배우고 느낀 점이 다르다. 책을 왜 읽게 되었고 어떻게 읽었으며 무엇을 배우고 느꼈는지를 보면 그 학생의 수준과 잠재 역량을 파악할 수 있기 때문에 서울대는 독서 항목을 고수하고 있는 것이다.

책만 보면 머리가 아프거나 졸음이 쏟아진다는 사람이 있다. 반대로 책을 보면 머리가 맑아지고 기분이 좋아진다는 사람도 있다. 전자는 책을 마주할 준비가 되어 있지 않거나 책의 수준이 맞지 않은 경우일 가능성이 높다. 후자의 경우는 책이 주는 지식과 정보 또는 지혜의 향기가 진해 독자의 호기심을 충족해주기 때문일 것이다.

학생들을 지도하다 보면 같은 학년이라도 교과서 수준의 지문에 대한 이해력의 차이가 상당함을 발견한다. 어릴 적부터 형성된 독서력이 차별적으로 드러나는 것이다. 요즘 아이들은 스마트 폰에 익숙하고 책보다는 영상 매체에 길들여져서인지 활자로 된 책을 끈기 있게 참아내며 완독하기 어려워한다. 독서가 언젠가부터 학교생활기록부에 기록되어 대학 입시의 한 방편이 되다 보니 형식적이고 양적인 독서가 만연해 있다. 책의 맛을 제대로 아는 독서가 아쉽다.

독서는 저자와의 대화인 동시에 지식과 지혜를 나누는 맛깔 나는 일이다. 많이 읽은 것 같은데 뭔가 허전하고 실속이 없다는 느낌이 든다면 저자와 제대로 대화하지 못하고 책을 자신의 것으로 만들지 못하기 때문이다. 뷔페 음식 먹듯 독서하지 말고 맛집에서 제대로 맛을 느끼듯 독서하는 것이 좋다. 형식적, 양적 독서보다는 실질적, 질적 독서가 중요하다. 실질적, 질적 독서는 한 권의 책을 읽더라도 제대로 씹어서 읽는 것을 말한다. 속독과 다독 위주의 독서 태도로는 사고력과 통찰력을 키우기 어렵다. 시간을 충분히 갖고 제대로 소화하며 읽어야 지식과 정보들이 자신의 두뇌 회로에 체계적으로 자리 잡게 된다.

'안광眼光이 지배紙背를 철徹한다'는 고사가 있다. 눈빛이 종이의 뒷면을 꿰뚫어본다는 뜻으로 독서의 이해력이 날카롭고 깊음을 이르는 말이다. 충분한 이해를 바탕으로 행간을 읽는 독서를 해야 안광지배철眼光紙背徹의 경지에 다다를 수 있다. '행간을 읽는다'는 영어 표현 'Read between the lines' 역시 철저하고 세밀한 독서법을 강조하는 말이다.

예로부터 천재들의 공부 비밀은 '읽는 법'에 있었다. 자신의 분야에서 일정한 경지에 오른 사람 중 '읽기'의 중요성을 강조하지 않은 사람이 없다. 세상을 이끌어온 고수들의 무기는 언제나 책 속에 있고, 책을 통해 만들어졌다. 독서는 모든 공부의 출발점이다. 그러나 같은 책을 읽고도 어떤 사람은 평범함에 머물러 있고, 어떤 사람은 한 단계 높은 수준으로 도약하고 성장한다. 무엇이 다른 것일까?

다빈치, 아인슈타인, 존 스튜어트 밀 등 이른바 '공부의 고수'들에게는 공통점이 있다. 바로 독서법, 읽기의 기술이다. 그들은 책을 그냥 읽는 것이 아니라 마치 '뜯어내듯' 읽었다. 자신에게 필요한 깨달음을 구하기 위해 매우 의식적으로 책을 대했을 뿐만 아니라 한 문장, 한 구절에 담긴 의미와 가치를 자신의 관점으로 해석하고 궁리했다. 그렇게 함으로써 수준과 실력을 키웠고 더 높은 경지로 성장해나갔다. 책 속에 '묶인' 공부가 아니라 책 속의 지식을 '끄집어내' 온전히 자신의 것으로 '소화시키는' 능력이 탁월했던 것이다.

책뿐만 아니라 고등학생 정도라면 신문 읽기를 통한 독서력 향상도 매우 중요하다. 신문을 꾸준히 보는 것을 일상생활의 일부로 삼는 게 좋다. 신문은 컴퓨터나 스마트폰으로 보는 것보다 활자로 인쇄된 종이 신문이 유용하다. 종이 신문은 뉴스 배치를 한 눈에 알 수 있어 언론사별로 어떤 뉴스를 중요하게 보고 있는지 파악할 수 있을 뿐만 아니라 펜으로 체크하고 밑줄 치면서 공부하듯 읽을 수 있는 장점이 있다.

신문을 꾸준히 보면 사회문제를 바라보는 다각적인 안목이 생길 뿐만 아니라 자연스럽게 비판적이고 분석적인 사고력이 길러진다. 더구나 시시각각 전개되는 다양한 사회 현상과 문제들을 접하다보면 지적 호기심이 생기게 마련이다. 지적 호기심의 출발점이 될 수 있고 교과 수업에서 배운 내용의 현실적 적용을 통해 호기심을 확장하는 기회를 얻을 수도 있다. 또한 서술형 문제에 대한 접근, 대입 논술 및 구술면접 고사 등에 필요한 내공을 쌓을 수도 있다.

신문을 꾸준히 보는 것과 그렇지 않은 학생의 차이는 점점 더 벌어진다. 그것은 인식하지 못하는 사이에 이루어지는 어쩔 수 없는 현상이다. 가령 신문을 보는 학생은 교과서에서 편승 효과를 배울 때 '평창 롱패딩 현상'을 떠올릴 수 있으며, 소비자 권리와 제조물 책임법을 배울 때 'BMW 리콜 사태'를 떠올릴 수 있는 역량이 생긴다.

대입 자기소개서를 쓸 때도 신문이 영향을 미친다. 매일 새로운 기사들로 넘쳐나는 신문은 아이디어의 보고이며 진로를 정하는 데에도 영향을 미칠 수 있다. 6기 지원이(서울대 국어교육과 수시 합격)의 자기소개서 첫 부분은 이렇게 시작된다.

"신문을 읽던 중 해외 한국어 교육기관인 '세종학당'에 관한 기사를 접했습니다. 유럽과 남미, 아프리카에서 한국어에 대한 수요가 급증함에 따라 세계 곳곳에서 세종학당의 설립이 이루어지고 있음을 알았습니다. '한국어의 세계화'라는 말은 막연한 구호일 뿐이라고 여겼던 제게 사고의 전환을 불러일으킨 신선한 충격이었습니다. 세종학당에 대한 조사를 통해 해외에 파견할 전문 인력이 턱없이 부족하다는 것을 알았고, 외국인에게 한국어를 효과적으로 가르칠 수 있는 전문가의 필요성을 절감했습니다. 이는 제가 한국어 교육에 관심을 가지게 된 계기가 되었고, 저는 제2외국어로서의 한국어를 가르치는 한국어 교사가 되고자 하는 꿈을 키워 나갔습니다."

다음은 11기 성우(서울대 의예과 수시 합격)의 자기소개서 내용 중 일부이다.

"연구 주제 선정을 놓고 고민하던 중 당시 한국을 강타했던 메르스에 관심을 갖게 되었습니다. 우선 신문 기사를 스크랩하며 연구의 실마리를 찾았습니다. 수업에서 생물정보학을 활용하면 생물들 사이의 유연관계와 유사도를 쉽게 연구할 수 있다는 것을 배웠는데 이에 착안하여 메르스가 한국에 상륙한 경로를 연구하기로 했습니다. 전 세계에서 채취된 중동호흡기증후군 코로나바이러스MERS-CoV의 염기 서열을 구했고, 서열 간 유사도를 분석할 선험적 알고리즘Apriori Algorithm과 의사결정트리Decision Tree를 선정하였습니다. 메르스가 전파될수록 염기의 변이가 심해진다는 점을 바탕으로 유전자 간 유사도를 활용하여 메르스가 시작된 지역, 한국에 상륙한 경로 등에 대한 결과를 도출했고, 이를 논문으로 교내 연구 프로그램에 제출했습니다. 이후 '주조직적합성복합체MHC 아미노산 서열의 인공지능 활용 분석을 통한 종 간 이식 가능성에 대한 탐구' 등 생물정보학을 활용한 면역학의 다양한 주제에 대한 연구를 진행했습니다."

지금도 우리 학생들에게 귀가 일에 집에 가거든 꼭 서점에 들러 책 냄새나 좀 맡고 오라고 권한다. 책 속에서 길을 찾고 선배 고수들의 발자취를 더듬으며 행복을 느끼다 오라는 것이다.

08
과잉 선행과 사교육 딜레마

학부모와 상담하다 보면 "우리 아이가 중학교 때는 공부를 참 잘 했는데 고등학교에 와서 힘들어하네요."라고 하는 분들이 많다. 실제로 중학교 우등생이 고등학교에서 평범해지는 경우가 많다. 중학교 때 전교 1등 하던 아이가 고등학교에서 100등 밑으로 떨어지는 경우도 적지 않다.

그 이유가 무엇일까. 공부를 즐기지 못하고 과업으로 여기는 태도, 연상 기억법 없이 단순 암기하는 버릇, 나무와 숲을 오가지 못하고 나무에 매몰되는 공부 버릇, 자기주도적 학습 대신 사교육에 의존하는 습관 등 여러 가지 원인이 복합적일 것이다.

중학교까지는 사교육에 의해 어느 정도 학교 성적을 유지하는 것이 가능하고, 특정 시험 대비 단기 강좌를 통해 효과를 볼 수도 있다.

그러나 고등학교에서는 한계가 있다. 교육 과정의 깊이가 확연히 다른 고등학교에서는 진짜 실력의 격차가 서서히 드러나며 진검승부가 이루어진다. 중학교 성적을 돌이켜보며 직접 비교하는 것은 아무 의미 없는 일이다.

당초 학생부 종합전형을 도입한 취지 중 하나는 사교육을 잡고 학교 교육을 정상화하기 위해서다. 그러나 사교육은 줄지 않았다. 내신 성적의 중요성이 커지다보니 사교육 시장이 빠르게 늘었다. 좁은 문을 향한 경쟁이 있는 한 갖은 방법으로 앞서고자 하는 욕망이 생기게 마련이다. 그 욕망의 틈새에서 거대하게 자란 것이 사교육 시장이다.

대입 전형이 복잡할수록, 입시 제도가 자주 바뀔수록 사교육 수요는 늘어난다. 수능 비중을 높이면 수능 사교육이, 내신 비중을 높이면 내신 사교육이 활로를 찾는다. 선행학습 금지법도 공교육에만 적용하다 보니, 사교육에서의 선행 학습은 여전하다. 학원의 가장 큰 무기는 레벨 테스트와 선행 학습이다.

영어나 수학 학원에 가면 레벨 테스트라는 것을 한다. 레벨이 한 단계씩 높아지면 아이와 부모는 흐뭇해한다. 레벨이 높아질수록 실력이 향상되는 것으로 받아들이기 때문이다. 사실 레벨 테스트라는 것은 일종의 마케팅 수단이다. 해도 해도 끝없이 올라가야 하는 레벨이 있다는 것은 곧 학원의 장기적 수입을 보장해주는 구조화된 영업 기술인 것이다.

레벨을 따라 한걸음씩 올라가다 보면 알게 모르게 과잉 선행의 길로 접어든다. 중학생이 고등학교 1학년 수준의 수학을 한다고 자랑삼아 얘기하기도 한다. 누구는 한 학기를 앞섰다, 누구는 1년을 앞섰다며 서로 비교하기도 한다. 심지어 서너 달 앞선 공부를 한 학생이 1년을 선행한 아이 앞에서 주눅 들기도 한다. 경쟁 심리와 불안 심리가 결합된 비정상적 과잉 선행이다. 현행을 심화하기도 벅찬 수많은 아이들이 선행을 하고 있다. 현행을 이해할 능력이 되는 아이들도 습관처럼 학원을 찾는다. 사실 학원은 현행을 따라갈 수 없는 아이들에게 유용할 수는 있어도 어떤 아이에게는 독이 될 수도 있다. 놀 친구가 없다는 이유로, 안 다니면 우리 아이만 뒤처지는 것 아닌가 하는 막연한 생각에 현행 이해력이 충분한 아이들조차 자기주도 학습의 기회를 앗아가는 세태는 분명 문제가 있다.

레벨이 곧 실력이고, 선행을 많이 할수록 자신의 실력이 그만큼이라고 생각하는 경향이 있지만 대단한 착각이다. 진짜 실력은 현행 과정의 심화 학습을 제대로 하는 데서 나온다. 과도하거나 맹목적인 선행 학습은 학습의 재미와 동기를 갉아먹는다. 처음에는 남들보다 앞서간다는 느낌에 우쭐해하기도 하지만 머지않아 역량의 한계를 경험하게 된다.

초등학교나 중학교 때 수학에 재능이 많던 학생들이 과도한 선행 학습에 의해 자신의 한계를 너무 일찍 경험하게 된다. 중학교 1학년이 2학년 과정을 공부하고, 고등학교 1학년이 2학년 과정을 공부하니 웬만한 학생이 아니고서는 버텨내기 힘들다. 아이 입장에서는 자신이 수학을 잘 하는 줄 알았는데 모르는 게 너무 많다보니 자신의 실력에 대해 비관하게 된다. 점차 자신감을 잃게 되고 수학에 대한 흥미는 두려움으로 변하며 호기심은 고통으로 변하게 된다. 뛰어난 아이가 자신의 잠재적 성장 가능성을 잃고 그저 평범한 아이로 변하게 되는 이유다.

우리나라 사람들은 유별나게 공부를 잘 하려면 사교육을 받아야 한다는 막연한 믿음이 있는 것 같다. 학원이 발달한 곳으로 사람들이 몰리고 집값도 높게 형성되고 있으니 말이다. 우리는 가계 지출 중 사교육 비중이 가장 큰 나라, 인구 대비 학원 숫자가 제일 많은 나라, 사교육이 일상화된 특이한 나라에 살고 있다. 물론 사교육을 통해 실제 실력이 향상되는 경우도 있다. 자기주도성을 잃지 않으면서 선택적으로 통제 가능한 범위에서 사교육을 받는다면 가능한 얘기이다.

사교육 1번지 강남에서 서울대를 많이 보내는 이유가 정말 사교육 효과 때문일까. 고학력 중산층 이상 부모와의 상호작용, 그리고 공부 머리를 타고 난 유전적 요인을 가진 아이들이 강남에 많기 때문에 학업성취도가 높게 보이는 것일 뿐 실제 그 시장에 투자된 비용과 시간과 노력 대비 성과는 실패에 가깝다는 주장에 귀를 기울여 볼 필요가 있다.

우리가 몸에 기력이 없을 때 잠시 영양제가 든 링거를 맞으면 힘을 낼 수 있다. 이처럼 자신이 취약한 부분을 선택적으로 도움을 받아야지 늘 습관처럼 사교육에 의지하는 것은 진짜 실력을 얻는 데 도움이 안 된다. 몸이 아프다고 늘 링거를 몸에 꽂고 다닌다면 자기 면역력만 떨어뜨릴 뿐이다. 사교육은 공교육의 대체재가 아닌 보완재임을 잊어서는 안 된다.

세상에는 한 번 보고 척 아는 천재도 있고, 죽도록 애써도 도무지 진전이 없는 사람도 있다. 정말 갸륵한 이는 진전이 없는 데도 노력을 그치지 않는 바보다. 끝이 무디다 보니 구멍을 뚫기가 어려울 뿐, 한 번 뚫리게 되면 크게 뻥 뚫린다. 한 번 보고 안 것은 얼마 못 가 남의 것이 된다. 피땀 흘려 얻은 것이라야 평생 내 것이 된다.

자기주도 학습은 처음에는 시간이 더 걸리고 효율이 떨어지는 것처럼 보일 수 있다. 그러나 자기주도 학습 역량이 생긴 다음에는 더욱 탄탄한 실력을 쌓을 수 있는 힘이 생긴다. 면역력이 높고 적응력이 뛰어난 공부 방법이 자기주도적 학습이다. 남에 의해 쉽게 얻은 지식은 쉽게 사라지는 반면 스스로 어렵게 얻은 지식은 오래간다. 학종(학생부 종합전형) 시대의 공부는 바로 남에 의해 당하는 공부가 아닌 스스로 하는 공부를 해야 한다. 고수가 되고자 한다면 고된 학습 과정을 마다해서는 안 된다. 고진감래苦盡甘來는 동서고금을 막론하고 진리다.

상담할 때마다 느끼는 것 중 하나가 부모의 조급증이다. 아이를 믿고 기다려주지 못하고 학원을 보내든지 해서 빠르게 효험을 보고

자 하는 마음이 강하다. 학원 마케팅의 핵심이 바로 불안 심리를 자극하거나 침소봉대하는 것인데, 학부모들 스스로가 심리적으로 불안하다 보니 자기주도 학습을 실천하지 못하고 학원이라는 쉬운 방편을 찾는다.

'공부工夫하다'라는 말의 본래 뜻은 '학문이나 기술을 배우고 익히다'라는 의미를 가진 동사다. 공부를 하는 주체가 자발적 마음이 우러나 스스로 찾아 행해야 하는 능동적 행위이다. 이 능동사가 학부모에게 '공부를 시키는' 사동사使動詞로, 학생에게는 '공부를 당하는' 피동사被動詞로 변질되어 있는 현실이 안타까울 뿐이다.

그러나 진짜 공부 고수들은 '아는 것'과 '아는 것 같은 느낌'의 차이를 안다. 알기 위해 능동적이고 자기주도적으로 공부할 줄 아는 학생이 고수의 반열에 오른다.

1기 수진(서울대 경영), 2기 수진, 원진(서울대 사회과학), 3기 혜지(서울대 사회과학), 4기 동진(서울대 경영), 5기 진솔(서울대 사회과학), 6기 채영(서울대 경영), 7기 하영(서울대 사회학), 8기 정윤(서울대 경제), 9기 진호(서울대 통계학), 10기 재경(서울대 경제), 11기 노윤(서울대 경제), 정환(서울대 의예)

용인외고 시절부터 최근 외대부고에 이르기까지 이 학교를 수석 졸업한 학생들이다. 이들의 공통점은 학원을 다니지 않고 자기주도적으로 공부했다는 점이다. 점점 성적이 상승 곡선을 그리는 학생들

또는 진정한 공부 고수들은 학교 수업에 충실하며 교과서를 진지하게 대하는 학생들이다. 자기주도 학습은 독학과는 다른 개념이다. 학교에서 배우는 내용을 스스로 예습 및 복습하고, 필요한 문제로 단련하며, 인터넷 강의 등의 도움을 받더라도 주체적으로 결정하여 필요한 만큼 선택적으로 소화하며 대학 입시까지 자신의 학습 능력을 발휘하는 일련의 과정을 말한다.

'전교 1등이니까 그렇지'라고 단순히 치부해버릴 문제가 아니다. 학원 의존 성향으로부터 자기주도적 학습 성향으로의 전환을 통해 얻을 수 있는 성장의 경험을 맛보도록 기회를 주자. 공부의 주체가 '나'일 때 공부의 진정한 즐거움을 느끼고 몰입의 경지를 경험할 수 있다. 아이를 학원으로 인도해주는 것으로 학부모의 역할을 다하려고 할 게 아니라 학생 스스로가 주체가 되어 학습 목표를 정하고 학습 과정을 주도적으로 이끌어갈 수 있도록 도와주는 것이 학부모의 진정한 역할이 아닐까.

2장

———

진학 상담실
25시

———

01
설렘이 있는 일에 인생을 걸어라

"저의 3년 내신 평균등급이 O.OO이고 3학년 1학기는 O.OO, 2학기는 O.O O입니다. 고려대 일반전형을 쓰고 싶은데 자유전공학부를 지원해도 될 까요, 아니면 낮춰서 인문 쪽을 써야할지요? 작년 선배들의 고려대 학과 별 내신 커트라인을 알 수 있을까요? 선생님의 고견을 듣고 싶습니다."

최근 한 여학생이 내게 보낸 문자 메시지를 그대로 옮겨 봤다. 이 학생의 질문에 대해 어떻게 대답을 해야 할지 한참 생각했다. 왜냐 하면 질문의 전제가 잘못됐기 때문이다. 고려대 일반 전형은 학생부 종합 전형이고, 내신 커트라는 개념 자체가 없다. 물론 전년도 합격 자의 내신 분포야 컴퓨터만 켜면 바로 알 수 있지만, 내신 순으로 합 격자가 결정되는 것도 아니고 매 해 합격자 내신 분포가 다르다. 본인의 학교생활기록부 내용과 부합되는 전공을 선택해야지 내신을 기준으로 선택하는 것은 학종에 대한 이해 부족이다.

또한 이 학생은 자유전공학부를 지원하고 싶은데 내신 부담으로 인문대 쪽 학과를 선택해야 할지 고민 중인 것처럼 보이고, 인문이 낮추어 가는 것이라 판단하고 있다. 자신의 꿈과 적성을 최우선적으로 고려하고 학교생활기록부의 3년간 기록을 참조하여 소신껏 지원해야 하는 것이 수시 학종이라 봤을 때 이 학생의 접근법은 다소 아쉽다. 가령 사극 시나리오 작가를 꿈꾸는 학생이 국문과나 사학과를 선택했다면 그것은 낮춰 가는 게 아니라 최고 높은 과를 선택한 것이다. 주위의 평판보다는 자신의 소신이 중요하다.

그럼에도 불구하고 실제 학생들은 주위의 평판과 시선을 지나치게 의식하는 경향이 많다. 수능 후 정시 상담을 할 때의 일이다.

어떤 학생이 '나군'에서 사회학과를 지원하고 싶은데 고려대와 연세대 중에서 어디를 써야 할지 고민이라고 했다. 사설 기관 배치표상 예상 합격 점수가 높은 쪽을 선택하고 싶은 눈치였다.

"자네가 빨간 색을 좋아하면 고려대, 파란 색을 좋아하면 연세대를 선택하게."라고 쑥 던졌다. 그 학생은 멋쩍게 웃었다. 그때 나는 그 학생에게 이렇게 조언했다.

"합격자 커트라인은 매년 바뀌는 것이고 기관 배치표는 단순 참고 자료일 뿐이네. 차라리 대학 홈페이지에 들어가서 커리큘럼을 비교해보는 게 낫지 않을까. 학교나 학과마다 학풍이 다르니 그에 따라 선택하는 것도 괜찮겠네. 자네가 만약 진보적이면 고려대를, 다소 보수적 성향을 지녔다면 연세대를 지원하는 게 어떨까 하네."

그 학생은 내 말을 듣더니 두 학교의 홈페이지에서 교수 명단을 죽 살펴보기 시작했다. 주요 연구 주제와 저서들을 검토한 후 자신의 성향과 관심사를 고려하여 대학을 선택했고 최종 합격했다.

선택은 무엇을 기준으로 삼느냐에 따라 그 만족도가 다르니 신중을 기하되 주위의 시선보다는 자신의 소신과 성향을 우선하는 것이 현명하다. 6기 현서는 고려대 정치외교학부와 연세대 아시아학부를 동시 합격하여 고려대에 등록한 데 비해, 10기 현경이는 고려대 정치외교학부와 연세대 UD(언더우드학부)를 동시 합격하여 연세대에 등록했다. 각자 공부하는 스타일과 성향이 다르기 때문에 자신에게 맞는 곳에 둥지를 트는 것이다.

3기 중국어과 석원이가 떠오른다. 분당 내정중 출신인데 수학을 참 잘 했고 책을 많이 읽었으며 사색적인 남학생이다. 상담 때 철학을 공부해보고 싶다고 하더니 어느 날은 철학뿐만 아니라 수학도 더 깊이 파고 싶고 이것저것 다양하게 공부해보고 싶다고 했다. 내신보다는 수능에 강한 아이여서 수시는 패스하고 정시 준비에 집중했다. 수능 국·수·영 모두 만점을 받아 서울대 인문대와 연세대 경영을 지원했는데 연세대 경영만 우선합으로 통과했다. 2010대입 당시 서울대는 지금과 달리 정시에서도 내신 성적을 반영했고, 내신 40점 만점에 13점이나 감점되었기 때문에 방법이 없었다. 당시 석원이의 본교 석차는 서울대 기준 수능 석차 15등, 내신 126등, 수능+내신 석차는 25등이었다. 그런데 1년쯤 지난 어느 날 녀석으로부터 연락이 왔다. 경영학은 자신한테 도저히 맞지 않는 것 같다며 재수를 해야겠단다. 경영학 강의를 들을 때마다 몰입할 수 없었고 멍하니 칠판만 응시한 적이 많다고 했다. 1학년을 마치고 다시 도전하는 것이니까 3수를 하는 셈이었다. 다행히 석원이는 5기들과 함께 본 수능에서도 고득점이 나와 서울대 자유전공학부에 합격했다(지금은 서울대 자유전공학부는 수시에서만 선발). 늦게라도 자신의 적성에 맞는 공부를 맘껏 할 수 있다면 다행스러운 일이다.

10기 자연계 현정이의 사례도 기억에 생생하다. 2017대입 수능에서 본교 자연계 학생들은 고득점자가 꽤 많이 나왔다. 서울대 기준 점수로 542.3을 받은 혜령이는 서울대 의예과 전체 수석으로 합격했다. 이 밖에도 541.3, 536.6, 536.0, 535.3(2명), 534.9점 등이 있었다. 우리는 534.9~535.2 사이에서 합격자 컷이 형성될 것으로 예상했다. 현정이는 536.6점이었으니 모든 대학에 100% 합격이 보장되는 점수였다. 그러나 현정이는 건축학과를 희망했다.

당시 학년부장으로서 서울대 의예과 7명 합격(수시 2명 포함)을 예상하고 있던 나는 담임선생님께 다시 한 번 상담해보라고 했다. 현정이는 자기는 시신과 피를 볼 수 없고 의사라는 직업을 좋아하지 않는다, 평소 좋아하는 건축을 하겠다며 건축학과 지원을 고수했다. 현정이 부모는 모두 의사였다. 가운을 입고 칼을 들었을 때보다 펜을 들고 멋진 건물을 상상할 때 더 행복감을 느끼는 현정이로서는 당연히 그 선택이 합리적이다. 당시 서울대 의예과 최종 컷은 535점 선에서 끊겼다. 그 해 서울대 의예과 최종 합격자는 수시에서 이미 다른 곳에 합격한 학생 둘과 현정이를 제외하고 총 5명이었다(정시 3 명+수시 2명).

1기 지열이는 합스가 배출한 유일한 서울대 법대생이다. 2기가 대학에 들어갔던 2009대입부터 법대가 없어졌기 때문이다. 고등학 교 때만 해도 검사를 희망했던 지열이는 대학 졸업 후 서울대 로스 쿨에 진학했고 그곳에서 흥미에 따라 국제법을 전공했다. 군 복무 중 외교관후보자시험(구 외무고시)에 지원하여 최종 합격했다. 검사 지 망생이 국제법을 공부한 이력으로 외교관이 되었으니 사람의 앞날 이 어떻게 될지 모를 일이다. 인간의 삶은 수많은 선택에 의해 규정 된다. 다행인 것은 본인이 걸어온 길에 매우 만족해한다는 점이다.

이 밖에도 소신과 적성에 따라 자신의 진로를 선택한 진호와 하 영이가 떠오른다. 9기 자연과정 전체 1등으로 졸업한 진호는 빅데이 터에 꽂혀 의예과 대신 통계학과에 진학했고, 7기 인문과정 전체 1등 하영이는 종합학문의 매력에 빠져 사회학과에 지원했다. 두 학 생 모두 수시 일반전형 우선 선발로 합격했다. 번역 작가의 길을 가 기 위해 연세대 창의인재 전형을 통해 진학한 6기 현정이, 연극을 좋 아해 한예종 극작과를 선택한 10기 민주, 내신 성적에 매달리기 보 다는 자신이 좋아하는 컴퓨터와 농구에 흠뻑 빠져 있다가 UC 버클리 대학을 거쳐 페이스북에 취직하여 프로그래머로 활동하고 있는 1기 인우, 끼를 누를 수 없어 작곡가의 길로 접어든 1기 하미, 카이스트에 갔지만 공부보다는 드럼에 빠져 있는 2기 동길이, 대학 진학 후 뒤늦게 꿈을 찾아 외교관후보자시험을 통해 외교관이 된 3기 한별이 등 수많은 제자들이 뇌리를 스쳐간다.

2기 지용이는 서울대 인문계열에 진학해 1년을 다니다가 자연계로 전향하여 수능을 준비한 사례다. 서울대 공대에 합격하여 원자핵공학과 대학원 과정을 밟고 있다. 인문학보다는 공학에 적성이 맞는다는 것을 뒤늦게 깨달았고 지금 공부가 재밌다니 다행이다. 인문과정으로 입학한 8기 병구 역시 자연계 수능에 응시하여 3수 끝에 고려대 신소재공학과에 둥지를 틀었다. 이런 제자들의 선택을 보면 자신에게 맞지 않는 불편한 자리에는 오래 머무를 수 없는가 보다.

7기 민우도 잊을 수 없다. 유재석과 같은 유명한 엔터테이너가 되고 싶다고 당차게 말하기도 했고, 때로는 정치가가 되고 싶다고 했던 민우는 무려 4수의 도전 끝에 4년 후배들과 함께 고려대 행정학과 합격했다. 추가로 합격해서 기쁨이 더했을 것이다. 민우의 경우를 보면 간절하면 이루어진다는 말이 실감난다. 합격 직후 민우에게서 다음과 같은 문자가 왔다. "선생님의 자랑스러운 제자입니다. 세상을 뒤흔들겠습니다. 믿기지 않습니다. 선생님의 '진인사대천명' 덕분입니다. 후배들한테도 이 기운이 꼭 전달되길 기원합니다."

지인의 한 여자 아이는 다니던 고등학교를 중퇴하고 검정고시로 고등학교를 졸업한 후 자신이 좋아하는 작곡에 매진했다. 지금 그는 대학에 진학하지는 않았지만 방탄소년단 작곡 멤버로 활약하고 있다고 한다.

누구나 인생길에 수많은 선택의 상황과 마주한다. 정도의 차이는 있겠지만 결단력 있는 사람도, 우유부단한 사람도 결정 앞에서 망설이는 것은 인지상정이다. 성인들도 그런데 미성년자인 학생들의 마음은 어떨까. 미성년자의 결정 장애 증상은 성인보다 더 하다. 틈나는 대로 읊조리는 좋아하는 시 한 편이 떠오른다.

단풍 든 숲 속에 두 갈래 길이 있었습니다.
몸이 하나니 두 길을 가지 못하는 것을
안타까워하며, 한참을 서서
낮은 수풀로 꺾여 내려가는 한쪽 길을
멀리 끝까지 바라다보았습니다.

그리고 다른 길을 택했습니다. 똑같이 아름답고,
아마 더 걸어야 될 길이라 생각했지요.
풀이 무성하고 발길을 부르는 듯했으니까요.
그 길도 걷다 보면 지나간 자취가
두 길을 거의 같도록 하겠지만요.

그날 아침 두 길은 똑같이 놓여 있었고
낙엽 위로는 아무런 발자국도 없었습니다.
아, 나는 한쪽 길은 훗날을 위해 남겨 놓았습니다!
길이란 이어져 있어 계속 가야만 한다는 걸 알기에
다시 돌아올 수 없을 거라 여기면서요.

오랜 세월이 지난 후 어디에선가
나는 한숨지으며 이야기할 것입니다.
숲 속에 두 갈래 길이 있었고, 나는
사람들이 적게 간 길을 택했다고.
그리고 그것이 내 모든 것을 바꾸어 놓았다고.

미국의 서정시인 프로스트Robert Frost의 〈가지 않은 길The Road not Taken〉이다. 이 시를 음미해볼수록 선택이라는 것은 늘 외로운 일인 것 같다. 사람들이 어떤 선택을 해야 할 때 다른 이들의 생각을 물어보고 다수가 편드는 쪽을 선택하게 되는 이유는 선택에 따른 외로움을 달래고 심리적 위안을 얻기 위해서다. 심지어는 이미 선택해 놓고 사람들의 반응을 살피기도 한다. 자신의 선택에 대해 확신을 받고 싶은 마음일 것이다.

선택의 기로에서 후회하지 않을 선택을 하는 것이 답이겠지만 그게 쉽지 않다. 그래도 확률적으로 후회를 남기지 않기 위해 따라야 할 원칙이 있다. 내가 남들보다 조금이라도 잘 할 수 있는 것, 내가 좋아하는 것, 내가 이 일을 하면 행복할까를 기준으로 선택하는 것이다. 부연하자면, 점수와 평판에만 집착하기보다는 자신의 성격, 흥미, 능력, 가치관 등을 종합적으로 고려하여 진로적성에 맞는 길을 가는 것이 가장 현명한 선택이다.

설렘이 있는 일에 인생을 걸어라. 하고 싶어 미칠 지경인 일을 하라. 그래야 열정이 생긴다. 그 열정으로 몰입하면 남들보다 잘하게 된다. 그리고 그 일로 밥 먹고 산다면 얼마나 행복하겠는가. 인생의 성공은 남들과의 비교에 의해서가 아니라 자신의 행복에 의해 결정된다.

02
잊을 수 없는 자연계 5인방

악마에게 영혼을 팔아넘긴 대가로 신기에 가까운 기교를 부렸다는 황당한 소문에 평생을 시달렸으면서도 당대 최고의 연주가로 이름을 날렸던 이탈리아의 천재 바이올리니스트 파가니니(1782~1840), 음악가에게 생명과 같은 청력을 잃는 치명적 불리함 속에서 불후의 명곡을 작곡한 베토벤, 오른쪽 팔이 팔목 부분까지만 자란 일명 조막손이라는 장애를 안고 메이저리그에서 노히트 노런을 기록한 투수 짐 애버턴. 이 밖에도 우리 주변에는 역경을 극복하고 놀라운 성취를 이룬 수많은 사람들이 존재한다.

천진난만해 보이는 학생들도 그들 세계 안을 들여다보면 나름의 크고 작은 고민과 어려움을 안고 살아간다. 6기 때였으니까 외고 마지막 기수들이 2학년이던 어느 날 다섯 명의 학생이 나를 찾아왔다.

의대 또는 이공계 대학 진학을 목표로 하고 있는 자생적 자연계 2학년 학생들이었다.

뭔가 부탁을 할 게 있단다. 당시 용인외고는 교육청 방침에 의해 자연과정을 운영할 수 없었고, 신입생 모집을 할 때도 그 사실을 충분히 고지하고 학생들을 선발했다. 그렇지만 인문계로 입학한 학생들 중 일부가 나중에 자신의 적성이 자연계에 적합하다는 것을 뒤늦게 깨달은 학생들이 생겨났다. 우리는 그들을 자생적 자연계 학생이라고 불렀다.

학생들은 당시 학년부장이던 나에게 자연계 학생을 위한 수학과 과학 방과 후 선택 수업Elective Tracks을 개설해줄 수 없냐고 부탁했다. 그 학생들의 처지는 딱했지만, 당시로서는 자연계 과정을 선택 수업에서 개설하는 것 역시 정규 수업 개설을 금지하는 교육청과 학교 방침에 어긋나고 교사 수급 문제 등 여러 가지 어려움이 있어서 선뜻 들어주기 어려웠다.

일반 학교로 전학 가서 원하는 공부를 하거나 여기서 스스로 공부하거나 해야 하는 상황이었다. 학생들은 전학을 심각히 고민했다. 시간을 조금 달라고 했다. 1주일 뒤 학생들은 교무실로 다시 찾아왔다. 이 학교의 좋은 친구들과 선생님들을 떠날 수가 없다, 전학을 가지 않고 여기에 남아 스스로 공부하기로 결심했다고 말했다. 그들의 결단을 적극 환영하며 도울 방안을 찾았다. 학생들은 야간 자습 시간에 스터디그룹 활동을 할 수 있는 공간이 있었으면 좋겠다고 했다. 주저 없이 회화실 중 하나를 언제든지 이용할 수 있는 1년짜리 퍼미션을 끊어주며 잘 할 수 있을 것이라고 격려했다.

그들은 자연계 수학, 과학 교과서와 참고서를 독학하고 인터넷 강의를 수강하면서 자기들끼리 회화실에 모여 모르는 부분을 서로 물어보는 등 세미나식 방법을 통해 스스로 학습했다. 인문계 학생들과 함께 치러야 하는 내신 준비 외에도 별도로 자연계 공부를 해야 하는 부담이 만만치 않았을 텐데 당당히 준비해나가는 그들의 모습이 대견스러웠다.

3학년 모의고사에서 자연계 과목을 응시한 그들은 처음에는 2등급 과목도 있었지만, 나중에는 모두 1등급을 받을 정도로 괄목할만한 성취를 얻는 모습을 보였다. 수능 날이 다가오면서 나 역시 조금 불안한 마음을 안고 그 학생들을 지켜봤다. 수능 다음날 학교에 제출한 그들의 가채점 점수를 확인하고 안심할 수 있었다. 다행히 다섯 명 모두 수능에서 고득점이 나왔다.

그 중 다은이는 수시에 응시하여 서울대(우선 선발)와 연세대 건축과를 모두 합격했고, 다른 네 명은 정시에 지원했다. 불리한 상황을 긍정의 에너지와 열정으로 극복한 사례다. 특히 수시에 합격한 6기 다은이의 자기소개서는 잊을 수 없는 명작이었다.

"이과 학생이 너무 적다는 이유로 학교에서 이과 수업을 못 받게 되는 상황에서도 저는 끝까지 이 길을 고집했습니다. 다들 힘들 거라고 말했고 저도 힘들 거라고 예상했습니다. 하지만 그게 오히려 저에게 좋은 영향을 미쳤습니다. 공부를 '혼자'해야 했기 때문입니다. 저는 '선생님 수업만 따라가면 되겠지'가 불가능했기 때문에 자기주도 학습을 할 때 더 집중하고 더 노력했습니다. 그렇게 하니 공부가 더 잘 되었습니다. 스스로 깊이 생각하고 이해해가는 과정에서의 즐거움, 혼자서 해냈다는 뿌듯함 그리고 자신감이 있었기 때문입니다. 그에 따라 제 능력, 그리고 꿈에 대한 믿음이 확고해질 수 있었습니다."

다은이의 자기소개서에는 대학이 원하는 인재상에 부합하는 내용들이 진솔하게 담겨있다. 자기주도적 학습 능력과 공부를 즐기는 태도를 확인할 수 있다.

정시에 지원한 지은이는 한양대, 중앙대, 한림대 의예과에 모두 합격했으며, 혜진이는 서울대 자유전공학부와 한림대 의예과에 동시 합격했다. 대전에서 전학 와서 스스로 이과 공부를 했던 영민이는 서울대 과학교육과와 연세대 물리학과에 합격했고, 해지는 연세대 화학과와 원광대 치의예과에 합격했다.

물이 반쯤 찬 컵을 보고 쇼펜하우어는 '물이 반밖에 안 남았다'고 하고 라이프니츠는 '물이 반이나 남았다'고 했다는 비유가 있다. 확실히 공부에 있어서는 비관주의자보다 낙천주의자가 발전 속도가 빠른 것 같다. 낙천적 성격을 갖고 있는 학생들이 어려움에 처했을 때 더 빨리 극복한다.

간혹 자신의 처지와 환경을 비관하는 학생들이 있다. 그런 학생들의 학부모를 만나보면 그들도 불만이 가득한 경우가 많다. 급식도, 도서관도, 열람실도, 실험실도, 수업도 불만 등 불만투성이다. 이런 학생은 대체로 자존감도 낮다. 자신의 성취 결과를 남 탓으로 돌린다. 자기 자신에서 원인을 찾지 못하니 발전의 계기를 포착하지 못하는 것이다.

발상의 전환이 필요하다. '역경'이란 말을 거꾸로 하면 '경력'이 아닌가. '내 힘들다'도 뒤집어보라. '다들 힘내'가 되지 않는가. 역경을 피하지 말고 당당히 맞서 극복하면 소중한 경험과 성장의 밑거름으로 남는 법이다.

6기 다섯 명의 학생은 할 수 있다는 자신감과 낙천적 성격을 바탕으로 이과 공부를 스스로 해냈다. 당시 인문계 학생들과 섞여 외국어 교과를 무려 82단위까지 이수해야 하는 외고 커리큘럼 속에서도 불평불만을 갖기 보다는 환경을 자기 것으로 이용하며 자신의 길을 묵묵히 걸어갔던 그들이 참으로 대견하다.

03
준비 없이 고3으로 진급한 아이들

교사로서 1년 중 가장 힘든 시기를 꼽으라면 3월일 것이다. 새로운 학생을 받아들여 낯선 얼굴과 새 이름을 익히고 관계맺음을 해야 한다. 이관된 성적 자료도 분석해야 하고 밤늦게까지 상담하며 학생별 파일을 만들어야 한다.

3학년으로 진급한 학생들을 상담하다보면 안타까울 때가 많다. 9기의 H, 10기의 K, 11기의 L 등이 떠오른다. CA 및 자율 동아리를 합쳐 5~6개 남짓한 동아리 활동을 하였고, 이것저것 연구 활동에도 많이 참여한 학생들이다. 학교생활기록부의 자율활동을 포함, 동아리, 봉사, 진로활동이 화려했다. 그러나 활동 간 연결고리가 보이지 않고 내신 성적이 너무 안 좋았다. 모의고사 성적도 시원찮았다. 이처럼 내신도 모의고사도 안 좋은데 비교과만 화려한 경우가 있는데 이런 학생들은 대학보내기가 가장 어렵다.

더구나 '교과 세부능력 및 특기사항'과 비교과 활동 간 연계가 없이 다양한 활동을 병렬적으로 나열한 학교생활기록부로부터 얻을 것은 별로 없다. 한양대 학종이 내신 성적을 전혀 보지 않지만, 교내 수상 실적 등 다른 잠재 역량을 충분히 드러내지 못한 채 동아리 활동만 잔뜩 한다고 해서 합격할 수 있는 전형이 아니다. 학종 전략의 핵심은 확장 심화, 연계, 융합이다. 이런 전략 없이 그저 산만하게 분량만 채운 학교생활기록부가 많다.

이 부류의 학생들은 아무 생각 없이 학교생활을 즐겼을 뿐 대학 입시를 염두에 두고 계획적으로 생활하지 못했다. 학종 여부는 1학년 두 학기면 거의 향방이 잡힌다. 2학년 때부터는 정시로 길을 잡아 국어, 수학, 영어 실력을 탄탄히 다지는 데 역량을 쏟았어야 했다. 자신이 가야할 길을 잃고 엉뚱한 데서 시간을 보내며 헤맨 꼴이니 얼마나 안타까운가.

이와 달리 7기 채원이(서울대 국어교육 정시 합격)를 비롯하여 수많은 학생들은 내신 성적이 상당히 좋지 않았음에도 불구하고 자신의 갈 길을 정확히 알고 수능에 집중하여 서울대, 연세대, 고려대 등에 합격했다. 서울에 가는 길은 많다. 자신에게 맞는 길을 찾아 그 길로 가야 한다.

어떤 학생은 특기자 전형을 쓰고 싶다고 한다. 어떤 특기가 준비되어 있냐고 물으니 준비된 게 없단다. 내신 성적의 위치상 특기자 전형을 생각한다면, 1~2학년 때 어학, 수학, 과학, IT 등의 분야에서 특기 역량을 발휘한 실적이라도 만들어놨어야 하는데, 아무 것도 준비하지 않은 경우도 많다. 역량이 있으면서도 그걸 왜 2학년 때 미리 준비하지 않았는가 하는 아쉬움이 남는다. 어학 인증 점수나 올림피아드 등 대외 수상 실적 등은 모두 학교생활기록부에 기록되지 않는다. 그러나 학종과 달리 그런 실적들은 특기자 전형에서는 서류에 적극 반영될 수 있다. 이 부분을 잘 몰라 기회를 놓치는 경우도 꽤 많다. 학생부에 기록 금지 항목이라고만 알고 있어서 당연히 준비할 필요가 없다고 착각했다는 것이다. 무관심인지 정보의 부재인지 알수가 없다.

이와 반대로 고3 진급 전에 이미 잘 준비된 학생들도 있다. 가령 6기 지원이는 3학년 진급 당시 이미 토플 118점, 프랑스어 B2를 따 놨고, 현서는 텝스 956점, 중국어 HSK 5급을 따 놨다. 이렇게 미리 준비한 학생은 고3 때 매우 수월하게 입시를 준비할 수 있다. 학종과 특기자 전형, 논술, 수능이 모두 이 학생에게는 기회로 열려 있게 된다. 결국 지원이는 특기자 전형으로 고려대를 합격했고, 현서 역시 고려대와 연세대에 모두 합격했다.

특기자 전형(과학공학 인재전형)으로 연세대 의예과에, 학종(일반전형)으로 서울대 자유전공학부에 모두 합격한 11기 상현이는 2학년 때 이미 과학 분야에 탁월한 성과를 이루었다. 한국청소년학술대회 KYCY에서 의학 분야 청소년 연구논문상을 수상했고, 국제자기공명의 과학회에 포스터를 발표했으며, 자기공명영상조사Investigative Magnetic Resonance Imaging 학회지에 논문을 게재하기도 했다. 뿐만 아니라 학교 선택 수업에서 JAVA 프로그램을 이용한 코딩과 알고리즘을 공부하여 파킨슨병 진단 애플리케이션을 설계하기도 했다.

이렇게 미리 준비한 학생들에게 고3 1년은 내신과 수능에만 집중할 수 있는 여유가 생기니 꽃길이나 다름없다.

6기 현서는 3학년 5월쯤 내게 찾아와 자서전을 하나 쓰고 싶다고 말했다. 고3이 바쁠 텐데 웬 자서전이냐고 물었다. 고등학교 생활을 정리하고 자신의 발자취를 돌아보고 싶은데 지금이 아니면 기회가 없을 것 같다고 했다. 현서는 기어이 1권짜리 자서전을 써서 한 부를 가져왔다. 현서 자서전의 에필로그는 이렇게 시작된다.

"고등학교에서의 시간은 그저 인생의 다음 단계를 위해 고통을 감내하는 시기가 아니다. 나에게 이 시간들은 서둘러 뒤로 하고 그저 도망치고만 싶은 그런 시간들이 아니다. 지금까지의 내 인생은 하루하루가 모두 특별하고 의미 있는 시간들이었으며, 고등학교에서의 3년을, 학생으로서의 12년을, 나로서의 19년을 마무리하는 지금, 그 시간들을 다시 한번 돌아보고 정리해야 할 필요를 느낀다. 이렇게 마무리하는 지금까지 19년의 세월은 내가 앞으로 살아가는 데 있어서 가장 견고한 토대가 될 것이며, 어쩌면 가장 빛나고 아름다운 추억들이 가득한 시간으로 영원히 간직될 것이다. 수도 없이 넘어지고, 또 그만큼 다시 일어나서 아름다웠던 나의 19년을 차분히 정리한다."

프롤로그는 다음과 같이 마무리된다.

"졸업을 앞두고 역시 가장 큰 고민은 그동안의 노력을 평가받고 나의 가능성을 인정받는 대학 진학이다. 큰 가르침으로 내 꿈에 날개를 달아줄 그 시간을 기다리고 있다."

나는 현서의 성적이 떨어지면 어떡하나 걱정이 되기도 했지만 다행히 현서의 내신 성적과 모의고사 성적은 모두 2학년 때보다 오히려 크게 올랐다. 준비된 자와 준비되지 않은 자의 차이가 아닌가 한다. 미리 준비해 놓으니 고3이라도 여유가 생기는 것이다.

중국 전국시대에 오나라 출신 전략가 손무(孫武)가 지은 손자병법에 '지피지기 백전불태(知彼知己 百戰不殆)'란 말이 있다. 상대를 알고 나를 알면 백 번 싸워도 위태롭지 않다는 뜻으로 진학을 앞둔 학생들에게 꼭 하고 싶은 말이다.

한번은 고려대를 꼭 가고 싶다고 상담을 의뢰한 학생이 있었다. 아버지가 고려대를 나오셨고 고대 캠퍼스를 직접 가보고 반했다고 한다. 2년 동안 어떤 준비를 했는지 대화를 이어갔다. 놀랍게도 그 학생은 고려대에 대해 아는 것이 거의 없었다. 그러니 준비도 부실하고 막연했다. 고려대에 가려면 스스로가 그 학교에 적합한 인재임을 보여줘야 하지 않겠는가. 고려대에 가기를 원한다면 주도적이거나 친화적인 리더십을 갖췄는가, 선공후사 정신을 실천한 경험이 있는가, 문제해결력이 있는 창의적 인재인가, 전공 적합성을 갖추고 국제적 이해와 교류 능력이 있는가 등의 질문에 대답할 수 있는 경험이나 사례를 준비해야 한다.

연세대는 '진리와 자유의 정신을 갖춘 글로벌 리더로서 사회에 공헌할 수 있는 인재'를 원하는데 그 이면에는 학교 수업에 대한 충실도와 글로벌 소통 능력을 중시하는 편이다.

카이스트를 가고 싶다면 다른 과목이 아무리 뛰어나도 수학과 과학 과목에서 두각을 나타내지 못하면 안 된다. 요즘에는 공동체 생활에 잘 적응할 수 있는 원만한 인재를 더욱 선호하는 추세다.

서강대는 '헌신의 정신과 책임감, 성숙하고 원만한 인격으로 사회와 국가에 공헌할 수 있는 지도적 시민을 양성하고 세계의 변화와 시대의 흐름을 이해하고 이에 대응할 수 있는 비판적 판단력을 갖추어 민족의 번영 및 세계 평화에 기여할 수 있는 참된 세계인'을 원한다. 그 이면에 서강대가 좋아하는 인재는 따로 있다. 융합과 연계 전공을 할 수 있는 비전을 갖고 있는 인재이다.

서울대는 '주어진 여건 속에서 스스로 노력하여 우수한 성취를 보인 학생'을 선호한다. '학생 스스로 노력을 기울여 성취를 이룬 영역이 다양'하면 더욱 좋겠다는 것이 서울대의 기대이다. 서울대의 인재상을 더 깊이 들여다보자.

- 학교생활을 성실히 수행하고 학업능력이 우수한 학생
- 교내외 생활에서 적극적이고 진취적인 태도를 보인 학생
- 다양한 교육적, 사회적, 문화적 배경과 경험을 지닌 학생
- 사회적 약자에 대한 배려와 공동체의식을 가진 학생
- 글로벌 리더로 성장할 수 있는 자질을 지닌 학생

이처럼 상대방을 알고 자신을 준비하는 것이 순서일진대 학생들은 '지피'를 소홀히 하는 경향이 있다. 상대도 모르고 나도 모르면서 도전하는 것은 무모하기 짝이 없다. 실제로 수많은 학생들이 그렇다. 실로 안타까운 일이다.

'지피'를 했으면 그에 맞춰 자신을 계발하고 단련해야 한다. 그 작업은 2학년까지 2년 동안 대체적으로 마무리해야 한다. '지피'에 따른 준비는 '지기'로부터 시작된다. 어쩌면 '지피'보다 어려운 것이 '지기'일지 모른다. 냉철한 자기 성찰이 요구되기 때문이다.

고려대 사이버 보안학과에 희망하는 녀석이 있었다. 그런데 녀석은 여자 친구와 찍은 사진을 핸드폰 바탕 화면에 노출했다. 그 바람에 이성교제 사실이 드러나 감시의 대상이 되었던 일이 있다. 자기 성찰이 부족하면 이런 불협화음이 나오게 된다.

'지기'는 자신만의 색깔을 찾고 역량을 갖추는 일이다. 자신의 적성이 무엇인지 알아야 하고, 전공 적합성을 계발하기 위해 노력해야 한다. 물고기를 나무타기 실력으로 평가한다면 물고기는 평생 자존

감을 잃고 자신이 형편없다고 믿으며 살아갈 것이다. 굼벵이도 구르는 재주가 있듯이 누구든지 수준 여하를 떠나 자신이 잘 할 수 있는 것이 하나쯤은 있다. 누구든지 특정 시점에 꽂혀 있는 일이 있다. 필 feel을 받았다 싶으면 그걸 집요하게 파고들어가는 열정을 펼쳐보라. 누가 말려도, 숨어서라도 하는 열정을 보였다면 그게 바로 진짜공부인 것이고, '지피'(대학)의 문을 여는 열쇠이다.

고3 학생들과 상담할 때 학생의 눈높이와 현실이 다른 경우가 많다. 담임으로서, 고3부장으로서, 학생의 진학을 위해 현실을 알려주어야 할 때 내적 갈등을 느끼곤 한다. 그럼에도 불구하고 객관적으로 판단하려고 노력하고 때로는 단호해야 한다고 생각한다. 고1의 상담이 다르고, 고2의 상담이 다르며, 고3의 상담 역시 다르다. 당연히 학생마다 그에 맞는 상담이 모두 다르다. 아니 달라야 한다.

04
꿈에서 본 61의 비밀

2013년도 그러니까 2014대입을 앞둔 7기들이 고3이던 해였다. 자사고로 전환하여 첫 졸업생을 배출하는 입시였으니 입시 결과에 대해 전국적인 관심이 쏠렸다. 수시 원서접수가 모두 끝나고 담임이 모여 함께 회식을 했다. 각자 생각하는 예상 합격자 수를 가늠하며 이야기를 나눴다. 생각보다 편차가 컸고 예상하기 어려웠다.

정원의 2배수 가량을 뽑는 서울대 1단계 합격자 발표를 1주일가량 앞둔 어느 날이었다. 그날 친구를 만나 분당에서 식사와 더불어 가볍게 한잔하고 집에 와서 잠자리에 들었다.

"새로 뽑은 파란색 세단을 타고 서울대를 향했다. 캠퍼스 안에 차를 대고 기다렸다. 건물 안에서는 지원자들의 서류를 분주히 검토하고 있는 실루엣이 보였다. 잠시 후 김경범 교수가 건물 밖으로 환한 얼굴을 내비쳤다. 내가 있는 쪽으로 다가왔고 자연스럽게 내 차에 올랐다. '새 차 뽑으셨네요'라고 말했고 나는 옅은 미소로 답했다. 내가 어떤 말을 원하는지 이미 알고 있는 듯 묘한 눈빛 교환과 함께 침묵이 흘렀다. 잠시 후 나는 김 교수님께 "어차피 곧 발표인데 힌트 좀 주시죠."라고 말했다. 김 교수는 바로 61이라는 숫자를 내뱉었다."

순간 나는 잠을 깼다. 새벽 5시쯤 되었을까. 61이라는 숫자가 선명히 남는 묘한 꿈이었다. 새 차는 자사고로 갈아탔다는 의미일까? 당시 내 차는 새틴 메탈 색이었는데 파란색은 뭐지? 그리고 61은 과연 뭘까? 서울대 수시 합격자 수? '설마 그럴 리가'라는 생각이 앞섰다. 61은 LA 다저스 시절 박찬호 선수의 등번호가 아니던가. '내가 그 선수를 좋아하니 그런 숫자가 꿈에 보인 것이겠지' 하는 생각도 들었다. 그래도 참 이상하다 싶은 꿈이어서 그날 학교에 출근하자마자 탁상용 달력 상단에 빨간 색 글씨로 61이라 쓰고 네모 박스를 둘러쳤다.

그때부터 은근히 기대하는 마음이 생겨났다. 당시 김성기 교장 선생님과 정영우 교감 선생님(2018년 현재 교장)께는 "좋은 꿈을 꿨는데 내용은 나중에 말씀드리겠다"고만 말씀드렸다. 꿈 속 이야기를 해버리면 부정 탈 것 같았다.

2012년도는 유난히 학교가 시끄러웠다. 자사고 1기인 7기가 2학년이던 해였다. 자연계 학부모 대표들의 목소리가 커지며 건의 사항이 잦아졌다. 외고였으니 자연계 학생들의 진학을 믿을 수 없다는 막연한 불신이 깔려 있었다. 7기 학부모의 불안한 마음은 이해할 수 있었지만 도가 지나쳤다. 교육과정 편성에 개입하려 했고 심지어 일반고 교육과정을 들고 와서 우리의 자존심을 건드리기까지 했다. 대학에 보내는 HAFS 프로파일을 공개하라는 요구를 하기도 했다. 대표들이 찾아와 학교장 면담을 요구하기도 했다. 뭔가 자연계 학부모 대표를 움직이는 배후 세력이 있는 것은 아닌지 의심이 들 정도로 학교 내부 사정에 대해 잘 알고 있었다.

당시 3학년 부장으로서 6기 학생들을 지도하고 있던 나는 이런 상황을 지켜보며 매우 착잡했다. 용인외고 시절에도 의대와 서울대 공대, 카이스트 등에 수많은 학생을 진학시켰는데 왜 이렇게 못 믿는 건가 야속한 생각이 들었다. 더욱이 외고인 줄 다 알고 이 학교에 입학한 것이 아니던가. 학교 프로파일은 극소수만 볼 수 있는 대외비 자료인데 그것을 공개하라는 것은 더욱 납득하기 어려웠다. 마치 삼성전자에게 반도체 칩 회로도를 공개하라고 요구하는 것과 마찬가지인 셈이다.

나는 3학년 담임 총사퇴라는 최후의 카드를 꺼내 들었고 바로 교장, 교감 선생님께 보고했다. 커지던 학부모들의 목소리는 가라앉았고 학부모 대표의 방문과 사과가 있었다. 우여곡절 끝에 7기들은 3학년으로 진급했고 나는 부담감 속에서 이 학생들의 진학을 책임지게 되었다.

7기 학생들은 성실하고 유순했다. 자사고 첫 기수라는 자부심도 있는 듯했다. 고급물리 선택자가 많은 점은 고무적이었다. 나를 비롯하여 담임들은 여느 때와 다르지 않게 학생 지도에 최선을 다했다.

이런 사연과 곡절을 안고 함께 한 7기들이 첫 서울대 관문을 여는 11월 15일이 눈앞에 다가왔다. 하루 전인 14일 날 발표가 났던 것으로 기억한다. 205명이 지원한 서울대 수시 1단계 관문을 85명이 통과했다. 직전년도 즉 외고 마지막 기수인 6기 때 154명이 지원하여 1단계 40명, 최종 26명이 합격했던 것에 비해 엄청난 실적이 난 것이다. 85명 중 5명은 '우선 합'이어서 면접을 볼 필요가 없었다. 순간 내 머릿속에는 61이라는 숫자가 스쳐지나갔다.

수시 최종 합격자 발표가 있던 12월 7일, 2단계 전형을 통과한 학생이 57명이었다. 점점 소름끼치는 상황이 다가오고 있음을 느꼈다. 추가 합격을 포함하면 실제 61명이 될 수도 있겠다고 직감했다. 결국 자연계에서 추가 합격자가 딱 4명이 나왔다(컴퓨터공학부, 생명과학부, 화학생물공학부, 화학부 각 1명).

'57+4=61'이라는 기적과 같은 일이 현실이 된 것이다. 달력에 메모한 것을 담임들에게 보여줬고 교장, 교감 선생님께 드디어 꿈 이야기를 꺼냈다. 어떻게 이런 꿈을 꿀 수 있을까. 아무리 생각해도 신기할 따름이다. 지금 생각해도 믿을 수 없는 경험이다. 파란색 자동차는 입시의 블루오션을 개척해간다는 의미였을까?

그날 이후 내게 신기神氣가 있을지 모른다는 생각을 하게 됐다. 정시 합격자 수도 맞춰보기로 했다. 정시 합격자 수 예측은 수시에 비해 훨씬 쉽다. 아이들이 지원한 파일을 열고 예상 합격선 등을 종합적으로 고려하여 35명 정도 합격할 것으로 예상했다. 즉각 탁상 달력에 61+35라고 큼직하게 썼다. 한번도 도달해보지 못한 숫자였지만 확신에 찬 네모 박스를 둘렀다.

드디어 정시 최종 합격자 발표 날이 다가왔다. 서울대가 늘 그랬듯이 합격자 발표일 하루 전 저녁 6시경 합격자 발표가 나왔다. 최초 합 31명이었다. 파일을 열고 추가 합격 가능 학생을 추려봤다. 3~4명 정도는 추합권에 있다고 봤다. 다행히 4명이 추가 합격하여 정시 최종 35명이 합격했다.

수시 61명에 정시 35명, 2014대입에서 96명이 서울대에 합격한 것이다. HAFS가 처음으로 서울대 합격자 전국 1위에 오른 해였다. 학교 선생님들과 학부모들은 곧 100명을 넘길 것이라고 했지만 내 생각은 달랐다. 오히려 줄어들 것으로 봤다. 이명박 정부의 고교 다양화 정책에 따라 새로 문을 여는 자사고가 점점 많아져서 자원이 분산될 수밖에 없었고 의대 선호 현상이 예사롭지 않았기 때문이다. 실제 8기~11까지 서울대 합격자 수는 66명, 84명, 80명, 61명으로 변화했고, 60명이던 의·치대 합격자 수는 8기~11기를 거치면서 75명, 66명, 72명, 82명의 추세를 보였다.

일각에서는 자사고 전환 이후 서울대 합격자가 크게 늘어난 것이 자연계 때문이라고 생각하는 것 같았다. 사실은 그렇지 않다. 자연과정 상위권 학생들이 의대와 서울대로 나뉘기 때문에 서울대 합격자 수는 늘 인문과정이 더 많았다.

정시까지 모든 대학의 입시가 끝나고 졸업식을 며칠 앞둔 어느 날, 7기 자연계 학부모 대표로부터 연락이 왔다. 졸업 전에 만나고 싶다는 것이었다. 학부모 대표, 총무, 감사 등 여러 분들과 함께 분당에서 만났다. "시끄럽고 귀찮게 한 지난 일들에 대해 여러 모로 죄송하다, 그리고 고맙다"는 말씀을 여러 차례 하셨다. 다행인지 그분들의 자녀는 모두 서울대에 합격했다. 축하도 하고 회포懷抱도 풀며 기분 좋게 마무리했다. 그간에 있었던 일을 되돌아보니 모든 게 한낱 구름처럼 흘러가는 추억거리에 불과했다.

05
학생부 종합 전형에 대한 몰이해

학생부 종합 전형이 무엇이라고 생각하느냐고 물어본다. "교과 성적과 비교과 활동을 종합적으로 평가하는 전형이 아닌가요?" 가장 흔히 나오는 대답이다. 틀린 대답은 아니다. 그러나 실제 수시 상담 과정에서 자주 듣게 되는 질문은 다음과 같은 것들이다.

"교내 수상 실적이 몇 개쯤 되어야 하나요?"
"봉사활동 시간이 너무 적은데 괜찮을까요?"
"저는 소논문을 쓰지 않았는데 학종에서 불리하지 않을까요?
"○○과에 지원하려고 하는데, 내신 커트라인이 얼마인가요?"

이런 질문은 학생부 종합 전형에 대한 이해 부족에서 비롯된다.

입시를 앞둔 당사자들에게 학종은 알듯 말듯 헷갈리는 전형이다.

학종 서류 평가에서 수상 건수를 세는 대학은 없다. 독서활동의 수도 헤아리지 않는다. 봉사활동 시간을 가지고 우열을 평가하지도 않는다. 소논문도 최근에는 반영하지 않는다. 내신 커트라인은 아예 존재하지 않는다. 학종은 학생의 서류에서 맥락을 읽어 역량 있는 실력자를 가리고자 하는 전형이기 때문에 정량 평가 대신 정성 평가를 한다. 그런데 아직도 많은 사람들이 학종을 정량적으로 접근하려고 한다. 필패의 길을 가는 것이나 다름없다.

대외 수상 실적은 아예 기록할 수 없고, 교내 수상 경력은 건수나 상의 레벨보다는 어떤 분야에 도전했는지, 어떻게 준비했고, 어떤 성장을 이루었는지에 주목한다. 때문에 대상이 장려상보다 우수할 것이라는 판단도 일면적이다. 장려상을 탄 학생이 배우고 느낀 점이 더 크다면 대상 못지않은 가치가 있는 것이다. 독서활동이나 창의적 체험활동 중 동아리나 진로활동 등도 읽은 권수나 활동 시간이 중요한 게 아니라 교과 수업과 어떻게 연계되어 있는 지가 중요하다. 연계 없이 단순 나열된 활동에서 의미 있는 정보를 찾기는 힘들다.

교과 성적은 정량 평가가 아니냐고 생각하는 사람들이 많을 것이다. 반드시 그렇지는 않다. 교과 성적조차 정성의 잣대를 들이대는 전형이 학생부 종합 전형이다. 예를 들어 〈표1〉을 보자.

A, B 두 학생의 3년간 등급 평균은 3.5로 동일하다. 그러나 A학생은 학년이 올라가면서 지속적으로 상승세인 데 비해, B학생은 하락

	1학년	2학년	3학년 1학기	등급 평균
학생 A	4.5	3.5	2.5	3.5
학생 B	2.5	3.5	4.5	3.5

〈표1〉 학생 A와 B의 성적표

세를 보인다. 사정관들은 다른 조건이 동일하다면 A학생의 발전 가능성을 높게 평가할 것이다. 〈표2〉는 학생 C, 〈표4〉는 학생 D의 가상 성적표를 약식으로 나타낸 것이다.

교과	과목	1학년	2학년	3학년	평균
국어		3	4	4	3.7
수학		2	1	1	1.3
영어		3	4	5	4.0
사회		3	4	5	4.0
과학		4	3		3.5
기술가정		4	6		5.0
제2 외국어		3	4	4	3.7
계		3.14	3.7	3.8	3.55

교과	과목	1학년	2학년	3학년	평균
국어		3	1	2	2
수학		3	3	4	3.3
영어		2	2	1	1.7
사회		2	1	2	1.7
과학		4	5		4.5
기술가정		7	5		6
제2 외국어		4	5	4	1.86
계		3.57	3.14	2.6	3.0

〈표2〉 학생 C(위)와 D(아래)의 가상 성적표

3개 학년 단순 등급 평균은 D 학생이 훨씬 좋다. D 학생은 어학 능력이 탁월하여 어문계열에 지원할 경우 전공 적합성과 발전 가능성 면에서 높은 평가를 받을 수 있다. 그러나 만약 경영학과나 경제학과에 두 학생이 지원했다고 가정하면, 수학에서 두각을 보인 C 학생의 가능성을 더 높게 평가할 수 있다.

내신은 3년 성적 등급 평균을 가지고 단순히 판단하지 않는다. 자신의 강점을 찾아 역전할 수 있는 실마리는 교과 성적에 대한 세밀한 분석에서 나온다. 학교생활기록부는 자신을 드러내는 3년 실록이다. 항목 간 연계와 융합 활동, 지적 호기심과 심화 학습, 그리고 자율적 탐구 능력을 보여줘야 한다.

대학은 서류를 정성 평가하며 맥락을 읽는다. 사실이 그러할진대 맹목적 스펙 쌓기에 몰두하는 학생들이 너무 많다. 심지어 생활기록부가 몇 페이지인지 비교하며 더 많이 써 달라고 한다는 얘기도 들었다.

맥락을 읽는다는 것은 무슨 의미일까. 대학 입학사정관들이 제일 먼저 살펴보는 것은 과목별 원점수와 등급, 표준 편차, 수강 인원이 나와 있는 교과학습 발달 사항이다. 2등급이 반드시 2.5등급보다 우수하다고 보지 않는다. 다수가 들었는지 소수가 들었는지에 따라 등급을 달리 평가한다.

가령 어떤 선택 과목을 20명이 들었다면 2등급을 다른 과목의 1등급으로, 3등급을 2등급의 수준으로 평가할 뿐 아니라 불이익을 감수하고 그 과목을 수강한 열정과 호기심을 읽을 수도 있다. 우리 아이들에게 수강 인원에 신경 쓰지 말고 좋아하는 과목이라면 무조건 선택해라. 그리고 물리2나 고급물리에 과감하게 도전하라고 말하는 이유이기도 하다.

또 과목별 세부능력 및 특기사항을 보면 수업에 어떻게 참여했는지 알 수 있다. 활동 내용, 주된 관심사, 질문과 답변, 발표 내용 등 알 수 있는 정보가 많다. 배운 것과 관련하여 어느 부분에서 지적 호기심이 생겼는지, 그 호기심을 동아리 활동이나 독서 활동 등을 통해 해결한 내용이 있다면 성적은 조금 떨어져도 학업 태도와 자율적 탐구 역량이 우수한 것으로 평가받을 수 있다. 특정 학기에 성적이 확연히 나빴는데 만약 교사 추천서에서 그 시기에 가족 중 누가 중대 질환을 앓았거나 상을 당했다는 내용이 발견된다면 그 상황을 참작하여 다른 학기의 성적을 더 유심히 살펴볼 것이다.

학종의 선구자 서울대의 경우 학업 역량(학업 성취도), 학업 태도(수업 태도 등 공부 열정), 학업 외 소양(인성 영역) 등 세 영역을 평가한 뒤 종합하는 방식이다. 다른 대학들도 거의 비슷하다. 이 세 영역 중 가장 큰 비중을 차지하는 골간은 당연히 학업 역량이다. 다만 학업 역량을 단순히 정량 평가하지 않는다는 말이다.

학종 평가 요소 중에는 교실에서 이루어진 교과 수업이 제일 중요하다. 비교과에 맹목적으로 매달려 스펙을 확장하는 것은 과거 입학사정관제 시절의 얘기다. 학종은 철저히 교과 중심이고 독서, 동아리, 진로 등 비교과 활동은 교과에 연계되어 유기적으로 결합되어 의미를 가질 때 평가받는다.

몇 명이 듣는 어떤 과목을 선택하여 들었는지, 어떻게 수업에 참여했는지, 수업과 관련하여 어떤 호기심이 생겼으며 어떤 연계 활동을 하였는지 등을 종합적 다면적으로 평가한다.

단순히 등급을 보는 것이 아니라 그 과목의 원점수, 평균, 표준 편차, 수강 인원, 수강 과목 구성, 성적 변화 추세 등을 종합적으로 본다. '교과 세부능력 및 특기사항'에서 각 과목 수업에 학생이 어떻게 참여했는지, 관련 분야 교내 경시대회에서 어떤 성과를 냈는지를 확인하면 그 학생의 과목별 학업 역량을 파악할 수 있다.

학생부 전형이나 특기자 전형에서 소논문은 어떤가? 일반고에서도 요즘 소논문에 매달리는 경우가 있다. 한마디로 뒷북치는 거다. 소논문이 수시에서 조금이라도 힘을 발휘했다면 그것은 이미 과거의 일이다. 최근에는 소논문에 가산점을 주거나 높이 평가하는 대학이 없다. 서울대, 연세대, 고려대 등 대부분의 대학에서 소논문 자체를 평가하지 않는다.

그렇지만 고등학생이 논문을 써 본 경험은 지적 성장에 큰 도움이 된다. 논문 자체에 매달리지 말고 자신의 학문적 호기심을 해결하는 하나의 과정으로 논문에 도전해볼 것을 권하고 싶다.

17~18세의 나이에 학위 논문과 책을 읽고 분석, 정리하고 각주와 참고문헌 처리를 하는 등 논문의 형식에 맞게 자신의 학문적 도전을

보여준 경험은 매우 소중한 것이다. 그 경험을 통해 자신의 부족함을 깨닫고 지적 발전을 이루었다면 매우 가치 있는 공부를 한 것이다. 소논문을 통해 자신의 강점을 드러낼 수 있으니 역량이 닿는 대로 논문을 통해 호기심을 발산해 보는 것도 괜찮다고 본다.

다만 역량이 안 되는 학생이 마치 입시의 수단으로 과제처럼 논문을 작성하는 것은 권하고 싶지 않다.

06
자기만의 색깔과 스토리가 무기

학교생활기록부를 보면 그 학생 본연의 모습이 뚜렷이 그려져야 한다. 학생의 수업 활동이 어떠한지, 어느 분야에 호기심을 보였는지, 지적 호기심을 충족하기 위해 어떻게 파고들어 갔는지 자신만의 차별화된 색깔이 드러나야 한다.

'다르게 생각하라Think Differently' 우리 시대의 아이콘 애플의 스티브 잡스가 입버릇처럼 내뱉던 말이다. 어떻게 남들과 다른 나만의 모습을 보여줄 수 있을까? 질문을 달리해 보자. 나의 존재는 무엇에 의해 가장 잘 드러날까? 어른들은 입고 다니는 옷, 타고 다니는 자동차, 들고 다니는 명품 백으로 자신을 드러내기도 한다.

어떤 사람이 무슨 생각을 하고 무엇을 느끼는지를 보면 그 사람을 알 수 있다. 다시 말해 무엇을 궁금해하는지를 보면 그 사람의 내면을 알 수 있고 발전 가능성을 엿볼 수 있다. 그 사람의 생각과 궁금증은 질문을 통해 드러난다. 그러니까 어떤 질문을 하고, 어디에 호기심을 보였고, 어떤 활동을 통해 무엇을 배우고 느꼈는지를 보면 그 사람의 단면이 확연히 드러난다.

남들과 다른 자신의 수많은 질문들이 학교생활기록부와 자기소개서에 충분히 들어가도록 하라. 그런 것들이 하나하나 모여 자신만의 색깔이 되는 것이다. 그런 색깔 없이 강력한 스토리가 나오기 어렵다.

예를 들어 사회 수업 시간에 소비자의 철회권에 대해 배웠다고 하자. 학생들은 방문판매의 경우는 14일 이내, 할부거래나 전자상거래의 경우는 7일 이내에 철회권을 행사할 수 있다는 내용을 배운다. 이쯤에서 질문이 있느냐고 물으면 호기심과 사고력의 차이가 확연히 드러난다.

"백화점 같은 고정 점포에서 현금으로 구매하면 어떻게 되나요?"

"방문 판매 사원한테 카드로 할부거래 했을 경우는 며칠 내에 철회해야 하나요?"

"철회는 충동구매에 따른 단순 변심일 경우도 가능한 것인가요?"

"책이나 DVD같은 것을 받고 포장을 뜯어도 철회할 수 있나요?

"냉장고나 세탁기를 전자상거래로 구매한 후 코드를 꽂아 작동한 경우도 철회할 수 있나요?"

14일, 7일을 암기하기 급급한 아이들에 비해 이와 같은 질문을 하는 아이들은 잠재력과 학업 역량이 다른 것이다. 그런 질문과 호기심이 잘 드러나도록 학교생활기록부에 기록하는 것이 좋다.

앞서 말한 대로 논문 자체는 학종의 평가 대상이 아니다. 하지만 논문을 쓴 경험은 지적 호기심과 탐구 역량을 보여줄 수 있는 훌륭한 활동이 될 수 있다.

가령 수업 시간에 '윤리적 소비', '기업의 사회적 책임'에 대해 배웠다고 하자. 내용 정리에 급급한 학생, 호기심을 발동하여 한걸음 더 나아가는 학생, 독서에서 한걸음 더 나아가 연구 논문으로 발전시키는 학생 등으로 차별화될 것이다. 어떤 학생은 〈패션 산업에 대한 경영학적 고찰-패션 기업의 CSR을 중심으로〉라는 논문으로 심화 탐구를 할 것이다. 〈청소년의 윤리적 소비 성향에 관한 실증적 연구〉라는 논문으로 발전할 수도 있다. 평소 매점의 독점적 판매 행태에 불만을 가진 어떤 학생은 〈HAFS 매점 속에 숨겨진 마케팅 전략-독점 시장의 문제를 중심으로〉라는 논문으로 심화 확장했다. 대다수가 그냥 지나칠 일에 관심을 갖고 다른 관점으로 비틀어 보며 깊이 탐구하는 학생을 누가 눈여겨보지 않겠는가. 학생들은 각자의 호기심과 열정에 따라 어디로 튈지 모른다.

8기 정윤이(서울대 경제학부 수시 합격)는 참 기특한 아이로 기억된다. 어느 날 그는 "선생님 학위 논문 주제가 뭐였는지 여쭤 봐도 되요?"라고 물었다. 이런 질문을 하는 학생이 처음이어서 뜻밖이었지만 매우 기분이 좋았다. 기꺼이 논문을 빌려줬고 그 녀석은 자기소개서에 내 논문을 언급했다. 동양과 서양의 경제 발전의 차이에 대해 관심을 갖고 호기심을 확장했다.

"경제 정책을 통해 어떻게 인간의 행복을 달성할 수 있는지 궁금하던 차에 사회 선생님께서 쓰신 학위논문 〈스웨덴 산업민주주의의 구조와 변동에 관한 연구〉를 접했습니다. 이를 참고하며 유럽에 복지가 도입된 역사를 알아보았습니다. 복지 선진국으로 알려진 스웨덴의 정책을 조사하고 이것이 다른 나라에도 적용될 수 있는지 탐구한 결과를 모아 리포트 〈스웨덴 복지 정책의 특징과 그 배경〉을 작성했습니다. 복지 수준이 높은 국가는 대부분 유럽의 선진국이라는 점이 눈에 띄었습니다. 중국에 비해 뒤처졌던 유럽이 경제적 우위를 점하게 된 원인이 궁금했습니다. 유럽 자본주의의 기원을 설명한 〈프로테스탄티즘의 윤리와 자본주의 정신〉(막스 베버)을 읽고 근대의 역사적 사실을 조사해 〈근대 유럽과 중국의 경제적 우위-역전의 시기와 원인〉이라는 연구 논문을 썼습니다. 근대 경제의 변화에 대해 알게 되었고 경제 현상의 인과 관계를 분석하는 재미도 느꼈습니다."

7기 정엽이(서울대 경영대학 수시 합격)는 마르크스와 피케티를 비교하는 거창한 논문을 계획하다가 막판에 힘에 부쳤는지 나를 찾아왔다. 청소년이 감당할 수 있는 주제를 스스로 리서치하는 것이 좋다는 조언과 함께 당일 대화 끝에 자사고들의 학교 경영 전략을 비교해보는 게 어떻겠냐는 제안을 했다. 결국 정엽이는 〈전국 자사고의 학교 경영 전략 비교 연구-용인외대부고, 하나고, 민사고를 중심으로〉라는 논문을 어렵지 않게 완성했다.

8기 동연이(고려대 자유전공학부 특별전형, 연세대 심리학과 특기자 전형 합격)는 자신이 감당하기 어려운 이론적 주제를 가지고 전전긍긍하다가 12월이 돼서야 나를 찾아왔다. 논문을 포기해야 할지 고민이라고 했다. 동연이는 1학년 때 저스티스JUSTICE라는 법 동아리를 창설한 학생으로 인연을 맺었고 논문 지도교사로까지 인연이 이어져 외면할 수 없었다. 얘기를 나누다 보니 법학과 심리학 분야에 관심이 많았고 논문을 써 보고 싶은 열망이 강했다. 나는 동연이에게 심리학에 관심이 많으니까 청소년의 심리를 낙서를 통해 파악해보는 것이 어떻겠냐는 제안을 했다. 그는 만면에 화색이 돌았다. 카메라를 들고 학교 열람실, 교실, 화장실 등 구석구석 누빈 동연이는 자료 가치가 있는 여러 개의 낙서를 골라내어 과정별, 학년별, 성별로 분류했다. 결국 〈낙서를 통해 본 청소년 의식세계에 관한 해석적 연구〉라는 논문을 완성하고 자신감을 갖게 됐다고 했다. 동연이의 논문은 우수논문 금상에 선정되어 학술제에서 발표 기회를 얻었고 모 대학 학술지에 등재되기도 했다.

6기 지원이(서울대 국어교육과 수시 합격)는 우리말의 세계화에 관심이 많은 학생이었다. 열정은 보였지만 보다 강력한 스토리가 아쉬웠다. 고3이었지만 우리말에 대해 좀 더 깊게 연구한 활동이 보강되면 좋겠다는 생각을 했다. 마침 법과 사회를 배우고 있던 지원이에게 법과 사회가 재미있냐고 가볍게 던져봤다. 지원이는 과목은 재밌는데 법률 용어가 너무 어렵다고 했다. 순간 민법과 형법 조문 중 일본식 한자어를 우리말로 고쳐보라는 제안을 했다. 지원이는 두 달쯤 지나 〈법조문의 우리말 순화에 관한 제언〉이라는 소논문을 써서 제출했다. '해태解怠'를 '게을리'로, '전보塡補'를 '갚음'으로 고치는 식이었다. 이 연구 활동은 지원이 자기소개서에 그럴듯하게 자리 잡았다.

9기 지원이(고려대 미디어학부 특별전형 합격)와 상담 과정에서 AP(대학과정 선이수)의 미학Art History을 공부한 것을 알게 됐다. 그해 겨울 유럽 여행을 갔다가 프랑스 베르사유 궁전에서 사온 DVD가 떠올랐다. 심심할 때 보라는 말과 함께 지원이에게 건네줬다. 공부하기 바쁜 고3이라 그가 보리라는 기대는 하지 않았다. 그런데 두 달쯤 뒤에 DVD를 보며 유럽 미술사를 정리한 노트를 들고 찾아왔다. 덕분에 재밌는 공부를 하게 됐다며 감사하다고 했다. 이런 학문적 열정이 학교생활기록부와 자기소개서에 고스란히 담겨야 한다. 자기만의 색깔과 스토리는 이런 식으로 만들어진다.

유학반인 11기 영균이(미국 펜실베니아 대학교 합격)는 논문 주제 선정에서부터 완성, 자기소개 작성까지 전 과정을 나와 긴밀히 소통하며 이뤄냈다. 그 과정에서 학생 스스로 부족한 점을 깨닫고 성장하는 모습이 돋보였다. 그는 〈트럼프Trump 연설 전략의 음향음성학적 분석〉이라는 독창적인 논문을 완성하면서 자기만의 색깔을 확연히 드러낼 수 있었고 자기소개서에도 멋진 스토리로 활용할 수 있었다.

어느 날 고등학교와 대학을 같이 다닌 동창 녀석이 보자고 연락이 왔다. 고3인 딸의 진학 문제로 상의하고 싶다고 했다. 그 딸은 서울의 유명 외고에 다니고 있었다. 내신 성적이 3점대 중반이었는데 서울대에 꼭 가고 싶단다. 학교생활기록부를 보니 색깔도 분명치 않았고 뭔가 강력한 스토리를 구성하기 만만치 않았다. 나는 그 아이에게 동아시아 문화와 언어에 관심이 있으니 일본이나 중국인들과 소통한 경험을 살려볼 것을 권했다. 서울의 고궁을 찾아 외국어로 된 안내문을 찍어 문법적으로 어색한 것들을 찾아보면 어떻겠냐는 얘기를 나눴다. 호기심을 갖고 연구를 하고 안 하고는 전적으로 학생의 역량에 따른 것이지만 아이디어는 빌릴 수 있다. 그럭저럭 친구 딸의 서류는 좀 더 업그레이드되어 완성됐고 다행히 서울대 아시아언어문명학부에 합격했다.

7기 미송이는 자신의 강점으로 역전한 대표적 사례다. 내신 평균 등급이 3.49에 불과했던 미송이는 서울대 경영대학에 지원하고 싶어 했다. 이런 등급 대에서 합격한 전례가 없었기에 고민스러웠다. 그러나 미송이의 학교생활기록부와 성적 자료를 검토하면서 가능성이 보이기 시작했다. 그의 수학 성적은 줄곧 1등급과 2등급을 유지했고 교내 수학 경시대회에서 대상을 2번이나 수상했음을 발견했다. 비교과 활동 역시 일관성 있게 경영, 경제, 수학 분야를 파고들었다. 자기만의 색깔이 매우 뚜렷했다. 과감히 도전하기로 결단을 내렸다. 그의 추천서에 다음과 같이 썼다.

"지원자는 본교 인문계 학생 중 수학 실력이 가장 출중한 학생입니다. (중략) 학생의 독보적인 수학 실력은 학과 선생님들 사이에서도 정평이 나 있습니다. 이번 1학기 때 EBS 수능완성 수학1 A형과 B형 교재를 집필한 본교 신승호 선생으로부터 교재 검토 의뢰를 받아 꼼꼼한 풀이로 문제와 해설의 오류를 다수 잡아냈습니다. 수학 선생님들에 따르면 가장 완벽에 가까운 서술형 답안을 쓰는 학생이라고 평가합니다. 지원자가 더욱 발전 가능성이 크다고 보는 것은 그가 자연계 학생들과 폭넓게 교류하며 수학 문제 해법을 놓고 토론을 즐긴다는 점 때문입니다. 친구들의 질문을 피하거나 귀찮아하지 않고 친절하게 설명해주는 모습도 매력적입니다."

미송이는 2학년 때부터 논문을 지도하면서 성장 과정을 지켜보았기 때문에 자신 있게 추천서를 작성할 수 있었다. 자신의 강점을 잘 부각한 미송이는 결국 서울대 경영대학에 최종 합격했다. 미송이는 파일런이라는 경영·경제 동아리를 창설한 학생이다. 5기들이 만들었던 기존 경제 동아리 RP가 선배들의 화려한 실적에 기대어 안일한 모습을 보인 데다 경제 탐구에 치우쳐 자신이 직접 파일런을 만들게 됐다고 했다.

7기 훈조의 사례도 잊을 수 없다. 훈조는 처음에 정치외교학부에 지원하려고 했다. 나는 그가 오히려 자유전공학부에 적합하다고 판단하여 방향 전환을 권유했다. 일주일가량 고민 끝에 훈조는 자유전공학부를 지원하기로 결심했다. 문제는 그의 내신 성적이 썩 좋지 않았다. 평균 등급 4.24였으니 또다시 전례가 없는 도전을 해야 했다. 다행히 그의 학교생활기록부에서 희망의 씨앗이 보였다. 문과와 이과를 아우르는 통섭적 인재 모습이 엿보였고 수학 내신도 2~3등급 사이에서 벗어나지 않았다. 내신 평균을 갉아먹은 것은 정보, 윤리, 2외국어 등이어서 크게 문제될 게 없다고 봤다.

나는 오히려 훈조의 탐구 역량과 논문에 주목했다. 그는 〈센카쿠 열도 분쟁을 통해 바라본 동아시아 패권 전쟁 분석〉이라는 주제로 논문을 썼는데, 너무 정치적 변수를 중심으로 다루어진 것 같다고 지적하고 자원 문제라는 본질에 접근해볼 것을 코치했다. 훈조는 동북아시아 수역에 6억 톤 이상 매장된 가스 하이드레이트에 주목했고 자원 관련 논문과 단행본들을 추가로 읽고 나서 자기소개서를 완성했다. 훈조는 서울대 자유전공학부 합격의 꿈을 이루었다. 대학에서도 장학생으로서 뛰어난 학업 역량을 보여주는 것으로 보아 서울대는 잠재력이 큰 인재를 선발하는 노하우가 확실히 있다.

3기 진주도 기억에 남는다. 진주는 외교관의 꿈을 갖고 있었는데 정치외교학부에 지원하는 것은 합격 가능성이 낮았다. 진주의 서류를 보니 어학 분야에서 탁월한 강점이 보였다. 중국어과였으니 중국어 HSK 5급에 영어 텝스 926점을 확보하고 있었고, 일본 만화에 심취하여 독학으로 일본어 JPT 2급을 따놓은 것을 알았다(지금은 금지 항목이지만 당시에는 어학 인증 기재 가능). 순간 러시아어만 알면 한반도 주변 4대 강국의 언어로 소통할 줄 아는 인재가 되는 것이 아닌가 하는 생각이 들었다. 그에게 노어노문학과에 지원하는 게 어떠냐고 권유했고 진주는 노문과에 당당히 합격했다. 당시 한반도를 둘러싸고 미·일·중·소 4대 강국과 남·북이 함께 하는 6자 회담의 틀이 가동될 때였으니 지원 동기와 절묘하게 맞아 떨어졌다.

이 밖에도 학종의 특성을 제대로 알고 자신의 강점을 살려 역전의 기회를 잡은 사례는 무수히 많다. 10기 자연계 동준이가 어느 날 찾아왔다. 기계공학부에 지원해야 하는데, 자기보다 성적이 좋은 친구가 둘이나 있어서 걱정이라는 것이다. 그 학생들을 만나 얘기를 들어보니 모두 기계공학부에 진학할 확실한 동기와 실력을 갖추었다. 동준이에게 그냥 도전해보자고 말했는데, 자신의 서류와 스토리를 믿고 도전했다. 다행히 그해 서울대 기계공학부에 지원한 3명이 모두 합격했다. 학생부 교과 전형과 달리 학생부 종합 전형은 내신순이 아니다. 내신이 좋을수록 합격 확률이 높을 뿐이지 내신 성적이 합격을 보장하는 것은 아니다.

9기의 한 학생은 내신의 불리함을 극복하고 포항공대 일반전형 단일계열에 최종 합격했다. 당시 그보다 성적이 좋은 3~4점대 내신을 가진 학생들이 탈락했으니 대학은 그 학생의 스토리와 잠재력에 주목한 것이다. 전반적인 내신 평점은 불리했지만 수학과 과학, 특히 생명과학 분야에서는 경쟁력을 갖추고 있었다. 그는 "세계의 소외계층을 돕는 과학기술인 '적정 기술'은 '배워서 남주자'는 철학으로 공부해온 저를 매료시켰다"며 적정 기술 관련 연구와 활동을 꾸준히 해 온 진짜공부 경험을 서류에 잘 드러냈다.《소녀, 적정기술을 탐하다》(뜨인돌)라는 책을 집필하였고, TV 등에 출연하여 강연을 하는 등 자신의 관심 분야에 대한 뚜렷한 색깔을 보여줬다. 생물학 관련 실험 경험도 많고 해외 대학의 강의도 찾아 들었으며 적정 기술 관련 연구 논문도 여러 편 썼다. 포항공대는 이 학생의 서류에서 잠재력을 찾는 데 어렵지 않았을 것이다.

11기 승환이도 내신의 불리함만 생각하여 경제학부에 지원하지 않았다면 후회할 뻔했다. 당시 서울대 경제학부에 일반전형으로 4명이 지원했는데 승환이의 내신 성적이 제일 좋지 않았다. 경쟁을 피해 다른 과로 전향도 심각히 고민했지만 학교생활기록부 내용은 경제학 말고는 대안이 없을 정도로 색깔이 뚜렷했다. 나도 승환이도 부모도 고민을 거듭했다. 다행인 것은 승환이의 모의고사 성적이 좋아 설령 수시에 떨어지더라도 정시로 간다는 생각을 할 수 있었다. 그래서 경제학부에 소신을 갖고 지원하기로 했다.

승환이의 학교생활기록부를 검토하니 수학 실력은 4명의 지원자 중에 제일 좋았다. 그 부분을 강조하고 경제학에 대한 열정적인 탐구 경험들을 자기소개서에 녹여냈다. 빈부격차 문제에 대한 관심, 기본 소득제에 대한 공부 경험 등을 잘 담아냈다. 결국 4명의 지원자가 모두 서울대 경제학부에 최종 합격했다. 그간 최대 3명까지 합격했던 전통을 처음 깨버린 쾌거였다.

학종에 대한 이해를 바탕으로 철저히 '다르게 생각하라'를 실천했기에 가능했던 사례들이다. 세상에 공짜로 얻어지는 것은 없다. 진짜공부 경험으로부터 가능성을 찾는 것이 학생부 종합 전형이다.

07
실패한 경험은 소중한 스토리

학생들은 서류를 준비할 때 자신의 강점만을 부각하기에 급급하여 실패의 경험을 감추려 한다. 내 생각은 다르다. 오히려 실패의 경험을 소중히 해야 한다. 누구나 실패를 할 수밖에 없음을 인정하고 실패 앞에 솔직해져라. 실패로부터 배우는 사람은 도전을 두려워하지 않는다.

7기 익현이는 학생회장 선거 참모로서 선거를 진두지휘했으나 패했다. 그는 그 선거 패배에서 많은 것을 배웠고 자신의 진로를 확정하고 성장하는 계기로 삼았다. 서울대 정치외교학부에 지원하여 합격한 익현이는 자기소개서에 이렇게 적었다.

"친구에게 학생회장 선거 출마 제안을 시작으로 선거 캠프를 직접 조직하고 나름 참신한 유세 전략과 연설을 기획했지만 아쉽게도 결과는 낙선이었습니다. (중략) 그런 의미에서 조직적인 캠페인, 학생 중심의 선관위, 국제과정 후보의 단일화 등을 경험하게 해준 고등학교는 선거 현장의 이해를 위한 최고의 환경이었습니다. 이러한 준비 무대를 바탕으로, 오직 유권자가 진정한 '킹메이커'이며 선거라는 민주주의의 꽃이 사람의 향기를 담을 수 있음을 보여줄 것입니다."

익현이는 선거에서 진 후, 오마마 선거 캠프의 전략을 공부하기 시작했다. 그의 말을 더 들어보자.

"《킹메이커》를 읽으며 오바마 캠프가 마이크로 타기팅을 통해 전통적인 공화당 강세 지역에서 많은 표를 가져오는 것을 보았고, 과학적인 현대 선거에서는 개별 유권자들에 더욱 주목해야함을 깨달았습니다. 특히 지역별 선거인단제를 채택하지 않는 우리나라는 개개인에 관한 빅데이터가 더 큰 힘을 가질 거라 생각했습니다. 그래서 통계자료의 수리적 분석 기법을 공부하기 시작했습니다. 추상적인 모형들이 잘 와 닿지 않을 때는 통계 프로그램 SPSS를 노트북에 설치해 실태 조사와 만족도 같은 예제를 직접 입력해보며 회귀분석을 공부했습니다."

익현이는 레이코프(미국 캘리포니아대학교 버클리캠퍼스 언어학과)교수의 '프레임 이론'으로 호기심이 옮겨갔고, 그 이론을 바탕으로 자신이 참모로 참가한 학생회장 선거를 연구 주제로 삼아 연구 논문을 작성하는 데까지 확장했다. 그의 논문 제목은 〈프레임 이론에 기초한 교내 제8대 학생회장 선거 연설문 분석과 이론 검증〉이며 자기소개서 2번 항목에 상세히 연구 과정과 성과를 기록했다.

학교생활을 하다 보면 자기 뜻대로 되지 않은 일이 많다. 기대하는 대로 실험 결과가 나오지 않는 경우도 비일비재하다. 그런 수많은 실패 경험으로부터 배우고 성장하라. 그리고 자신의 스토리에 적극 담아내기 바란다. 실패는 성공의 밑거름이다.

11기 진교(서울대 에너지자원공학과 수시 합격)의 자기소개서를 보자.

"제레미 리프킨은 《엔트로피》에서 기술 개발은 곧 쓸모없는 에너지의 증가임을 주장했지만 저는 여기에 의문을 가졌습니다. 기술을 개발한다면 보다 효율적인 에너지 사용이 가능하다고 보았기 때문입니다. 이런 생각은 화학 시간에 에스테르 반응에 대한 발표를 준비하면서 더 구체화되었습니다.

에스테르 반응이 바이오디젤 생산 과정에 포함됨을 깨달은 후, 바이오디젤에 대해 공부하면서 문득 바이오 에너지의 실효성에 대한 의문이 들었습니다. 이를 해결하고자 《에너지 디자인》(바츨라프 스밀)과 에너지경제연구원의 발간물을 읽으면서 유전공학이 접목된 바이오에너지 기술의 발전을 확인했고, 그 산업 전망을 긍정적으로 인식하게 되었습니다. 하지만 생물동아리 1310의 토론에서는 바이오에너지는 효율성이 떨어지기 때문에 차세대 에너지원으로는 부족하다는 의견이 지배적이었습니다. 확실하게 반박하지 못하는 제 스스로가 답답했습니다.

그래서 바이오에너지 효율의 증대 가능성을 보이겠다는 목표를 세웠습니다. '해산물을 이용한 바이오에탄올 수득율 증대에 관한 연구'를 진행했습니다. 선행 연구를 참고해가며 의욕적으로 한 초기 실험은 균이 자라지 않아 실패했습니다. 문제점을 파악하기 위해 해산물을 주재료로 한 실험 논문을 찾아 읽으면서 고민했고 배지의 염도 조건을 바꾼 결과, 목표였던 알긴산에서 뿐만 아니라 한천에서까지 균의 당 분해능을 확인할 수 있었습니다. 저는 연구 결과를 보완하여 '시스템 대사 공학'과 연결했고 바이오에너지의 효율성 증대를 주제로 연구 논문을 작성했습니다.

의문을 해결해나가는 과정에서 누적된 실패는 무엇보다 값진 경험이었습니다. 토론과 실험에서 실패한 경험들은 강렬하게 남아 저를 끊임없이 움직이게 했습니다. 실패를 해결하는 과정에서 더 깊이 공부할 수 있었고, 계속해서 성장하고 있음을 느꼈습니다. 어느덧 도전을 즐길 수 있는 사람이 되었습니다. 의문, 도전, 그리고 실패를 통해 성장한 저는, 앞으로도 멈추지 않고 지적 탐구를 해나갈 것입니다."

올해 타계한 영국의 천체 물리학자 스티븐 호킹 박사는 이런 말을 남겼다. "아무리 어려운 인생이라도 당신이 할 수 있고 성공할 수 있는 것은 언제나 있다." 우리의 나태함을 깨우는 회초리와 같은 말이다. 꿈을 잃고 현실에 안주하며 도전하지 않는 자들을 향해 호킹 박사는 "당신 발을 내려다보지 말고 고개를 들어 별을 바라보라."고 질타한다.

08
자기소개서에서 헤매는 아이들

수시를 준비하는 학생들에게 자기소개서는 넘어야 할 큰 산이다. 학교생활기록부의 내용을 반영하여 색깔 있는 스토리를 엮어내야 한다. 예외 없이 학생들은 자기소개서 쓰는 것을 매우 어려워한다. 예전의 학생들에 비해 발표를 잘 하고 춤을 잘 추고 자기표현에 주저함이 없지만, 글로써 자기 생각을 드러내고 자신의 이야기를 풀어내는 것을 어려워한다.

대개 3학년 1학기 기말고사를 마치고 나면 자기소개서 초안을 쓰게 된다. 여름 방학 내내 여러 차례 수정 보완을 통해 만족할 만한 자기소개서를 완성한다. 학생들은 그 과정을 꽤 힘들어한다. 용인외대부고에서는 여름방학 동안 전원이 학교에 남아 선택 수업과 자율학습을 하기 때문에, 3학년 담임선생님들이 자기소개서를 읽고 코멘트하며 지도한다.

한 반에서 절반가량의 학생이 서울대학교를 지원하고 연세대, 고려대 등까지 합치면 50개 이상의 자기소개서를 읽고 코멘트 해줘야 한다. 한 학생이 평균 4~5차례의 수정 과정을 거치고 어떤 학생은 10번 이상 고치는 경우도 있어 대략 300번 정도의 리딩이 필요하다. 자기소개서가 4개 항목 총 4,500자이니까 4,500자×300회 =7,500,000자 분량을 읽어야 한다. 자연계 학급은 카이스트까지 지원하기 때문에 봐주어야 할 자기소개서가 더 많다. 이렇게 학생과 마주 앉아 서류를 검토하다 보면 방학 한 달이 금세 지나간다.

용인외고 시절을 포함 외대부고에서 11년간 학생들의 자기소개서를 검토해왔으니 7,500,000자×11년 = 82,500,000자를 읽은 셈이다. 사실은 그 모든 글자를 다 보는 것은 아니다. 앞부분에서 읽혀지지 않거나 엉터리로 쓰인 자기소개서는 다음으로 넘어가지 않고 돌려보낸다.

자기소개서의 핵심은 1번 질문이다. 학생들이 가장 애를 먹는 항목이기도 하다.

1. 지적 호기심을 가지고 학업능력 향상을 위해 노력한 것을 배우고 느낀 점을 중심으로 쓰시오.(1000자 이내)

학업 능력을 묻는 이 질문을 통해 현재의 능력은 물론 잠재적 가능성까지 엿볼 수 있다. 이 부분에서 사정관의 마음을 움직이지 못하면 합격권에 들기 어렵다. 1000자 중에서도 첫 단락, 그 중에서도 첫 문장부터 읽는 이로 하여금 계속 읽을 마음이 들게 해야 한다. 임팩트가 있어야 한다. 사정관으로 하여금 이 학생을 만나보고 싶다는 인상을 주어야 한다.

나는 학생들의 자기소개서를 볼 때 1번 질문에서 이 학생에 대한 이미지가 그려지지 않거나 매력이 느껴지지 않으면 2번을 읽지 않고 돌려보낸다. 나를 만나고 돌아간 학생들은 친구들이 "어땠어?"라고 묻기도 전에 "바로 퇴짜 맞았어"라고 말한다. 퇴짜 맞은 이유를 정확히 알고 잘 고쳐서 업그레이드시키는 학생이 있는가 하면, 지지부진하여 발전이 없는 학생도 있다. 코멘트는 해 주되 단 한 글자도 대신 써줄 수는 없는 노릇이다.

내가 11년간 지도한 학생 중 초고 단계에서 OK를 받은 학생이 딱 한 명 있다. 2기 수진이다. 워낙 자기 자신을 잘 표현했기 때문에 특별히 코멘트할 것이 없었다. 뛰어난 자기소개서였다기보다는 손을 댈 필요가 없는 글이었다. 그는 서울대 사회과학대학에 당당히 합격했다. 수진이는 방송인 및 작가로 유명한 유시민 작가의 딸이다. 글 쓰는 재능도 유전이 되는 것이 아닌가 하는 생각이 들었다. 아버지의 유학 때문에 가족과 함께 독일에서 7년가량 살았음에도 불구하고 국어와 수학 실력까지 탁월했다. 대부분의 요즘 학생들이 말로 표현하는 것보다 글로 표현하는 것에 익숙하지 않은 데 비해, 수진이는 오히려 글로 표현하는 것을 더 잘 했다.

그 뒤로 아직 단 한 명의 학생도 초고 단계에서 나를 만족시킨 적은 없었다. 학생들의 자기소개서를 보면 문장이 너무 긴 글이 많다. 단문으로 쓰지 못하고 ~했고, ~했으며 등으로 문장을 길게 늘어뜨리는 경우가 많다. 단락 나누기를 제대로 하지 못한다. 어떤 학생은 1000자 전체가 한 문단인 경우도 있다. 이런 경우는 내용을 읽지도 않고 되돌려 보낸다.

불필요한 접속사를 남발하는 경우도 많다. 웬만해서는 접속사 없이 글을 써내려가도 아무 문제없다. 읽는 이를 배려하지 않고 힘만 잔뜩 들어간 글을 읽다보면 자연스럽게 스트레스가 쌓인다. 그를 달래기 위해 냉커피를 얼마나 마셔댔는지 모른다.

주어 술어 관계가 맞지 않는 비문非文도 너무 많다. 더 심각한 것은 자기소개서의 질문 의도를 제대로 파악하지 못한 채 자기가 하고 싶은 말만 나열한다는 점이다. 자기소개서와 학생부에서 보고자 하는 것은 학생의 성장과 잠재력이다. 자기가 하고 싶은 말보다는 대학이 듣고 싶은 말을 들려줘야 한다. 대학이 듣고 싶은 얘기는 질문에 잘 나와 있다. 그런데 많은 학생들이 질문을 대충 읽고 글을 쓴다.

위에서 말한 1번 질문은 '공부를 잘하고 싶은 마음과 의지가 있는 학생인지'를 알아보고자 하는 질문이다. 상당수의 학생들이 '내신에서 좋은 점수를 얻기 위해 어떻게 공부했는지'를 쓴다. 이는 고등학교 때 특별히 한 게 없다는 뜻으로 읽힐 수 있다. 몇 등을 했는지, 점수가 얼마나 올랐는지는 학교생활기록부에 다 나와 있지 않은가. 내신에서 공부했던 일화를 소개하는 것보다는 진정으로 학문에 대해 '지적 호기심'을 가졌던 것과 '그 학업 능력을 향상시키기 위해 노력한 내용'을 쓰는 것이 좋다.

"저는 고등학교 기간 동안 교과 성적을 잘 받았습니다. 국어와 수학 과목은 모두 1등급을 받았으며 교내 독서감상문 대회와 수학 경시대회에서 각각 금상과 은상을 수상한 경험이 있습니다. 학교에서는 수학경시반 활동을 하였습니다. 2학년 때부터 해왔고 친구들 6명이 수학 선생님과 함께 공부하였습니다."

학교생활기록부에 나와 있는 내용을 반복적으로 나열했을 뿐이다. 이 부분을 다음과 같이 바꾸면 어떨까?

"학교 공부와 더불어 독서는 저의 생활에서 빼놓을 수 없는 부분입니다. 독서를 통해 저는 수업시간에 부족했던 부분을 채울 수 있었습니다. 문학시간에 선생님의 추천으로 읽은 황석영님의 《오래된 정원》이라는 소설이 기억에 남습니다. 삶이 고스란히 녹아 있다는 점이 특별하게 다가왔습니다. 역사는 단절된 것이 아니라 계속 이어지고 있으며, 이 시대를 살고 있는 저도 그 영향에서 벗어날 수 없다는 사실을 느끼게 해준 책입니다. 그 후 교내 독서 감상문 대회에서 이 책을 주제로 쓴 글이 금상을 수상하기도 하였습니다.

저는 과목 중에 수학을 가장 좋아합니다. 그래서 2학년 때부터 친구들 6명이 수학경시반을 만들어서 활동하였습니다. 3학년 때는 부장으로 활동하기도 하였는데, 주제를 정해서 매주 토요일 오후에 모여서 서로 토론도 하고 문제를 풀기도 하였습니다. 수학 가운데 미적분은 어려우면서도 수학적 사고가 여러 방면에 응용된다는 것을 배우게 해주었습니다. 이 수학경시반 활동은 문제 풀이보다는 수학의 원리와 기본 개념을 스스로 이해하는 데 도움이 되었으며, 토론과 다양한 독서에 매진했던 노력이 교내 수학경시대회 은상으로 이어졌습니다."

자기소개서를 통해 학생이 왜 이 과에서 공부하고 싶은지를 설득력 있게 보여주는 것이 좋다. '이 과에서 공부하고 싶다'라는 것은 반드시 직업과 결부되는 것은 아니다. 직업과 대학에서 공부하고 싶은 것은 별개일 수 있다. 가령, 철학을 공부하고 싶은데 CEO가 되고 싶다는 것도 가능하다. 대학 입장에서는 전혀 이상하지 않다. '철학을 전공하니 철학과 교수가 돼라'고 하지 않는다. 직업은 학생의 관심사이지 대학의 관심사가 아니다. 대학 4년간 무슨 공부를 할 것이며 노력할 의지가 있는지 또 준비되어 있는지가 대학의 관심사다. '이 직업을 갖기 위해 이 과에 가고 싶다'는 낮은 수준의 의지이다.

앞서 학교생활기록부의 항목 간 연계를 염두에 두고 활동하는 것이 좋다고 강조했다. 그 연계를 풀어서 문장으로 연결하면 자기소개서가 되는 것이다. 예를 들자면 이런 식이다.

[예시] 사회나 과학 교과 수업에서 환경 문제에 대해 학습→ 기후, 에너지 문제에 관심→ 트럼프의 파리협약 탈퇴 선언의 배경 공부→ 독서 활동→ 문재인 정부의 탈원전 정책을 주제로 토론(동아리, 스터디그룹)→ 기후, 에너지 문제의 심각성에 대한 심층 탐구(UCC, 독서, MOOC)→ 실천 활동(오존, 미세먼지 매일 프린트하여 학급에 게시/학급→토론에 회부/학급에 온도계 설치/에어컨 끄기 운동/계단 오르내리기 캠페인 등)→ 학습 및 실천 과정에서 배우고 느낀 점 정리 또는 소논문으로 발전

다음은 11기 상현이(서울대 자유전공학부, 연세대 의예과 수시 합격)의 자기소개서 1번 항목의 일부이다.

"생명과학 수업에서 장기 강화 작용을 배운 후 뇌의 기능 정도가 변화하는 점이 신기해 〈학습과 기억에 대한 도파민의 효과Dopamine's effects on learning and memory〉(에릭 마르Eric Marr의 TED강연)'를 보고 자막을 제작했습니다. 신경전달물질 변화가 학습에 영향을 준다는 내용에 매일 커피를 마시는 친구들이 떠올라 커피와 GABA에 관해 연구하게 되었습니다. 메가 프레스mega-press 등의 기술적 원리를 엄밀히 이해하기 어려웠지만 칸 아카데미Kahn Academy의 NMR course를 통해 해결했습니다. 팀원들과 강의를 듣고 역할을 나눠 용어를 해석하며 호기심에 의한 탐구의 즐

거움을 느꼈습니다."

11기 소영이(서울대 의예과 수시 합격)의 자기소개서는 다음과 같다.

"생명과학1에서 염증 반응을 배운 뒤 두 종류의 항염증제를 비교하는 실험을 진행했지만 정확한 결과를 얻을 수 없었습니다. 친구들과 원인을 분석하는 과정에서 면역을 단순하게 생각했다는 것을 깨달았습니다. 염증은 다양한 물질이 상호작용하는 과정인데, 세균과 항염증제의 관계에만 집중한 것입니다. 어떤 일을 시작할 때엔 한 부분만이 아니라 전체적인 짜임을 보고, 그 속에서 하나가 가지는 의미를 파악해야 한다고 느꼈습니다."

자기소개서 1번을 읽을 만하면 2번으로 넘어간다.

2. 고등학교 재학기간 중 본인이 의미를 두고 노력했던 교내 활동을 배우고 느낀점을 중심으로 3개 이내로 기술해 주시기 바랍니다. 단, 교외 활동 중 학교장의 허락을 받고 참여한 활동은 포함됩니다. (1,500자 이내)

2번에는 당연히 교내 활동만을 서술해야 하며 배우고 느낀 점을 중심으로 기술해야 한다. 대학에서는 '지식의 누적'뿐만 아니라 '지식의 활용'을 매우 중요하게 본다.

지식의 누적은 내신 성적, 각종 교내 수상 실적 등의 정량적 요소로 드러난다. 지식의 활용은 '스스로 공부를 해서 알아갈 수 있는 능력을 갖췄느냐'다. 따라서 '지식의 활용'이 더욱 중요하다. 바로 이 2번 항목에서 학생들은 자신이 '지식의 활용'을 잘 하는 학생임을 보여줘야 한다.

스스로 해 나간 것과 학교 프로그램 안에 몸만 들어간 것은 발전 가능성 면에서 완전히 다르다. 대학에서는 안 가르쳐 주는 것을 스스로 알기 위해 노력하는 것이 굉장히 중요하다. 스스로 알고 싶은 것을 알아본 경험이 있으면, 대학 강의실 안에서 가르쳐 준 것 이외에 알아야 할 것이 생겼을 때 그것을 알아갈 수 있는 능력이 있다고 본다. 그런 경험, 훈련과 기술을 익혔다는 것이 '지식의 활용'이다. 동아리 활동, 스터디그룹 활동, 논문 연구 활동, 탐구 활동, 글쓰기 경험, 독서 활동 등이 여기에 해당한다.

지식의 누적에 해당하는 경시대회나 교내 수상 관련 내용을 쓸려면 수상 등위 자체는 의미 없고, 대회를 준비하면서 어떤 성장을 했는지를 보여주는 것이 중요하다.

학생들에게 이 항목을 쓰라고 하면 학생부를 그대로 옮겨 쓴다. 이 질문은 1번 항목 '지적 호기심'의 연장선에 있어야 한다. 지적 호기심을 가진 덕에 어떤 활동을 했고, 그것이 무엇이고, 왜 중요한가를 보고 싶은 거다.

대학에서 궁금하고, 알고 싶은 것은 '왜?'이다. 왜 그 활동을 했는지, 그 활동이 왜 학생에게 의미가 있는 것인지 궁금해서 이 질문을 넣은 것이다. 봉사활동은 3번(인성) 항목이나 2번에 쓰는데, 활동의 양보다는 봉사활동의 의미를 어떻게 이해하고 삶에 받아들였는지가 더 중요하다.

대학교육협의회 공통 양식 3번 질문은 학생의 인성과 관련된 개별적 특성을 알아보기 위한 항목으로 구성되어 있다.

3. 학교생활 중 배려, 나눔, 협력, 갈등 관리 등을 실천한 사례를 들고, 그 과정을 통해 배우고 느낀 점을 기술해 주시기 바랍니다. (1,000자 이내)

1번과 2번을 통해 주로 학생의 학업능력과 학습 태도를 알아보고 자 했다면, 3번 질문은 인성을 보고자 하는 것이다. 따뜻하고 선한 품성을 가진 학생임을 보여주면 된다. 배려, 나눔, 협력, 갈등 관리 중 어느 하나 또는 복수의 사례를 들어 기술할 수 있다. 가급적 구체적인 사례를 기술하는 것이 좋으며 그 과정을 통해 배우고 느낀 점을 중심으로 기술해야 한다.

예컨대 협력 사례를 쓰고 싶다면 학교에서 협력을 통해 무엇인가를 만들어 나간 경험이 중요하다. 학교가 제공하는 프로그램은 협력을 해야 소화할 수 있는 프로그램이 많다. 가령 '무슨 프로젝트를 선생님께서 주셨는데 5명이 한 조가 되었지만 4명이 관심이 없어 내가 혼자 밤을 샌 끝에 결과를 만들어냈다'는 식은 좋지 않다. 대학 교수들 눈에는 놀라운 결과가 아니다. 지식을 쌓는 것을 보려는 것이 아니라 '협력의 경험'을 보려 하는 것이다. 팀플레이를 통해 놀라운 결과보다 협력하는 태도를 익혀나갔는지를 보고자 하는 것이다.

다음 학생의 사례를 보자.

"2학년 학급 부반장 : 저는 리더십과 봉사성이 우수합니다. 이러한 점을 인정받아 2학년 부반장에 선출되었습니다. 저는 매사에 열심히 한 결과 반장보다 더 나은 부반장이라는 말을 들을 수 있었습니다."

자신이 리더십과 봉사성을 발휘한 구체적 경험을 써야 하는데, 결과만을 언급해서 설득력이 떨어진다. 이 부분을 다음과 같이 고치면 어떨까?

"2학년 때 처음 부반장으로 선출되어 제가 할 수 있는 일이 무엇일까를 고민하였습니다. 사실 반장이 되지 못했다는 점이 서운하기도 하였지만, 반장을 도와서 학급 친구들에게 도움이 되는 역할을 하기로 결심하였습니다. 학급 친구들끼리 '하루 한 번씩 칭찬하기'를 시도하였습니다. 처음에는 다소 어색하게 여기거나 장난스럽게 접근하는 친구들도 있었으나 시간이 지나면서 스스로도 모르게 기분 좋은 말을 나누는 것이 서로의 습관이 되어가는 것을 느꼈습니다. 2학년을 마칠 때 친구들이 '반 분위기가 밝아지는 데 도움이 되었다'고 이야기했을 때 조그만 생각의 차이가 매우 다른 결과를 낳을 수 있다는 점을 다시 한 번 느꼈습니다. 일상 속 작은 실천이 공동체의 큰 변화를 불러일으키고 구성원들을 행복하게 할 수 있다는 점을 배웠습니다."

자기소개서 3번까지는 대교협 공통 양식으로 동일한 질문 내용이나 4번은 대학마다 다르다. 대학 진학 동기와 학업 계획을 묻는 질문이 많다. 서울대의 경우는 독서 경험을 묻는다. 서울대가 독서 경험을 중시하는 이유는 같은 내용의 책이라도 학생마다 감명 깊거나 영향을 받은 대목과 구절이 다를 수 있다는 점에서 지적인 감수성을 엿볼 수 있기 때문이다.

4. 고등학교 재학 기간 또는 최근 3년간 읽었던 책 중 자신에게 가장 큰 영향을 준 책을 3권 이내로 선정하고 그 이유를 기술하여 주십시오.

▶ '선정 이유'는 각 도서별로 띄어쓰기를 포함하여 500자 이내로 작성

▶ '선정 이유'는 단순한 내용 요약이나 감상이 아니라 읽게 된 계기, 책에 대한 평가, 자신에게 준 영향을 중심으로 기술

질문에 책을 선정하게 된 이유를 쓰라고 했다. 대학이 알고 싶은 것은 '학생이 왜 저 책을 선정했을까?', '왜 이 책을 가지고 공부했을까?'다. 그런데 애석하게도 학생들은 거의 대부분이 책의 내용을 쓴다. '이 책을 왜 골랐니?'를 물었는데 '저는 이 책을 읽은 게 확실합니

다'라고 말하는 것처럼 책의 내용을 쓴다. 질문과 대답이 엇갈린 거다. '영향을 준 부분'이 궁금한데 사정관에게 어필할 수 있는 아주 중요한 기회를 날려버리는 셈이다.

학생들은 인문계열의 경우 문학, 역사, 철학 중에서 한 권씩 조합하려 한다. '경영학과에 지원할 거면 경영에 관련된 책을 써야 한다'고 생각하는데 절대 그럴 필요가 없다. 학생이 왜 이 책을 읽었는지, 어떤 영향을 받았는지가 중요하다.

책을 보고 자신에게 준 영향을 중심으로 기술하되 책은 학과에 구애받지 않고 전반적 교양이나 지적 관심 혹은 진로에 대한 영향 측면에서 선택하는 것이 좋다.

4번 항목은 서울대가 강조하는 지적인 넓이와 깊이, 지평을 보여주는 항목이다. 학업 능력 외에 전반적인 교양은 물론 학문적 관심사, 지적인 넓이와 깊이, 간접 경험인 독서를 통해 지식인이 되어갈 가능성을 보여줄 수 있는 항목으로 상당히 중요한 비중을 갖는다.

09
배우고 느낀 점, 생각을 담아라

자기소개서는 스스로에 대한 성찰의 시간을 갖는 것으로부터 시작
된다. 내가 그동안 열정을 쏟아왔던 일이 무엇이었는지를 정리하며
그 과정에서 배우고 느낀 점과 내 생각을 담아내면 된다. 어떤 동기
와 목적, 어떤 생각과 의지를 가지고 노력해왔는지, 그 경험과 결과
가 나에게 어떤 의미가 있고, 나를 어떻게 성장시켰는지를 기록하는
것이다.

다른 사람의 자기소개서를 참고로 하다 보면 나만의 생각이나 독
창성이 사라질 수 있다. 나만의 생각과 어투로 나만의 개성을 나타
내보는 것이 좋다. 좋은 문장을 만들기 위해 여러 사람이 첨삭하여
만들어진 자기소개서로는 학생 본연의 모습을 잘 드러내기 어렵다.

9기 종국이(서울대 경영대학 수시 합격)가 생각난다. 초고가 마음에 들

지 않아 몇 가지 코멘트를 했더니 2번째 버전이 썩 나아졌다. 한번쯤 더 고치면 좋아질 것 같았다. 그런데 3번째 가져 온 자기소개서는 개 악이었다. 실망감을 감추지 못한 채 돌려보냈다. 나중에 알게 된 사실이지만 학생의 어머니께서 다른 곳에 첨삭을 맡겼다는 것이다. 엉터리가 되어 버린 버전 3을 아예 버리고, 버전 2에서 다시 시작하기로 했다. 결국 어렵사리 읽을 만한 자기소개서를 완성했다. 학생의 능력과 생각을 가장 잘 드러내는 것이라면 만족할 만한 자기소개서라고 볼 수 있다. 학생들 입장에서는 이 수준에 이르기가 생각보다 쉽지 않다.

자기소개서 4개의 질문 항목마다 공통적인 부분이 있다. 바로 '배우고 느낀 점'을 중심으로 기술하라는 것이다. 그런데 대부분의 학생들은 그 부분에 주목하지 못하고 자신이 한 활동만을 나열한다. 배우고 느낀 점을 생각해보라고 하면 의외로 어려워한다. 어떤 활동을 하든지 간에 배우고 느낀 점이 있기 마련일 텐데 그걸 생각하지 못한다는 것은 자기 성찰이 부족하기 때문이다.

예를 들어 '커피를 마셨다'라는 활동을 했다고 가정해 보자. 배우고 느낀 점이 뭐냐고 물으면 아이들은 '맛있었다', '썼다'고 말한다. 좀 더 센 거 없냐고 물으면 '매우 썼다', '매우 달콤했다'라고 한다.

성찰이 깊고 호기심이 있는 학생들은 다르다. '고진감래의 참뜻을 깨달았다', '제3세계 노동자의 열악한 노동 현실을 알게 됐다. 세계화의 문제점을 살펴보는 안목을 갖게 되었고 공정무역에 대한 관심으로 이어졌다', '커피의 의약적 효능이 ~하다는 것을 알았다. ~을 계속 공부하기로 결정한 계기가 되었다', '커피는 단순히 화학적 성분이 가미된 음료가 아니라, 대화와 소통의 매개체임을 깨달았다. 소논문을 쓰게 된 계기가 되었다.' 이런 차이는 사유의 깊이에서 비롯된다. 그 사유의 깊이에서 잠재적 발전 가능성을 파악할 수 있는 것이다.

'초가집 위에 떠 있는 보름달을 보고 무엇을 느꼈는가'라고 물으면 다양한 답변이 나올 수 있다. '아름답다', '멋있다', '기뻤다', '뿌듯했다'의 수준을 넘어설 수는 없는가? 영원성과 유한성, 자연과 인간, 시간과 공간, 전통과 현대를 고민하는 성찰은 어떤가?

"달도 차면 기운다는 말을 떠올리며 겸손과 미덕에 대해 생각했다. 노장사상에 대해 공부하는 계기가 되었으며 그리스·로마의 융성과 쇠퇴에 대해 공부하며 제도와 문화의 다양성과 힘을 느꼈다. 문화 공존과 갈등에 대한 관심으로 이어져 'IS로 본 테러리즘 문제'를 주제로 비판적 글쓰기를 하였으며, 영국의 블렉시트 현상에 대해 발표하며 세대 간 갈등 문제를 고민하게 되었다."

한번은 합스에서 모 대학 총장의 특강이 있었다. 강연 주제는 '산골짜기 바위틈에서 스스로 흘러나오는 물방울처럼 : 내가 나의 주인인 삶'이었다. 강연을 들은 학생들이 적은 기록지를 보니 천차만별이었다. 아무런 느낌과 감흥 없이 시간 때우기 식으로 강연을 들은 아이들도 있고, 그저 재미있었다거나 유익했다 정도에서 사유가 멈춘 아이들도 많았다. 다음은 한 학생의 기록지 내용이다.

"오늘 강연에서 나는 겸손의 진정한 의미를 배웠다. 지금까지 나는 겸손을 '나대는 것'의 반대 개념인 줄 알았다. 그래서 '알고도 대답하지 않는 것', '질문하지 않는 것'이 겸손인 줄 알았다. 엄청난 착각임을 깨달았다. 겸손은 내가 알고 있는 것이 틀릴 수 있다고 인정하고, 지속적인 호기심으로 질문하는 것임을 깨닫고 수업에 임하는 태도부터 바꿔야겠다고 생각했다."

모 대학 교수의 '시를 울린 그대'라는 제목의 특강이 있었다. 자연계 학생들 대부분이 무관심했다. 자연계 학생들이 더 배울 게 있을지 모르니 가서 들어보라고 적극 권유했지만 아이들은 시는 자기들과 거리가 먼 것으로 인식하는 것 같았다. 수개월 뒤 한 자연계 학생의 자기소개서에서 놀라운 문구를 발견했다. 그 학생은 그날 강연에 참석했고 뭔가 배운 게 있었다.

"의사에게도 시인의 감수성과 상상력이 필요하다고 느꼈다. 강연을 듣고 환자 앞에서 감성을 잃지 않기 위해서라도 시를 늘 가까이 해야겠다고 생각했다. 시가 사람들의 마음을 어루만지듯이 환자의 마음을 어루

만져주는 따뜻한 의사가 되기로 마음먹었다."

어떤 수업을 듣거나 활동을 하든지 '배우고 느끼는 점'이 무엇인지를 보면 그 학생을 더 잘 이해할 수 있다. 그래서 대학은 자기소개서의 질문에 그것을 그토록 강조하는 것이다. 자기주도적 학업능력, 활동 간 연계, 지원 동기 등을 잘 드러낸 매력적인 글을 쓴 9기 연두 (서울대 종교학과 수시 합격)의 자기소개서 1번을 읽어보자.

"한국사 시간에 접한 동학은 역사의 단편이 아닌 사회를 바꾸는 힘이었습니다. 동학을 통해 종교가 혁명의 길잡이가 될 수 있음을 확인했고 이에 초점을 맞춰 막스 베버의《종교 사회학 선집》을 읽었습니다. 하지만 '동양 종교는 혁명적이지 않다'는 말에 동의하기 힘들었습니다.
이에 반박하기 위해 청교도처럼 사회 패러다임에 영향을 준 동양 종교를 탐구했고, 열린 연단의 〈근대화와 아시아적 가치〉 강연에서 유교를 그 해답으로 찾았습니다. 유교가 자본주의에 이바지함을 보며 동양 역시 서양 종교와 마찬가지로 이상을 '사회 발전의 원동력'으로 공유한다는 점을 깨달았지만, 그 둘의 방식에는 차이가 있었습니다.
근원적인 차이를 탐구하기 위해 윤리와 사상 시간의 춘추전국시대 토론회에 참가했습니다. 현실과 이상을 구분 짓는 플라톤 류의 서양 종교의 이상과 다르게 동양에서의 이상은 현실에 발붙이고 있다는 것을 알게 되었고, 이상에 대한 이해의 차이가 결과의 차이를 이끌었음을 깨달았습니다.

 차이를 우열로 받아들이지 않고 양쪽을 포괄하여 탐구하는 것이 종교학을 연구하는 인문학도의 바람직한 자세라고 여겼습니다. 양쪽 모두 이상이 역사를 이끈다는 점에 주목했고, 자연스럽게 두 종교철학이 궁극적으로 따르는 이상향에 학술적 호기심을 갖게 되었습니다.

교내 독서토론 프로그램(R&D)에서 토마스 모어의 《유토피아》를 읽으며 이상향을 연구했지만 명쾌한 답을 얻을 수 없었습니다. 이에 수학적 접근인 통계학을 차용했음에도 여전히 논리 전개는 어려웠습니다. 그 과정에서 오차가 0인 절대적인 답은 학술적으로 무가치함을 깨달았습니다. 이는 하나의 정답이라는 틀에 갇혀있던 자신을 반성하는 계기가 되었습니다.

 이상향은 하나로 귀결된다는 고정 관념에서 벗어나 종교들의 행복에 대해 비교론적으로 접근했습니다. 이를 토대로 종교학을 통해 인간 존재를 이해하고 인정하는 사회의 기둥이 되는 글을 쓰는 소셜 디자이너가 되고 싶습니다. 이를 위해 각 종교의 진리에 대한 올바른 이해가 우선시되어 종교학과에 지원하게 되었습니다."

10
큰 시험에 강한 아이들

인생은 시험의 연속이라 해도 지나치지 않다. 더욱이 학생에게 시험은 숙명과도 같다. 시험을 마주하는 학생들은 초긴장 모드이고 학부모는 학부모대로 노심초사한다.

올해도 어김없이 대학수학능력시험이 코앞에 다가왔다. 이맘때면 '대박 기원'이라는 말이 유행어가 되다시피 한다. 대구 팔공산 갓바위를 비롯하여 전국 사찰에는 수능 100일 전부터 공을 들이는 학부모의 발길이 끊이지 않는다.

진학의 최전선에서 매년 경험하는 것이지만 수능에서 자기의 평소 실력을 발휘하는 학생, 실력 발휘는커녕 최악의 성적을 받는 학생, 믿을 수 없이 좋은 성적을 내는 학생 등 수없이 많은 사례들을 접한다.

과학적으로 실증된 것은 아니지만 그동안의 경험과 직관으로 누가 수능에서 대박을 칠지 거의 알아맞힐 정도가 됐다. 수능 고득점자들은 몇 가지 특징이 있다. 시험이 다가올수록 말 수가 적어진다. 얼굴에는 윤기가 없고 눈빛은 초롱초롱 반짝인다. 무엇에 몰입해 있을 때 나타나는 현상이다. 이 친구들은 눈에 띄지도 않는다. 어딘가에 박혀 있다는 얘기다.

이와 달리 복도 등 교정에서 자주 마주치는 학생, 친구들과 얘기하는 모습이 자주 목격되는 학생이 있다. 심리적으로 불안하다는 의미일 수 있다. 이 학생들은 수능이 임박하면서 눈동자가 흔들린다. 옆에 있는 친구들이 무슨 책으로 공부하는지 지나치게 관심을 갖고 두리번거린다. 막연히 불안감에 휩싸여 친구가 보는 책을 막바지에 따라 보는 경우도 있다. 자기 자신에 대한 확신이 없기 때문에 나오는 반응이다. 이런 학생은 십중팔구 수능을 망친다.

안타깝지만 심리적인 이유와 평소 습관이 결합된 것이어서 짧은 상담만으로는 치유되기 어렵다. 2학년 때부터 전국 학력평가를 볼 때 수능이라 생각하고 실전과 같은 마음자세로 연습하면서 단련할 필요가 있다.

운동선수들도 실전용, 국제용이 있다. 평소 연습경기에서는 날듯이 잘 하다가 정작 시합에서는 실력 발휘를 못하는 선수들이 있다. 국내 경기에서는 뛰어난데 국가 대항전에서는 기량을 제대로 발휘하지 못하는 선수도 있다. 반복적인 마인드 컨트롤과 실전 같은 연습이 도움이 될 수 있다. 국가대표 양궁 선수들이 올림픽과 같은 큰 대회를 앞두고 많은 관중이 모인 야구장 등에서 연습하는 것은 담력을 키우기 위한 훈련이다.

어떤 학생은 평소 모의고사보다 수능에서 놀라운 성과를 얻는 데 반해, 어떤 학생은 평소 모의고사 때는 잘 보다가 정작 수능에서는 제 실력을 발휘하지 못하는 경우가 있다. 이런 학생들은 상위권 대학에 무난히 합격할 정도의 실력을 갖추었음에도 불구하고 늘 자신감이 없으며 불안해한다. 상담할 때면 과연 자신이 수능을 잘 볼 수 있을까 하는 걱정을 늘어놓는다. 이런 안타까운 사례는 매년 수없이 발생한다. 마치 장수가 적을 만나보지도 못하고 두려움에 떨다가 힘한 번 못써보고 패해버린 것과 같다.

아이들에게는 최우선적으로 건강을 강조한다. 수능은 마라톤과 같은 장기 레이스이기 때문에 초반에 오버 페이스를 하는 것은 위험하다. 힘을 모았다가 9월 평가원 모의평가 이후 막판 스퍼트를 해야하는 데 그럴 힘이 남아 있어야 한다. 더불어 간과 심장을 키워야 한다고 말한다. 실제로 간과 심장이 커지지는 않겠지만 심리적 위축과 강박증은 마인드 컨트롤과 연습으로 얼마든지 극복할 수 있다.

대개 심리적으로 나약한 학생들은 생물학적 반응으로 이어진다. 심장 박동이 빨라지고 손에는 땀이 난다. 두뇌는 책 속에 몰입하지 못하고 시험을 보기도 전에 지쳐버린다. 시험 때만 되면 강박증에 시달리는 학생이 많다. 시험을 잘 봐야한다는 강박증은 자신이 준비한 것보다 더 좋은 결과를 얻고자 하는 욕망에서 비롯된다. 이런 학생들은 시험의 주체가 자신이 아니라 주변인이다. 주위의 기대에 부응하는 것이 중요하다고 여긴다. 주위의 시선이 두렵기 때문에 시험을 잘 봐야한다는 압박을 크게 느끼는 것이다. 이런 심리 상태는 두통, 복통, 가슴 두근거림, 답답함, 다한증, 과민성 대장증후군 등 다양한 형태의 생물학적 증세를 수반한다.

시험 증후군은 점수에 집착하고 잘 하고자 하는 의욕이 너무 앞설 때 나타난다. 학교 시험에서도 이런데 수능과 같이 큰 시험에서는 오죽하랴. 시험을 잘 보고 싶으면 남과 비교하지 말기 바란다. 자기 자신의 과거와 현재를 비교하고, 현재와 미래를 비교하라. 그리고 과거보다 나아졌다면 자신은 칭찬받아 마땅하다. 자기 자신을 남과 비교함으로써 폄하하고 스스로 자존감을 떨어뜨리는 우를 범할 필요가 없다.

영국 프로축구 리그 토트넘에서 공격수로 활약하고 있는 손흥민은 충분히 잘 하고 있다. 그런데 만약 그가 리오넬 메시나 크리스티아누 호날두와 비교하면 어떻겠는가. 자존감만 떨어지고 스스로 위축될 뿐이다. 내 주변에는 항상 나보다 뛰어난 고수가 있게 마련이다. 그러니 남과 비교하는 마음을 비우고 스스로의 발전을 위해 묵묵히 한걸음씩 전진하기 바란다.

5기 홍준이(서울대 경영대학 정시 합격), 7기 채원이(서울대 국어교육과 정시 합격), 9기 태주(서울대 정치외교학부 정시 합격), 10기 승호(서울대 심리학과 정시 합격), 성수(서울대 경영대학 정시 합격), 성진이(서울대 의예과 정시 합격), 보근이(서울대 의예과 정시 합격), 11기 소민(서울대 경영대학 정시 합격) 등은 3년간의 시험 중 수능에서 최고의 성적을 올린 사례들이다.

수능 만점으로 유명세를 탄 10기 재경이는 평소나 수능이 한결같았다. 6월, 9월 모의수능과 수능 모두 만점을 받았으니 실력이 탄탄했던 학생이다.

모든 학생이 이처럼 수능에서 자기 실력의 최대치를 발휘할 수 있으면 얼마나 좋을까. 이 학생들이 큰 시험에서 실력을 발휘할 수 있었던 것은 수능에 맞추어 컨디션을 잘 조절했을 뿐만 아니라 심리적 안정감과 자신감을 잃지 않고 평소 철저히 준비하고 노력한 결과이다.

잃어버린 돈은 회수 불가능한 비용이다. 자꾸 생각한다고 해서 달라질 것은 없다. 시험을 앞두고 상담을 위해 마주한 아이들 중 상당수가 전에 망친 시험에 대한 회한과 아쉬움을 토로한다. 실수로 틀린 문제가 많을수록 더욱 그런 경향이 강하다. 그러나 분명한 것은 과거의 성적은 되돌릴 수 없는 매몰비용sunk cost이다. 어떤 선택에서 매몰비용을 고려하는 것만큼 어리석은 것은 없다. 시험에 강한 아이들은 과거에 연연하지 않고 앞을 바라본다. 시험에 약한 아이들은 과거의 성적에 집착하는 성향이 있다. 시험에 강해지고 싶으면 당장 매몰비용을 생각에서 지우고 앞만 보고 대비하기 바란다.

관점을 바꿔보자. 시험은 우리 앞에 있는 선물이다. 우리의 앞길을 밝혀줄 기회가 될 수 있기 때문이다. 선물을 앞에 두었는데 설레지 않고 배기겠는가. 공부와 시험 앞에서 어떤 마음가짐을 갖는지에 따라 태도가 달라진다. 공부는 우리가 학문 앞에 얼마나 보잘 것 없는지 깨닫는 것에서 시작된다. 따라서 공부하는 인간이 가져야 할 덕목 중 으뜸은 겸손이다. 겸손할수록 우리의 두뇌는 스펀지와 같이 부드러워지고 흡수력이 증가된다. 어렴풋한 것을 안다고 자만하지 말고 끊임없이 부족함을 느끼며 받아들이려고 노력하기 바란다. 이 학교에서 접한 공부 고수들, 수능 고득점자들은 하나같이 겸손했다. 그리고 그들은 공부 자체를 즐겼고, 결과에 집착하지 않고 시험에 당당히 임했다.

6기 다은이(서울대 건축학과 수시 우선선발, 연세대 건축공학과 수시 합격)의 자기소개서에 이런 말이 나온다.

"공부란 목적이나 결과가 아닌 과정이라고 생각합니다. 그래서 공부를 할 때 성적에 대해서는 생각하지 않고 공부 내용 그 자체에 집중했습니다. 제게 있어서 공부를 하는 시간은 그로부터 새로운 지식을 얻고 그 지식을 내 것으로 완성해나가는 값지고 재미있는 과정입니다. (중략) 공부는 전략이나 요령이 필요한 것이 아닙니다. 전략이나 요령은 특정 목표에 더 수월하게 도달하기 위해 필요한 방법입니다. 하지만 공부는 성적이라는 목표를 위해 전략을 짜야 하는 것이 아닙니다. 좋은 성적은 목표가 아니라 내가 공부를 열심히 했다는 것을 보여주는 작은 보상일 뿐입니다."

11기 정환이(서울대 의예과 수시 합격)의 말도 새겨들을 만하다.

"남들과의 경쟁보다는 나 스스로를 극복하는 데 집중했다. 결과에 집착하기보다는 어떤 목표에 이르기 위해 노력했던 과정을 중요시하기로 마음먹었다. 그런 인식과 태도의 변화가 3년간 나를 지탱해준 힘이 되었다. 가끔 힘든 일이 닥쳐오기도 했지만 의연하게 헤쳐 나갈 수 있었다. 나는 고등학교 재학 중 중간고사를 몇 번 망쳤다. 다른 친구들이 생각하는 것과 달리 나도 중간고사만 봤을 때는 항상 1등급이나 2등급인 과목만 있지는 않았다. 결과가 너무 좋지 않을 때에는 절망하기도 했고 상식적으로 극복할 수 없다는 생각도 했다. 그럴 때마다 과정 중심으로 사고하며 극복할 수 있었다."

3장

———

대입의 시작은
고교 선택부터

———

01
메뉴는 많고 선택은 어렵고

'자장면을 먹을까 짬뽕을 먹을까' 선택 장애가 있는 사람들이 부딪히는 고전적인 난관이다. 그냥 먹고 싶은 것, 경제학적으로 말하자면 순편익이 가장 큰 것을 선택하면 될 일이다.

그러나 학교를 선택하는 일은 그리 만만치 않다. 접근할 수 있는 정보의 양과 질이 제한적이다 보니 어떤 선택의 편익이 큰지, 왜 그런지 가늠하기 어렵다.

대학과 전형의 선택은 그렇다 치고 우선 고등학교 선택부터 문제다. 따지고 보면 선택 장애에 걸린 학부모들이 무슨 죄가 있겠는가. 시시각각 바뀌는 교육 제도와 입시 환경 탓에 학부모는 골치가 아플 뿐이다. 다만 선택을 위한 연구와 고민조차 하지 않는 것은 문제다.

몇 가지 예를 들어 보자. 서울고와 경북고, 대전고는 같은 유형의 학교일까? 세 학교 모두 과거 비평준화 시절 전국적 명성을 떨치던 공립 명문고들이다. 하지만 지금은 전혀 다른 유형의 학교가 되었다. 서울고는 과학중점학교로 지정된 자율고이고, 경북고는 일반고이며, 대전고는 자율형 공립고(자공고)이다. 2010년도 이후 고교 체제가 재편되면서 달라진 현상이다.

서울국제고와 청심국제고는 어떻게 다를까? 국제고라는 점에서는 같지만 전자는 공립이고 후자는 사립이다. 서울외고, 경기외고, 수원외고, 김해외고 중 성격이 다른 학교를 안다면 이 바닥에서 적어도 하수는 아니다. 교명에 지역 이름을 달고 있지만 서울외고와 경기외고는 사립학교이고, 수원외고와 김해외고는 공립학교이다. 창원에 있는 경남대는 사립이고, 진주에 있는 경상대는 국립대라는 것을 정확히 알기 어려운 것처럼 고등학교의 정체를 알기는 더욱 어렵다.

북일고와 충남삼성고는 어떻게 다른 학교일까? 전자는 전국 단위 자사고이고, 후자는 시·도 단위에서 선발하는 광역 자사고이다. 경북 포항에 있는 포항제철고와 인천 송도에 있는 포스코고는 모두 포항제철 재단이 운영하는 학교다. 그렇지만 전자는 전국 자사고인데 비해 후자는 광역 자사고로서 다른 유형의 학교이다.

공주 한일고와 전주 상산고는 같은 유형의 학교일까? 답은 '아니오'이다. 전주 상산고는 용인외대부고, 민족사관고, 북일고, 포항제철고 등과 같이 정부의 재정 지원 없이 자율적으로 운영되는 전국 자사고인데 비해 공주 한일고는 정부의 재정 지원을 받는 개방형 자율학교로 흔히 농어촌 자율학교라 불린다. 거창대성고, 거창고, 풍산고, 한민고 등이 이와 같은 유형의 학교이다. 전국 자사고의 등록금이 일반고의 2배 수준인 데 비해 자율학교의 등록금은 정부의 지원을 받기 때문에 일반고 수준으로 책정된다.

또 다른 예를 보자. 서울과학고와 한성과학고는 어떻게 다른 학교일까? 둘 다 과학 인재 양성을 위해 설립된 공립 고등학교라는 점에서는 같다. 하지만 서울과학고는 영재학교이고, 한성과학고는 과학고로서 적용 법률부터 전혀 다르다. 경기과학고, 대전과학고, 대구과학고, 한국과학영재학교 등은 서울과학고와 같은 유형의 학교이고 경기북과학고, 인천과학고, 경북과학고, 부산과학고 등은 한성과학고와 같은 유형의 학교이다.

한걸음 더 가 보자. 세종과학고와 세종과학예술영재학교는 어떻게 다른 학교일까? 다들 눈치챘겠지만 전자는 서울에 있는 공립 과학고이고, 후자는 세종특별자치시에 있는 영재학교로서 성격이 전혀 다르다. 대다수의 학교가 교육부 소관으로 '초·중등교육법'의 영향을 받지만 영재학교는 과학기술정보통신부 소관으로 '영재교육진흥법'이라는 특별법의 영향을 받는다.

이처럼 전국의 고등학교는 매우 다양하고 복잡하다. 고등학교 수는 전국 4년제 대학 수의 10배나 된다. 2017년 기준 전국의 대학교 418개 중 4년제 대학은 201개인데 고등학교는 2,000개가 넘는다.

이 많은 고등학교를 전통적인 사립, 공립이라는 구분 외에도 여러 유형으로 나누어 복잡하게 나눠놨으니 어찌 쉽게 알겠는가. 교육 관료들은 본래 복잡한 것을 좋아하는 것 같다. 그렇지만 따지고 보면 변화하는 사회에 대응하기 위해서, 어떠한 필요에 의해서 생겨난 학교 유형들이긴 하다.

전국 고등학교의 유형은 〈표3〉과 같이 분류할 수 있다.

"용인외대부고가 특목고인가요?"라고 묻는 사람들이 아직도 많은 것을 보면 일반인들에게 이 분류가 쉽게 다가가지 않는 모양이다. 이해를 위해 간략히 언급하자면, 용인외대부고는 전국 단위에서 선발하는 사립 자율고이므로 '전국 자사고'로 분류된다. 과학고, 외국어고, 국제고, 예고, 체고, 마이스터고는 '특수목적고(특목고)'로 분류된다. 공립학교 중 자율성을 갖는 학교가 '자공고'이고, 자율학교에는 혁신학교, 교과중점학교, 개방형 자율학교, 대안학교 등의 형태가

일반고	특수목적고						자율고				영재학교	
	과학고	외고	국제고	예고	체고	마이스터고	자율형 사립고		자율형 공립고	자율학교	과학영재학교	과학예술영재학교
							전국	광역		전국/광역		
1621개	15	30	7	28	15	49	10	32	112		6	2

〈표3〉 전국 고등학교의 유형

• 기타 : 특성화고, 특수학교 등
• 광역 자사고 중 미림여고(서울), 우신고(서울), 대성고(서울), 서대전여고(대전), 경신고(대구), 성신고(울산), 송원고(광주) 등 7곳은 일반고로 전환함.

있다. 광역 자사고와 자율형 공립고는 아직 일반고와 특별한 차별성을 보이지 못하고 있다.

고등학교 선택에서 처음 고민하게 되는 것은 고등학교 졸업 후 취업이냐 진학이냐의 문제다. 옛날 전문계고(실업계고)가 마이스터고와 특성화고로 재편되었는데, 취업을 생각한다면 이들 학교를 선택하면 된다.

마이스터고는 기술 인력의 산실인 독일의 마이스터고를 모델로 이명박 정권 때 생겨난 학교들로 취업에 특화되어 전문 역량을 습득하게 한다. 전국에 49개의 마이스터고가 있는데 입학생의 평균 성적은 일반고보다 높다. 특성화고는 취업반과 진학반 두 트랙으로 운영된다. 기능을 습득하여 취업을 목표로 하는 학생과 특성화고 특별전형 등을 통해 대학 진학을 노리는 학생들로 나뉜다고 보면 된다.

학생이 취업보다는 공부에 관심이 있으면, 대학 진학을 위해 일반고, 특목고, 자율고 등을 선택하게 된다. 일반고는 우리 국민의 90%가 다니는 가장 보편적인 학교 형태이다. 일반고는 크게 공립과 사립으로 구분되며 지역에 따라 평준화 일반고와 비평준화 일반고로 나눌 수 있다.

먼저 일반고를 선택할 때 흔히 고민하는 공립이냐 사립이냐의 문제부터 보자. 결론부터 말하자면 이 고민은 그리 심각하게 할 필요가 없다. 평준화 이후 사립 고교의 선호도가 높았던 것이 사실이지만 요즘은 사립, 공립과 같은 유형의 차이보다는 개별 학교 간 차이가 더 크게 드러난다.

2018대입 기준 일반고 가운데 서울대 합격자(등록자 기준)를 가장 많이 배출한 학교는 강서고(서울 양천)로서 24명이나 된다(수시 6명, 정시 18명). 그 뒤로 단대부고(서울 강남) 19명, 숙명여고(서울 강남) 17명, 신성고(경기 안양) 17명 등의 순이다. 이밖에 한영고와 명덕고(서울 강서)가 13명, 영동고(서울 강남) 12명, 낙생고(경기 성남) 12명, 서문여고(서이 밖에 한영고와울 서초), 진선여고(서울 강남), 대진고(서울 노원), 중산고(서울 강남) 11명 등의 실적을 냈다. 모두 사립이다.

공립 고교 중에서는 경기고(서울 강남) 16명, 서울고(서울 서초) 14명, 화성고(경기 화성) 14명, 수지고(경기 용인)와 운정고(경기 파주)가 각각 12명, 서현고(경기 성남)와 용산고(서울 용산) 등이 11명을 배출하였다.

공립은 학교장과 교사가 순환되기 때문에 학교 교육의 변동성이 큰 데 비해, 사립은 비교적 안정적으로 예측 가능한 면이 있다. 일반적으로 일반고의 역량은 지역 특성과 학교장에 의해 좌우되는 면이 강하다. 지역의 사회 경제적 특징, 주민들의 교육열과 소득 수준, 그리고 학교장의 역량에 따라 학교의 진학 실적이 영향을 받는다. 따라서 사립이냐 공립이냐 보다는 개별 학교가 수시에 강한지 정시에 강한지, 어떤 교육과정과 프로그램을 운영하는지에 주목하면서 학교별 강점을 찾는 것이 중요하다.

02
학교의 변신에 주목하라

사회와 대학이 요구하는 인재상이 빠르게 변하고 있다. 기존 지식을 수동적으로 흡수하는 인재보다는 정보를 스스로 찾아 재구성하며 문제 해결 역량을 갖춘 인재를 원한다. 글로벌 인재, 창의적 인재, 융합적 인재 등 대학에서 요구하는 인재상에 따라 전형 방법도 다양해졌다.

정시에서 수시 중심으로, 수시 중에서도 학생부 중심 전형으로 대학 입시의 주된 흐름이 바뀌면서 고등학교도 변신을 거듭하고 있다. 교육관이 바뀌고 수업과 평가가 달라지고 학생부 기록이 바뀌고 있다. 고등학교의 변신은 사실 2000년대에 외고와 과학고, 전국 자사고에서 먼저 시작됐지만 2010년도 이후에는 일반고에서도 많은 변화들이 뒤따르고 있다.

특목고나 자사고 외에 고등학교의 변신과 관련하여 주목할 만한 학교 유형은 혁신학교, 중점학교, 자율학교 등을 꼽을 수 있다.

색조 화장에 새 옷 갈아입고 눈길끄는 혁신학교

학교 다음 학교들의 공통점이 무엇일까. 금옥여고, 선사고, 금호고, 도선고, 삼각산고, 잠일고(이상 서울), 율천고(경기 수원), 안양고, 충훈고(이상 경기 안양), 이우고, 복정고(이상 경기 성남), 흥덕고, 포곡고(이상 경기 용인), 운산고(경기 광명), 인창고(경기 구리), 진접고, 호평고, 마석고, 도농고(이상 경기 남양주), 범박고, 소사고(이상 경기 부천), 매화고(경기 시흥), 양곡고(경기 김포), 양평고, 지평고(이상 경기 양평), 여주고(경기 여주), 운천고(경기 오산), 나루고, 삼괴고(이상 경기 화성), 주문진고, 묵호고, 함백여고, 설악고(이상 강원), 국원고(충북), 금산고, 신흥고, 성일고(이상 전북), 영광고(전남), 성덕고, 동명고(이상 광주광역시) …

전국에 이런 유형의 고등학교가 142개나 되는데 바로 혁신학교다. 김상곤 전 교육부 장관이 2009년 경기도 교육감으로 재직하던 때 처음 도입한 학교 유형이다. 그 후 서울, 경기, 광주, 전남, 전북, 강원 등 전국적으로 확산되면서 진보 교육의 상징이 되고 있다.

혁신학교는 자율학교의 일종으로 입시 위주의 획일적 교육에서 벗어나 창의적이고 주도적 학습 능력을 함양하며 공교육을 정상화하고자 만들어진 것으로 초·중등교육법 61조와 시행령 105조(자율학교)에 설립 근거를 두고 있다. 소규모 학교 운영을 통해 학생 중심의 맞춤형 교육을 지향한다. 입시와 경쟁보다는 함께 배우는 교육, 교사와 학생이 자발적으로 운영하는 학교, 교사와 학생이 소통하고 협력하는 학교를 지향하다 보니 혁신 학교가 있는 초등학교와 중학교는 주변 집값을 끌어올리기도 한다.

그러나 대입을 목전에 둔 혁신 고등학교는 어떨까? 아직은 교육 수요자들로부터 인기를 끌지 못하고 있다. 혁신고는 일반고에 비해 수행 평가 비중이 높고 모둠 토의와 발표 위주의 수업 방식이 일반화되어 있다. 수업 활동에의 참여와 발표, 팀 프로젝트 등이 중요 평가 요소이므로 수업에 적극 참여하고 협동 학습 성향을 가진 학생에게 어울린다.

교육 과정은 일반고와 별 차이가 없다. 교과 180단위에 창의적 체험활동 24단위로 구성되어 있고 국·수·영 등 주요 과목의 편제도 거의 비슷하다. 다만 수업과 평가 방식에서 차별화를 추구하고 전인 교육을 강조하는 점이 특징이다. 혁신학교는 다양한 학생 중심 활동으로 정시보다는 수시, 그 중에서도 학생부 종합 전형에 유리하다. 이 말은 수능에는 그다지 강점이 없다는 얘기다.

혁신 고등학교가 처음 졸업생을 배출한 2014대입 실적은 기대에 미치지 못했다. 당시 18개 혁신고 중 서울대 수시 합격자는 2개교에서 1명씩 2명에 불과했다. 이때의 실망감으로 인해 혁신중과 달리 혁신고는 상위권 학생들에게 외면 받았다. 서울대 지역균형선발 전형에 지원하여 합격하더라도 수능 경쟁력이 낮아 최저 기준을 충족하지 못하는 경우가 많았다.

혁신학교는 입시 위주의 주입식 수업에서 벗어나 모둠 토의와 발표, 협력 학습 등 학생 참여형 수업을 지향하고, 다양한 프로그램을 적극 도입해왔기 때문에 기대가 컸다. 전인교육을 강조하면서 새로운 교육 모델을 강조해왔지만 대학 진학을 앞두고 있는 고등학교이다 보니 진학 실적에 학부모들이 민감하게 반응하는 것 같다.

그럼에도 불구하고 혁신학교는 새로운 교육 모델로 연착륙하고 있다. 혁신학교는 다른 학교와 수평적 비교보다는 학생의 발전 과정을 고려한 종단적 성장에 주목할 필요가 있다. 입학 자원의 특성과 학력 수준을 고려해 볼 때 실적이 나쁘다고 단정하기 어렵다. 혁신학교는 다양한 교육 실험을 통해 새로운 차원에서 학생들의 성장과 발전을 도모하고 있다고 평가하고 싶다.

혁신학교는 학교장과 교사들의 교육 철학이 남다르고 열정이 매우 높은 것으로 정평이 나 있다. 연구와 헌신이 돋보이며 학생을 존중하여 적극 소통한다. 영화 〈죽은 시인의 사회〉에 나오는 설리번 선생님과 같은 분을 만나고 싶다면 혁신학교를 선택하는 것이 좋다.

혁신고는 경쟁적 환경보다는 공동체 생활, 인성 교육, 다양한 활동과 교사와의 수평적 소통 등 전인교육을 받으며 스트레스를 덜 받고 싶은 학생들에게 권장할 만하다. 최상위권 대학보다는 중위권 대학과 지방 주요 대학에 학생부 종합전형으로 지원하는 데 목표를 둔다면 선택할 만하다. 앞으로 진보 교육감의 자녀나 손자 중에서 혁신학교에 보낸 사례가 있기를 기대해 본다.

한지붕 두 가족, 교과 중점학교

옛 일반고 중에서 일부가 교과 중점학교로 변신을 꾀하고 있다. 과학중점학교가 대표적이다. 이밖에도 사회(경제), 기술(로봇), 예술(디자인, 문예창작), 체육, 제2외국어 등 다양한 교과중점 학교로 변신하여 이수 단위수와 교육 프로그램을 통해 부분적인 차별화 교육을 한다.

중점학교들은 자율학교의 일종이다. 과학중점고등학교로 지정되면 과학실 4실, 수학실 2실 등 시설비 5억 원을 지원받고, 이 외에도 매년 1억 5천만 원씩 운영비를 지원받는다. 서울고, 경기고, 반포고, 수지고, 세마고, 목포홍일고 등은 대표적인 과학중점학교로서 상당히 좋은 진학 성과를 내고 있다. 평준화 지역의 과학중점학교는 따로 선발시험 없이 일반고와 마찬가지로 추첨으로 배정된다.

과학중점학교에 입학하면 교육과정이 이원화되어 운영된다. 수학, 과학에 관심이 많고 수시를 노리는 학생은 '과중반'에 지원하면 되고 나머지 학생은 일반고와 같은 커리큘럼으로 공부하게 된다. 물론 과목별 이수 단위를 다르게 하여 성적을 분리 산출한다. 한 학교에 문과, 이과, 과중반(대개 2개 반) 세 트랙의 커리큘럼이 돌아간다고 보면 된다. 수학, 과학 이수 단위수가 과학고등학교의 경우 60% 정도라면 일반고는 30% 정도, 과학 중점학교의 과중반은 약 45% 정도다.

과중반 학생들은 과학 II 과목 물·화·생·지를 모두 이수하며, 전문 교과(고급물리, 고급화학, 고급생명과학 등)을 편성하여 이수하게 한다. 보통반 학생에 비해 과중반 학생의 학교생활기록부는 확연하게 차별화되지만 내신 성적의 부담은 각오해야 한다.

입학 후 과중반으로 갈지 보통반으로 갈지 선택의 기회가 있으니 자신의 수준에 맞추면 된다. 동아리 구성과 교내 프로그램으로 볼 때 수시를 노리는 문과 학생에게는 불리하다. 이공계 쪽 대학 진학에 관심 있는 학생들이 관심을 가져볼 만한 학교 유형이다.

소리 없는 강자 개방형 자율학교

간혹 공주 한일고가 외대부고와 같은 자사고인지 묻는 사람들이 있다. 전혀 다른 학교이다. 한일고는 개방형 자율학교이며 농어촌 지역의 교육 역량 강화를 위해 설립된 학교로서 '농어촌 자율학교'라 부르기도 하지만 공식 용어는 아니다. 자율학교는 초중등교육법 제61조 학교 및 교육과정 운영의 특례 규정에 따라 학교 운영과 관련된 교원의 임용, 교육과정의 편성 및 운영, 교과서 사용, 학생 선발 등에 대하여 일정한 자율성이 보장되는 학교를 통칭한다.

한일고 외에도 익산고(전북 익산), 거창고, 거창대성고(이상 경남 거창), 공주사대부고(충남 공주), 풍산고(경북 안동), 해성고(경남 남해), 옥야고(경남 창녕), 영양여고(경북 영양) 한민고(경기 파주) 등은 전국 모집을 하는 농어촌 자율학교이다. 이에 비해 경주고(경북 경주), 양서고(경기 양평), 양평고(경기 양평), 장성고(전남 장성), 장안제일고(부산 기장), 능주고(전남 화순) 등은 광역 모집을 하는 농어촌 자율고이다.

이들 자율학교는 자율형 사립고와 달리 정부의 재정 지원을 받으며 교육과정 편성 및 운영, 교장 임용, 학생 선발 등에서 일정하게 자율성을 인정받는 학교이다. 재단 전입금을 부담할 수 없지만 농어촌 지역에서 비교적 자율적으로 학교 운영을 하고자 하는 학교들로 보면 된다. 등록금은 일반고와 비슷한 수준이며 중학교 내신 성적 기준 190점 이상의 학생들이 입학한다. 농어촌 지역에 있다 보니 대부분 기숙사가 운영된다.

한일고와 공주사대부고, 양서고 등은 정시에 강한 데 비해 거창고, 한민고 등은 수시에 강점을 보인다. 특히 한민고는 설립 취지가 특별하다. 국방부의 지원 하에 전 국방부 장관 김태영 이사장과 서울대 사회학과 홍두승 교수가 오랫동안 준비하여 설립한 학교로 직업군인 자녀들의 교육 여건 개선을 위해 만들어졌다. 서울대 사범대에 용역을 의뢰해 만들어진 교육과정이 매우 우수하며 투철한 국가관과 애국심을 강조한다.

날개를 펼 준비를 하는 자공고

기존의 공립 일반고 중에서도 자율성을 인정받은 학교들이 우후 죽순처럼 생겨났다. 이들을 자율형 공립고(약칭 자공고)라고 하는데 전국에 112개교가 있다. 자공고는 자율고의 일종으로 자사고의 공립고 버전이라고 할 수 있다.

2009년 첫 지정 당시 서울권에서는 교육 취약 지구에 있는 학교를 중심으로 선정된 데 비해 지방에서는 전통적 명문 공립고들이 대거 지정되었다. 하지만 자공고는 자사고와 달리 선발권이 전혀 없다. 대신 교육청의 재정 지원이 이루어져 등록금이 일반고 수준이고 교사 초빙권이 있다. 교육과정 편성 및 운영의 자율성이 일정하게 보장되어 수시 학생부 종합 전형에 유리한 토대를 갖췄다고 볼 수 있다. 그러나 아직 자공고는 날개를 펴지 못하고 있다.

자공고는 혁신 의지가 강한 운영 주체에 운영권을 주어 교육과정과 교수법 등을 혁신적으로 운영하게 한다는 애초의 취지와 달리 교장 공모제, 교사 초빙제 등 몇 가지 제도적 혜택 외에 일반고와 별반 차이가 없어 일부 학교를 제외하고는 주목을 받지 못하고 있다.

학교 간, 지역 간 편차가 매우 크다. 학생 선발은 평준화, 비평준화 지역 각각 일반고 선발 방법과 동일하다. 전국적으로 자공고 수는 너무 많다. 과거 비평화 시절 지역 명문고였던 대전고, 진주고, 광주제일고, 대구고, 경북여고, 경남고, 순천고, 청주고 등이 자공고로 전환되었다. 학교 프로그램이 우수하고 진학 실적이 좋아 널리 알려진 자공고에는 청원고(충북), 충남고(대전), 포산고(대구), 진주고(경남), 당곡고(서울), 운정고(경기) 등이 대표적이다. 자공고가 앞으로 어떻게 변신하여 명실상부한 모습을 보일지 지켜볼 만하다.

03
학교에도 궁합이 있다

가끔 가족과 함께 뷔페에 가면 흥미로운 점을 발견하게 된다. 그릇
에 담아오는 음식이 무척이나 다르다. 오랜 세월 동안 같은 밥상을
받아먹었음에도 이렇게 식성이 다르다는 사실이 재미있다. 그만큼
체질과 음식 취향이 다르기 때문일 것이다.

뷔페에 다양한 메뉴가 준비되어 있듯이 우리나라의 고등학교 유
형도 매우 다양하다. 체질에 따라 몸에 좋은 음식이 있고 상극인 음
식이 있듯이 학교도 궁합이 있다. 내 아이에게 맞는 학교가 따로 있
다는 뜻이다. 따라서 학생의 성향을 알고 학교의 특성을 잘 알아야
궁합에 맞는 학교를 선택할 수 있다. 점수에 따라, 시류에 따라, 또는
주변 권유에 따라 막연하게 선택한다면 학교 궁합이 맞지 않아 고등
학교 생활이 행복하지 않을 수 있다.

교육 제도와 대학 입시가 복잡할수록 학부모의 고민은 깊어진다. 학부모의 고민은 어느 고등학교를 가야 대학을 잘 갈 수 있을까에 모아진다. 학부모는 손쉬운 대로 고등학교의 진학 실적에 주목하게 된다. 하지만 아이의 성향을 고려하지 않은 채 진학 실적만을 보고 학교를 선택하는 것은 위험하다. 학교의 커리큘럼이나 특성, 그리고 우리 아이의 성향을 충분히 고려하여 아이에게 가장 잘 맞는 학교가 어디인가를 진지하게 고민하는 것이 중요하다.

가령 수학을 좋아하는 학생이 있다고 하자. 중학교 때 수학을 좋아한다고 해서 바로 이공계 대학부터 떠올릴 필요는 없다. 수학적 재능과 흥미는 동의어가 아니다. 과학고나 전국 자사고의 자연계 학생들의 수학 수준과 깊이를 따라갈 수 있는 잠재 역량이 있지 않으면 수학에 대한 흥미가 곧 피로감으로 바뀔 것이다. 수학을 좋아하는 학생이 문과에서 경영, 경제, 사회과학, 통계학 등의 진로를 찾아가는 경우도 많다. 대학의 문과 계열 학과에서 수학의 중요성은 점점 커지고 있다.

전국 자사고, 과학고, 영재학교에서 요구하는 수학과 과학 수준은 중학교 내신 성적만으로는 판단하기 쉽지 않다. 이런 학교들에서는 일주일 시간표에 수학과 과학 교과가 대부분이다. 실험에 호기심이 없는 학생은 즐거운 생활이 되기 힘들다.

외대부고만 해도 2학년까지 수학1, 수학2, 미적분학, 확률과 통계를 모두 이수해야 하고, 한 학기에 수학 두 과목을 1주에 7시간씩 편성하고 있다. 과학도 물·화·생·지Ⅱ 과목은 물론 고급 과목까지 이수해야 한다. 이공계 대학 진학을 목표로 하는 학생에게는 최적이지만 그만큼 궁합이 맞아야 한다.

영어, 제2외국어 등 어학에 특별한 흥미가 없는 학생이 주변 권유와 시류에 따라 외고에 진학했을 경우도 힘든 학교생활을 할 가능성이 크다. 언어 감각이 없고 외국어에 취향이 없는데 80단위가 넘는 외국어 시수를 어떻게 감당하겠는가?

어떤 학생이 동아리 활동이나 리더십 활동보다는 혼자 책과 씨름하여 성취하는 것을 좋아한다면 정시에 강한 학교가 맞을 수 있다. 단번에 실력을 발휘해야 하는 수능보다는 꾸준히 성적을 관리해야 하는 내신에 강점을 보이는 학생이라면 수시에 강한 고등학교가 어울릴 수 있다. 그래서 더욱 학교 궁합이 중요하다.

혁신고나 일반고가 아니라면 특목고나 자율고, 영재학교를 고려할 것이다. 특수목적고는 전문 교과를 통한 특정 분야의 인재 양성을 목적으로 설립된 학교이다. 과학고, 외국어고, 국제고, 예고, 체고, 마이스터고가 이에 해당한다. 현재 과학고로 남아 있는 학교는 강원과학고, 경기북과학고, 경남과학고, 경북과학고, 경산과학고, 대구일과학고, 부산과학고, 부산일과학고, 울산과학고, 인천과학고, 인천진산과학고, 전남과학고, 전북과학고, 창원과학고, 충북과학고 등 15곳이다. 서울과학고, 경기과학고, 대전과학고, 대구과학고, 광주과학고 등은 영재학교로 변경되었다.

노는 물이 다른 영재학교

영재학교는 이공계 영재교육을 목적으로 '영재교육진흥법'에 의해 설립된 학교이다. 영재학교는 6개의 과학영재학교와 2개의 과학예술영재학교로 구분된다. 카이스트 부설 한국과학영재학교(부산), 서울과학고(서울), 경기과학고(경기), 대전과학고(대전), 대구과학고(대구), 광주과학고(광주) 등이 있다.

과학고등학교에서 전환된 이들 영재학교와 달리 세종과학예술영재학교(세종특별자치시)와 인천과학예술영재학교(인천 송도)는 융합 인재를 양성하고자 가장 최근에 설립된 과학예술영재학교이다. 인문학과 예술도 좋아하면서 다양한 활동을 좋아하는 융합적 인재라면 이들 과학예술영재학교에 지원하는 것이 좋겠다. 올해 2018대입에서 첫 졸업생을 배출한 세종과학예술영재학교가 서울대 수시에서 33명을 합격시켜 그 저력을 확인했다. 곧 졸업생을 배출할 인천과학예술영재학교도 주목될 수밖에 없다.

이들 8개 영재학교는 특별법이 적용되기 때문에 교육과정 편성, 선발권 등 거의 모든 부분에서 가장 폭넓은 자율성을 갖고 있다. 심지어 학교생활기록부 작성에서 기록 금지 항목의 적용도 받지 않으니 대학 입시의 측면에서 볼 때 다른 학교와는 별도의 트랙에서 체급이 다른 게임을 하고 있다고 보면 된다. 790명가량밖에 안 되는 이들 영재학교가 이공계 특기자 전형과 학생부 종합전형에서 압도적인 실적을 올리는 것은 어쩌면 당연한 일이다. 다만 학교 목적 및 특성상 의대 진학을 희망하는 학생이나 정시 수능을 준비할 학생들에게는 어울리지 않는다. 수학, 과학 실력이 탁월하지 않고 연구에 몰입하기 어려운 학생들에게는 궁합이 맞지 않으니 설령 도전할만한 성적이 되더라도 신중히 생각해야 한다.

의대 지망생이 아닌 이공계 최상위권 학생 중 지적 호기심이 많고 연구를 좋아하는 학생들은 서울대 자연대, 공대와 5개 이공계 특성화 대학인 카이스트, 포스텍, GIST(광주과학기술원), DGIST(대구경북과학기술원), UNIST(울산과학기술원)이 어울린다. 2018대입 이들 6개 대학 진학 실적(등록자 기준)을 보면 카이스트 부설 한국과학영재학교(영재학교)가 96명, 경기과학고(영재학교) 87명, 세종과학고(특목고) 77명, 한성과학고(특목고) 75명, 대구과학고(영재학교)와 용인외대부고(전국자사고)가 각각 74명 순이다.

호랑이 얼굴에 고양이 몸통 신세 외고

원래 특목고의 대명사는 외고이다. 외고가 인기 있을 때 대형 영어 학원을 중심으로 사교육 열풍을 불러일으키기도 했다. 대원외고와 용인외고가 쌍벽을 이루며 경쟁했고 한영외고, 대일외고, 명덕외고, 안양외고, 고양외고, 경기외고 등도 상당한 실적을 냈던 시절이 외고의 전성기였다.

현재 외고는 전국에 30곳이 있다(부산국제외고는 2018년 일반고로 전환). 선발권이 제약되면서 과거와는 현격히 다른 자원들이 입학하고 있다. 현재의 상황에서 외고가 과거의 영광을 재현하기는 어렵다. 상위 일반고보다 실적이 형편없는 외고도 많다. 게다가 전통적으로 외고가 강세를 보였던 대입 특기자 전형이 점차 축소되거나 사라지는 추세이다 보니 외고는 날개 없이 추락하고 있다.

외국어 교과 82단위를 이수해야 하는 것도 만만치 않다. 전국 외고의 일반전형 평균 경쟁률을 보면 2015학년도 2.31대 1이던 것이 2016학년도에는 1.94대 1, 2017학년도 1.54대 1, 2018학년도 1.38대 1로 하락세를 보이는 건 우연이 아니다. 외고의 현재 모습은 얼굴은 호랑이인데 몸은 고양이 꼴이다.

날개를 움츠리고 있는 국제고

또 다른 특목고인 국제고는 국제화를 선도할 전문 인력을 양성할 목적으로 설립되었다. 외고가 외국어 교과 비중이 높은 데 비해 국제고는 외국어 교과와 국제 관계 관련 교과목이 균형 있게 개설되어 있는 것이 특징이다. 1998년 부산국제고를 시작으로 청심국제고, 서울국제고, 인천국제고, 동탄국제고, 고양국제고, 세종국제고 등 7곳이다.

국제고는 설립 목적에 충실한 양질의 교육 과정을 운영하고 있으나 대입 실적 면에서 다소 아쉬운 성과를 내면서 큰 인기를 끌지는 못하고 있다. 앞으로 국제고가 교육과정의 특색을 바탕으로 움츠린 날개를 펴고 날아오를지 지켜볼 일이다.

최첨단 무기로 무장한 정예군단 전국 자사고

자율고는 다양한 교육을 위해 교육과정 편성권, 선발권 등 자율성을 부여한 학교이다. 자율형 공립고는 앞에서 살펴봤다. 보통 자율고 하면 자율형 사립고를 떠올리게 된다. 여기서 다음 두 그룹의 차이가 무엇인지 생각해 보자.

A 그룹 : 용인외대부고, 하나고, 민족사관고, 포항제철고, 광양제철고,
　　　　현대청운고, 북일고, 상산고, 김천고, 인천하늘고
B 그룹 : 안산동산고, 인천포스코고, 부산해운대고, 충남삼성고, 휘문고,
　　　　중동고, 중앙고, 배재고, 이대부고, 이화여고, 숙명여고, 양정고,
　　　　한가람고, 숭문고, 한대부고, 경희고, 신일고, 대전대성고,
　　　　광주숭덕고, 대구계성고

A 그룹은 전국에서 뽑는 전국 자사고로서 10개 학교가 있다. B 그룹은 시·도 단위에서 선발하는 광역 자사고로 32개 학교가 있다. 자사고는 매년 학생 납입금의 일정 비율을 재단에서 전입해야 하는데 광역 자사고는 재단 전입금이 3~5%이고, 전국 자사고는 20% 이상이다. 전국 자사고는 전국에서 학생들은 선발하고 교육과정 편성권과 학생 선발권 등을 갖는 대신 정부의 지원을 전혀 받지 않는다. 법인의 재력이 있는 곳만 전국 자사고를 운영할 수 있다. 전국 자사고는 서울대를 비롯한 최상위권 대학 진학 실적이 압도적이다. 마치

대입의 시작은 고교 선택부터 **3장** 165

최첨단 무기로 중무장하고 입시의 전선에서 맹활약하는 정예 특전
사와 같다.

깃발만 나부끼는 광역 자사고

광역 자사고는 전국 자사고에 비해 정부의 통제가 많으며 학비가
일반고보다 비싸지만 지역 내에서 추첨으로 뽑기 때문에 사실상 선
발권이 없는 것이나 다름없다. 광역 자사고는 학교 운영과 특징 등
편차가 매우 크다. 안산동산고, 인천포스코고, 충남삼성고 등 비평준
화 지역 자사고는 제한적 선발권이 있으나 휘문고, 중동고, 중앙고
등 평준화 지역 광역 자사고는 추첨으로 뽑으므로 선발권이 없다.

평준화 지역의 광역 자사고 중에는 일반고보다 못한 진학 실적을
내는 경우도 있다. 가령 서울 양천구의 광역 자사고인 한가람고나
양정고는 일반 사립고인 강서고를 앞서지 못하고, 광주광역시 광역
자사고인 숭덕고, 송원고 등은 일반 사립고인 고려고를 압도하지 못
한다. 광역 자사고도 전국 자사고와 같이 이름에 걸맞게 깃발을 높
이 들 날이 있길 기대한다.

지금까지 살펴본 바와 같이 고등학교 유형은 매우 다양하다. 학생
의 진로 희망과 성향도 다양하다. 학생과 학교의 궁합이 잘 맞는 최
적의 선택이 되기를 바란다. 고등학교 선택을 위한 고민의 기준이
중학교 성적이나 주변의 시선이어서는 안 된다. 학생의 성향과 학업

능력, 그리고 진로 희망을 우선적으로 고려하는 것이 바람직하다.

용인외대부고를 중심으로 말하자면 이렇다. 사교육에 의지하지 않고 스스로 공부할 줄 아는 학생, 스스로 탐구하며 공부와 학교생활을 즐길 줄 아는 말랑말랑한 학생이 용인외대부고에 어울리는 학생이다. 학교를 놀이터 삼아 지적 호기심의 나래를 펼치며 재밌게 공부할 줄 아는 학생이 학교와 궁합이 맞다. 지나치게 소심하거나, 함께 하기보다는 혼자 하는 것을 좋아하거나, 기숙사 공동체 생활을 힘들어 하거나, 공부를 수동적·타율적으로 하는 학생은 입학하더라도 적응에 어려움을 겪을 수 있다.

학교 궁합이 중요한 이유는 자녀의 성장 가능성과 관련 있기 때문이다. 궁합이 잘 맞는 흙 속에서 사방으로 좍좍 뻗어 나갈 나무가 맞지 않는 토양 속에서는 뿌리 내리지 못하고 고사하는 것과 마찬가지이다. 하지만 분명한 것은 학생 성향에 맞는 학교가 있는 것처럼, 학생이 학교에 어떻게 적응하느냐에 따라 궁합을 맞춰갈 수도 있다. 때문에 이미 진학한 학교를 자신의 것으로 만들 수 있느냐에 따라 달라지는 문제이다.

04
수시와 정시의 아킬레스건

대입 전형이 과거보다 단순화되었다고는 하지만 꼭 그렇지도 않다. 수시로 갈까 정시로 갈까, 학생부 교과 전형으로 갈 것인가 학생부 종합 전형으로 갈 것인가, 아니면 특기자 전형이나 논술 전형으로 갈 것인가.

우리 아이에게 맞는 전형은 무엇이고, 어느 고등학교에 가야 우리 아이에게 유리할까. 따지고 보면 다양한 선택지가 있는 편이 낫다. 한 가지 점수로만 줄을 세워서 선발한다면 다양한 관심과 재능을 보이는 학생들이 배제되는 문제가 있다. 성실히 공부하여 교과 성적이 우수한 자는 학생부 교과 전형으로, 교과 공부 외에도 다양한 잠재 역량과 끼를 발휘하는 학생은 학생부 종합 전형으로, 논술 실력이 뛰어난 학생은 논술 전형으로, 어학이나 과학 등 특정 분야의 특기 역량이 남다른 학생은 특기자 전형으로, 수능에서 우수한 성취를 이룬 학생은 정시로 가면 되니까 말이다. 우리 아이가 어느 전형에 적합할지 모르니 그것 또한 고민거리가 아닐 수 없다.

대학 입시 전형의 구조는 〈표4〉와 같다. 수시에는 학생부 위주 전형과 논술 전형, 특기자 전형이 있고, 정시는 수능 위주 전형이 핵심이다. 학생부 위주 전형에는 학생부 교과 전형과 학생부 종합 전형이 있는데, 입학 사정관 전형이 확대 발전된 학생부 종합 전형(약칭 학종)이 수시의 핵심이다.

서울대와 고려대는 논술 전형이 아예 없으며, 연세대와 고려대의 특기자 전형도 축소되는 경향이다. 결국 대학 입시는 선발 비중으로 볼 때 '수시=학종', '정시=수능'이 양대 핵심 전형이고 대학에 따라

구분	전형 유형		주요 전형 요소	서울대	고려대	연세대
수시	학생부 위주	교과	• 학생부 교과 중심	×	고교추천 I	×
		종합	• 학생부 교과, 비교과, 서류, 면접 등	지역균형 선발전형 일반전형	일반전형 고교추천 II	학종 (면접형) 학종 (활동 우수형)
	논술 위주		• 논술 + 학생부 (수능 최저 설정)	×	×	일반전형
	실기 위주		• 특기자 전형 (어학, 과학, IT 등)	×	특기자 전형	특기자 전형
정시	수능 위주		• 수능 100% (서울대, 고려대) • 수능 + 학생부 (연세대)	일반전형	일반전형	일반전형
	실기 위주		• 실기 등			

〈표4〉 대입 전형의 구조

부분적으로 논술과 특기자 전형이 섞여 있는 구조이다.

학생부 교과 전형, 학생부 종합 전형 중 서울대 지역균형선발전형(약칭 지균)은 일반고 학생들의 주요 트랙이다. 전교 1등의 내신 평균등급이 2등급 초반쯤 나오는 특목고나 자사고 학생들은 범접하기 어려운 전형이다.

이와 달리 특기자 전형은 특목고, 자사고, 과학고, 영재고 학생들이 주도권을 갖는 전형이다. 학생부 종합 전형과 논술 전형은 일반고 포함 전체 고교생들이 각축을 벌이는 영역인데, 학교와 학생이 수시를 어떻게 대비하느냐에 따라 경쟁력이 좌우된다.

정시 수능 전형은 재수생의 강세 속에서 재학생의 경우 교육 특구 일반고, 전국 자사고 학생들이 강세를 보이고 있다.

2019대입 기준 수시와 정시는 대략 80:20의 비율이지만 현재 중3이 대학에 들어가는 2022대입부터는 정시 비율이 30% 이상으로 상향 조정될 가능성이 크다. 수시에서 기준 미달 등으로 선발하지 못한 인원은 정시로 이월하여 뽑기 때문에 실제 정시 비중은 5~10% 포인트를 더해서 판단해야 한다.

학부모 상담을 하다 보면 수시가 수능과 전혀 관계없는 전형으로 잘못 알고 있는 경우가 있다. 그렇지 않다. 수능 최저가 있는 전형이 꽤 있기 때문이다. 서울대 일반전형은 수능 최저가 없지만, 일반고 각 계열석차 1등들이 지원하는 서울대 지역균형선발전형의 경우 수능 최저가 4영역(국수영탐) 중 3영역 2등급 이내이다. 일반고 학생 중이 기준을 못 맞춰 합격권에 들고도 최종 탈락하는 학생이 상당하다. 연세대 학종(활동우수형)이나 고려대 학생부 전형(일반전형, 고교추천 전형 I, II)처럼 학생부 위주 전형에도 최저가 있는 경우가 있으며, 논술 전형에는 대부분 수능 최저 기준이 있다(한양대는 예외). 수능이 약한 고등학교는 수시라 하더라도 최저 기준이 있는 전형에 취약할 수밖에 없다.

논술 전형은 내신 1등급부터 6등급까지는 차이가 없다고 봐도 무방하다. 논술 70%, 학생부 30%에 교과 성적이 20%인데, 전 과목 1등급인 학생과 6등급인 학생과는 불과 1점 차이에 불과하다. 따라서 오직 논술 실력으로 당락이 결정될 수 있게 설계되어 있다. 다만 수능 최저가 있으니 논술은 수능 기반 논술 전형으로 이해해야 한다. 논술 최고점을 받아도 수능 최저를 못 넘기면 탈락이니 말이다.

〈표5〉는 2017 대입 연세대 논술 전형의 모집단위별 실질 경쟁률이다. 외형상 경쟁률(40~50 대 1)과 큰 차이를 보이는 이유는 바로 수능 최저 기준을 통과하지 못한 학생이 그만큼 많다는 얘기다.

수시 아니면 정시를 통해 대학에 가야 하는데 둘 다 아킬레스건

문과대	상경대	경영대	신과대	사과대	생과(인문)	체육	교육학부
8.5	12	12.5	1.2	11.2	6.3	8	9.3
이과대	공과대	생명시스템대	생과(자연)	간호(자연)	간호(인문)	의예	치의예
8.2	9.8	9.4	3.6	4.3	4.8	33.4	10.5

〈표5〉 수능 최저학력기준 적용 후 실질 경쟁률

을 갖고 있다. 수시는 일반고 기준 1~2등급을 위한 전형이다. 교과 세부능력 및 특기사항도 주로 1~2등급까지 써준다. 3등급 대는 서울권 대학을 쓰기는 쉽지 않다. 3등급 중반부터 나머지 학생들은 정시 대비를 위해 수능 공부를 해야 하는데 학교가 그런 준비를 잘 할 수 있게 시스템이 갖춰져 있는지 고려해야 한다. 특목고나 자사고처럼 수시 학종으로 대학에 잘 보내는 학교라 하더라도 절반에 해당하는 4.5 등급 이하는 정시에서 원하는 대학에 갈 수 있도록 수능을 철저히 준비시켜야 한다. 그렇지 않으면 절반의 아이들이 수시의 사각지대에 방치되는 꼴이다. 뒤떨어진 아이를 세심히 돌보기 힘들다는 점이 아킬레스건이다.

수시와 달리 정시의 아킬레스건도 있다. 학교가 변하지 않고 과거처럼 수능 위주로만 준비한다면 수시 비중이 높은 현재의 환경에서 차 포 떼고 입시에 대비하는 꼴 아니겠는가. 올라 탄 차는 KTX인데 갓 쓰고 도포 입고 있는 것과 같다. 시대의 변화에 좀 더 유연하게 적응할 필요가 있다.

이럼에도 불구하고 수시는 단 한 번의 시험으로 한줄 세우기를 하는 단순함에서 탈피하여 다양한 가능성에 따라 진로를 모색할 수 있으며, 정시는 내신으로 인해 수시에서 좌절한 학생들에게 패자 부활의 기회를 줄 수 있다는 점에서 매력이 있는 전형이다.

05
수시에 강한가, 정시에 강한가

최근 10년 사이에 교육과정과 대학 입시가 빠르게 변해왔기 때문에 고등학교들도 많은 변신을 거듭했다. 그 과정에서 학교마다 각기 다른 특색과 강점을 드러내기 시작했다. 학교장의 의지에 따라 성격이 급변하는 학교도 있다.

다음 세 그룹의 분류 기준이 무엇일지 추정해 보자.

A 그룹 : 영재고 / 과학고 / 민사고, 하나고, 포항제철고, 김천고 /

충남삼성고, 인천포스코고, 인천하늘고 / 한영외고, 명덕외고 /

한영고, 서울고, 청원고

B 그룹 : 상산고 / 한일고 / 중동고, 세화고, 휘문고 /

세마고, 대구경신고, 포산고

C 그룹 : 용인외대부고, 북일고, 현대청운고 / 안산동산고 / 대원외고 /
광주고려고, 강서고

눈치챘겠지만 A 그룹은 수시에 강한 학교이고, B 그룹은 상대적으로 정시에 강한 학교들이다. C 그룹은 수시와 정시에 모두 강한 대표적인 학교들이다. 물론 학교 특성과 추세가 변화무쌍하지만 가장 최근의 진학 실적을 기준으로 분류해보면 그렇다.

고등학교 선택과 관련해서 가장 많이 듣는 얘기는 "특목고나 자사고에 가서 내신 깔아주느니 그냥 일반고로 가는 게 낫지 않을까요?"라는 질문이다. 중학교 내신이 올 A임에도 불구하고 성적을 깔아줄 것을 걱정하는 걸 보면 뛰어난 아이는 아니고 비경쟁 지역에서 근근이 90점을 넘긴 정도의 학생인 듯하다.

과연 어떻게 할 것인가? 여기서 냉철한 판단이 필요하다. 영어를 잘 하는 대신 국어, 수학 등 성적이 상대적으로 약하다면 외고를 가도 큰 문제는 없다. 비슷한 역량을 가진 학생들이 모여 있기 때문에 자기만 열심히 한다면 깔아줄 성적은 아니다. 수학, 과학에 탁월성을 보이는 학생이라면 과학고나 영재고에 도전해 볼 수도 있다. 수학 실력이 탄탄하고 모든 과목에서 우수성을 보인다면 전국 단위 자사고를 진학해도 경쟁력이 있을 것이다. 영어 실력만 믿고 용인외대부고와 같은 자사고에 온다면 내신에서 어려움을 겪게 될 가능성이 크다. 외대부고는 외고 시절에도 수학 실력이 강한 학생을 선호해왔다.

거꾸로 학부모나 학생 입장에서 이런 질문을 받으면 어떨까. "일반고에 가서 잘 할 자신이 있는가, 일반고에서 1등급대 내신을 받을 자신이 있는가?"

만약 그렇다고 하자. 서울대 지역균형선발전형에 합격하기 위한 조건을 따져보자. 일반고에서 계열 석차 1등을 해야 하고, 학교장 추천을 받아야 하며, 지원한 후에도 4 대 1 안팎의 경쟁률을 뚫어야 한다. 여기서 끝이 아니다. 국수영탐 중 3영역 2등급 이내라는 수능 최저 기준을 통과해야 한다. 만약 1등급대의 내신을 얻는 데 성공했지만 전교 1등이 아닐 경우 상위권 대학에 수시 학종이나 특기자 전형으로 합격할 가능성이 얼마나 되는지를 검토해야 한다.

2018년도 기준 2000개 교가 넘는 고등학교 중 1,500개 이상의 학교에서 학교당 2명씩 서울대 지역균형선발전형에 지원한다고 해도 740명 정도를 뽑는 서울대 지균에 지원한 전국의 전교 1등들 중 75%가 불합격한다. 합격자 중에서도 수능 최저 기준을 맞추지 못해 최종 탈락하는 경우도 적지 않다.

만약 일반고에서 2등급 중후반 정도의 내신을 받았다면 어떨까. 그 정도의 성적은 일반고에서 상위권에 해당하는 우수한 학생임에 분명하지만 서울 웬만한 대학에 수시 학종으로 붙기가 쉽지 않은 게 현실이다. 3등급 이하의 학생들은 수능이라도 잘 봐서 원하는 대학에 가야 할 텐데 그 역시 만만치 않다.

과학고나 영재고, 전국 자사고에서 중간 정도의 성적이라면 내신

4.5 등급 안쪽일 텐데 이걸 깔아주는 성적이라고 말하면 안 된다. 상당히 우수한 학생들이다. 그런 학생들이 일반고에 가면 대개 전교 최상위권에 든다. 과학고나 영재고, 전국 단위 자사고에서 3~4 등급대 학생들은 서울대를 비롯 최상위권 대학에 수시 전형으로 합격한다. 4~5 등급대 학생들 중에서도 합격자가 꽤 나온다. 단순히 일반고와 내신 성적을 가지고 비교할 문제가 아니라는 얘기다. 학교마다 어떤 교육 프로그램을 가지고 어떤 교육을 하는지, 우리 아이가 3년간 어떻게 성장할 수 있을 지가 선택의 기준이 되어야 한다.

일반고에서 용인외대부고에 전학 오는 학생들 중 2학년 전입생들을 흥미롭게 관찰한 적이 있다. 일반고와 용인외대부고의 차이를 볼 수 있는 지표 중 하나이기 때문이다. 보통 서울권 일반고에서 내신 성적 1점 초반의 아이들이 용인외대부고에 오면 첫 시험에서 4~5등급 정도의 내신이 나온다. 7기 때 서울 서라벌고에서 전교 1등(전 과목 평균 1.1 등급)을 하다가 외대부고 2학년에 편입한 학생이 있었다. 그 학생은 첫 학기에 4점대 내신을 받았지만, 학기가 거듭될수록 저력을 발휘하여 3등급, 2등급 초반까지 치고 올라갔다. 2등급 초반이면 전교 5등 이내에 해당하는 점수다. 그 학생은 결국 수시 일반전형으로 서울대 경제학부에 합격했다. 대학에서 전 학기 평균 등급으로 평가하지 않고 학생의 잠재 역량을 종합적으로 평가한 사례이다.

9기 한 여학생의 경우도 기억에 남는다. 분당에 있는 일반고 최상위권에 있다가(전 과목 평균 1.14) 1학년 2학기에 본교로 전입해온 학생이다. 처음에는 적응하는 데 매우 힘들어했으나 꾸준한 노력으로 성적을 끌어올리는 저력을 발휘했다. 전학 온 첫 학기인 1학년 2학기 4.7을 찍더니 2학년 1학기 4.0, 2학년 2학기 3.3, 3학년 1학기 2.8(5학기 평균 3.17)로 치고 올라갔다. 이 학생은 충실히 기록된 학교생활기록부 내용을 재구성하여 자기만의 스토리로 자기소개서를 완성하여 서울대 자유전공학부에 수시 일반전형으로 합격했다.

이 학생들이 일반고에 머물렀다면 어땠을까. 그곳에서 최고 성적을 확보하고 생활기록부도 잘 기록하여 원하는 진학을 했을 수도 있고 여러 요인으로 인해 그러지 못했을 수도 있다.

"요즘 정시 문이 좁으니 아무래도 수시에 강한 고등학교에 가야 하나요?"라는 질문도 많다. 과연 그럴까? 현재 주요 대학이 수시에서 80% 가까이 뽑는 것이 사실이다. 하지만 고려해야 할 점들이 있다. 앞의 '수시와 정시의 아킬레스건'에서도 말했다시피 수시에서 기준 미달 등으로 정원을 못 채우고 정시로 이월되는 인원이 매년 체계적으로 발생한다. 주요 10개 대학 기준 정시 비율은 30%가 넘는다. 이걸 그냥 포기하는 것은 기회의 3분의 1을 날리는 것이다. 수시 논술 전형과 일부 학생부 위주 전형에서도 수능 최저 기준이 있다.

용인외대부고는 수시는 물론 수능에도 강하기 때문에 최저 기준이 있는 수시 전형에서 상당한 성과를 냈다. 내신 4~5등급대 학생들이 주요대 의대에 대거 합격할 수 있었던 것도 수능 최저 기준이 높게 설정되어 있는 논술 및 학종을 돌파했기 때문이다.

소위 수시 집중 학교에 진학할 경우 내신 경쟁에서 밀린 절반 정도의 학생이 나머지 절반의 학생을 위해 3년간 깔아주는 것과 같다는 사실을 알아야 한다. 중간 이하의 학생이 원하는 대학에 갈 수 있도록 수능 준비가 제대로 이루어지는 지를 따져봐야 한다.

이와 반대로 정시에만 유독 강한 학교들은 수시 위주의 현실에 적응하기 보다는 전통적인 방법을 고수함으로 인해 학교 역량을 최대치로 발휘하지 못하는 한계가 있다.

용인외대부고는 처음부터 수시와 정시에 모두 강한 학교로 자리매김해왔다. 수시는 수시대로 강력한 경쟁력을 갖고 있을 뿐 아니라 내신에서 밀려 수시 가능성이 낮은 5~7등급대 학생들도 수능으로 서울대를 비롯하여 최상위권 대학에 대거 합격한다.

2022 대입제도 개편에 따라 정시 비중이 30% 이상으로 확대되고 수능 평가 방식이 변화한다 해도 외대부고는 그에 맞게 탄력적으로 대응하여 더욱 경쟁력 있는 진용을 갖추게 될 가능성이 크다.

06
학종에 대한 이해와 준비가 다르다

공정성 문제로 말들이 많지만 수시의 대세가 학생부 종합 전형인 것은 분명하다. 학종의 선구자인 서울대학교에 따르면 '학종은 학업능력이 우수하고, 모집 단위 관련 분야에 재능이나 열정을 보인 학생을 선발하기 위한 전형'이라고 정의한다. 학생부 종합 전형에서의 평가 요소는 학업 능력, 학내외 활동, 전공분야에 대한 관심(전공적합성), 지적 호기심, 적극적인 사고력, 창의적 인재로 발전할 가능성(잠재력) 등이다.

대학에서는 지원자에게 '공부하고 싶은 마음과 의지가 있는지, 호기심을 충족시키기 위해 어떤 노력을 했는지, 그러한 활동을 통해 어떤 성장을 했는지'를 보여 달라고 강조한다. 객관적으로 드러나는 교과 성적 외에도 자기주도적으로 호기심을 충족하고 문제를 해결한 경험을 보여주어야 한다.

이런 역량을 학교 수업을 토대로 하여 심화 확장시키는 활동에서 보여주는 것이 좋다. 따라서 학종에서는 학교생활기록부 여러 항목 중 '과목별 세부능력 및 특기사항'(약칭 교과 세특)이 매우 중요할 수밖에 없다. 교과 세특을 통해 대학은 학생이 어떤 수업을 어떻게 받았는지, 어떤 활동을 하며 어떻게 성장했는지를 파악하게 된다.

그런데 학생이 아무리 좋은 활동을 해도 교사가 기록을 제대로 하지 않으면 학생의 능력이 제대로 드러나지 않을 것이다. 반대로 학생은 별로 한 게 없는데, 교사가 과대포장해서 기록한다면 이 또한 학종의 공정성을 심히 갉아먹는 행위가 아닐 수 없다. 학생, 교사, 학교가 삼위일체가 되어야 하는 전형이 학종이다.

현장에서 교과 세특이 어떻게 기록되는지 살펴보자. 다음은 어떤 고등학교의 실제 기록 내용이다.

〈A 학교 기록〉

윤리와 사상 : 롤스를 배우며 실제 사회에서도 최소 수혜자에게 균등한 기회가 주어지고 사회적 이익이 고르게 분배되어야 한다고 생각하였으며, 자신도 어려운 사람을 배려하는 삶을 살아야겠다고 다짐함.

문학Ⅱ : 수업 시간에 적극적으로 참여하였고, 문학Ⅱ 과목을 이수하면서 성취한 문학 감상 및 창작 능력을 통해 문학 활동을 생활화함.

확률과 통계 : 모범적이고 반듯하게 학교생활을 하는 성실한 학생임. 향후 어떠한 학문 분야에서나 좋은 결과를 얻을 수 있을 것이라고 기대되는 학생임.

어떤가? 이 학교의 기록은 문제가 많다. 지원자가 해당 과목에서 드러낸 구체적 활동 모습이 표현되어 있지 않다. 윤리와 사상 기록은 교사의 기록이라기보다는 학생이 쓴 것 같다. 문학Ⅱ에서는 얻을 수 있는 정보가 없다. 확률과 통계 기록에는 수학에 관한 정보가 아예 없고 '행동특성 및 종합의견'에 어울리는 내용이 기록되어 있다. 아직도 이런 수준으로 기록되고 있는 학교가 많은 게 현실이다.

B학교 사례를 보자.

〈B학교 기록〉

국어 : 학년 말 자율적으로 이루어진 총 5회의 토론 활동에 참여하였으며, 토론의 경험이 없음에도 불구하고 인터넷 검색 등을 통해 토론의 규칙 및 순서 등을 찾아와 수업 시간 전에 나누어주는 등 관련 활동에서 적극성을 보임.

물리Ⅰ : 생각하지 못했던 본질적인 질문을 많이 함. 돌림힘과 일의 원리에 대해 흥미를 갖고, 그에 대한 심화 학습으로 젓가락질의 원리를 이와 관련하여 설명하고 돌림힘과 탄성력을 연결하여 '고무동력기와 ○○효과'에 대한 수행 평가 보고서를 제출함.

과학 : 생명과 환경에 대한 관심이 높으며 자연과학에 관한 신문기사를 읽거나 독서를 많이 하여 과학적 상식이 풍부함. 특히 DNA의 복제, 전사, 번역과정과 생명체의 유전적 다양성 확보 방법에 대해 보고서를 작성하며 진로에 대해 확신을 보임.

사회 : 다른 학생들에 비해 지리 개념에 대한 이해가 빠르고 관련 내용을 분석하는 수준이 매우 우수함. 'ㅇㅇ구 ㅇㅇ동 아파트 단지의 지하주차장 건설'에 적합한 입지를 선정하기 위해 친구 3명과 지리 조사 활동을 실시하였으며 매우 성실한 태도를 보였음.

이 학교는 A학교 기록보다는 낫다. 지원자가 해당 과목에서 어떤 모습을 보였는지 비교적 구체적으로 드러난다. 다음 C학교의 기록을 보자.

〈C학교 기록〉

동아시아사 : 청나라의 강희제, 옹정제, 건륭제에 대해 발표를 했는데, 완벽하진 않았지만 여러 가지 재미있는 에피소드를 통해 그 인물들을 이해하려고 노력한 점이 돋보였으며, 프레지를 이용하여 성실하게 자료를 만든 점이 인상적이었음. 또한 노트 정리가 매우 꼼꼼하고 자국 중심

주의적 태도를 벗어나 나름대로 비판적 안목을 갖고 역사를 바라보려고 노력한 점이 좋았음. 그 후 ○○책을 찾아 읽고 자신의 진로를 결정하는 계기가 되었다고 함.

독서 : 수행평가를 위해 소논문을 작성하였는데, 비록 다소 포괄적인 주제로 접근하여 내용을 정리하는데 많은 고생을 했지만 관련 책을 읽고, 끝까지 소신대로 소논문을 체계화하고 마무리하는 열정을 보인 점이 인상적이었음. 논문을 쓰며 궁금증이 생겨 관련 책을 소개해달라고 하여 ○○○의 ~~를 소개함.

기하와 벡터 : 두 벡터의 ○○ ○○○그림을 수어에서 제시하였을 때, 2학년 자연과정 ○명 가운데 유일하게 벡터의 ○○ ○○○에 의해 각 ○○○의 곱의 합이 ○○라는 것을 추론해 냄. 또 3차원에서 2차원을 생성하는 문제를 스스로 미리 포착하고 문제해결에 적용할 정도로 기하학적 직관이 뛰어나고, 비탈에서 ○○○한 일을 계산하는 문제에서도 왜 좌표축의 비탈을 기준으로 적용하는지에 대해 정확하게 답변하는 등 수학적 개념 상호 간 관계와 실생활 현상과의 결합 적용에 매우 탁월한 능력을 보여줌. 평소 ○○수학 저널을 동아리 친구들과 함께 도전할 정도로 열정과 호기심이 넘침.

이 학교도 B학교와 비슷하게 지원자가 해당 과목에서 보인 모습이 구체적으로 드러나고 있어 대학이 학생을 개별화하여 평가할만한 요소들이 담겨 있다.

다음 D학교의 사례를 보자.

〈D학교 기록〉

법과정치 : 부동산 경매 절차에서 각 채권자와 저당권자 사이의 변제 우선순위를 비교함으로써 물권과 채권의 우선순위에 대해 발표함. 주택임대차보호법상 우선변제권과 최우선변제권의 효력을 탐구하는 활동에 매우 흥미를 갖고 참여함. 부작위에 의한 살인과 미필적 고의에 의한 살인의 차이에 대해 질문하며 세월호 선장 이준석에 대해서 적용된 혐의가 부작위에 의한 살인인지에 대해 토의를 이끌어냄. 민사상 손해배상 책임을 공부하면서 불법 행위와 채무 불이행의 차이에 대해 명확히 이해하였고, 만약 불법행위에 따른 손해배상 책임을 진 자가 기한 내 배상 책임을 이행하지 않으면 채무불이행 책임을 별도로 지는 것인지에 대한 질문이 날카로움. '선거와 민주정치'를 공부하고 이를 적용하여 20대 총선의 각 정당별 공천방식과 공약, 후보 검증 등의 준비 과정을 비교하고 총선 결과 시도별 판세와 특징을 비교한 보고서가 인상적임. 특히 봉쇄 조항을 적용하여 비례대표 선출 방법을 정리한 점과 자신의 지역구 특징에 대해 심층 분석한 것이 돋보임. 지적 재산권 분야에 각별한 관심을 가지고 있으며 소프트웨어나 IT 관련 기술을 보호하기 위한 방안에 대해 고민하여 더욱 깊이 공부하기를 열망하는 학생임.

기하와 벡터 : 고유벡터 단원에서 행렬의 대각화와 관련된 피보나치수열에 대해서 배운 후, 다양한 수열들을 컴퓨터로 표현해보고자 《프로그래머 수학으로 생각하라》(유키히로시 저)를 읽음. 재귀함수를 이용하여 피보나치수열 등 여러 수학적 모델을 컴퓨터를 이용해 계산을 할 수 있음을 배우고 이들을 직접 코딩을 통해 구현해 봄. 수학수업에서 사용되는 수학적 귀납법과 귀류법 등 다양한 수학적 개념들이 프로그래밍에 적용할 수 있음을 알고 이를 컴퓨터 알고리즘들에 적용시키는 방법에 대해 학습함. 순열과 조합 등 정수론이 알고리즘의 핵심이 된다는 것을 깨닫고 이와 관련된 다양한 예제들을 학습하고, 더 나은 이해를 위해 그래프이론에 대해 추가적으로 공부하는 모습이 인상적임. 컴퓨터 알고리즘에서 수학의 중요성을 깨닫고 넓은 범위의 수학 개념들이 어떻게 프로그래밍에 사용되는지 생각해보고 수학의 중요성을 깨달았다고 함.

고급화학 : 고전물리학의 레일리-진스 법칙과 플랑크의 양자론을 활용한 복사법칙의 파장-세기 그래프에서의 함수 도출에 대해 의문을 가지고, 유도과정에 대해 조사하여 플랑크 복사법칙에서의 빛의 에너지에 대한 미분방정식을 통해 유도하며, 그래프 작도에서의 축의 설정에 따른 부호 문제를 지적함(03.17). 탄화수소의 명명법 원리를 보고 명명 알고리즘을 직접 작성해보고, 켐스파이더Chemspider 사이트에서의 탄화구조 작도 검색과 명명 알고리즘을 대조해 봄(05.19). 수업시간에 Sn2 반응에서 차수가 낮은 탄소 양이온일수록 입체 장애가 작아져 반응성이

커짐을 설명함(06.08). 수업 내용 중 특히 물리화학과 관련된 부분에 열정과 실력을 갖춘 학생으로 흑체복사와 하이젠베르크의 불확정성 원리, 상자 속의 입자Particle in a box를 통해 에너지의 양자화를 잘 설명하는 모습을 보였으며 오비탈의 개념에 대해 깊이 있는 이해력을 보여줌.

네 학교의 사례를 살펴봤다. 미묘한 차이가 보이는가. D 학교는 과목별 500자까지 기록할 수 있는 교과 세특을 최대한 잘 활용하고 있음을 알 수 있다. 한 편의 다큐를 보듯 학생의 수업 활동이 생생히 드러날 뿐만 아니라 지적 호기심과 사고력, 자기주도성, 잠재 역량까지 엿볼 수 있어 자료로서의 가치가 높다. A~D는 각각 어느 학교의 교과 세특일까? 이 부분은 여러분의 상상에 맡긴다.

내 경우는 거의 대부분의 학생을 다 기록해주는데 10분당 한 명을 쓴다고 가정, 한 반을 쓰는 데 6시간가량이 소요된다. 매우 과중한 업무다. 타이핑하는 손, 허리, 골반, 눈까지 피로가 몰려온다. 하루에 한 반을 입력하면 더 이상 할 수 없어 8개 반이면 8일 동안 꼬박 교과 세특 기록에 매달려야 한다. 평소 기록과 관찰이 생활화되어 있지 않으면 불가능한 일이다. 학교에 따라 담당 교사에 따라 천차만별일 수밖에 없다.

07
기숙사 학교는 무조건 가라

같은 값이면 다홍치마다. 갈수만 있다면 기숙사가 있는 학교는 선택의 여지없이 무조건 가야 한다. 그만큼 기숙사 학교의 장점이 많다는 얘기다. 외톨이 성향이거나 몸이 특별히 허약하여 부모의 지속적인 관리가 필요한 경우가 아니라면 말이다.

기숙사 학교보다 등하교를 하는 학교를 선호한다면 학부모의 관리 욕구가 앞서는 경우다. 내 자식은 내가 직접 눈으로 봐야 안심이 된다는 것이다. 자녀에 대한 과잉보호 심리가 내재되어 있다. 이런 부모는 아마 아이가 군에 가더라도 노심초사하는 마음이 유달리 클 것이다.

청심 국제중학교처럼 중학생도 기숙사 생활을 잘 하고 있지 않은가. 6기에서 전교 수석 졸업했던 채영(서울대 경영대학 수시 합격)이는 광주광역시에서 초등학교를 졸업하고, 청심국제중을 거쳐 합스를 졸업했으니 청소년기를 부모와 떨어져 생활하면서도 참으로 잘 지냈던 것으로 기억한다. 2기 푸른샘(하버드대 사회학과, 대학원 로스쿨)은 초등학교 6학 때 비행기 티켓만 들고 혼자서 영국 공항에 내려 기숙사학교에서 생활했다. 어린 나이에 영국에서 유학했으니 합스에 입학해서도 날개를 펴는 데 편했을 것이다. 서울 목동에 살며 교편을 잡고 있던 어머니는 아이를 무척 강하고 독립적으로 키웠던 것 같다.

아이들은 기숙사 생활을 하면서 오히려 부모로부터 해방감을 맛본다. 가끔 게임을 하거나 미국 드라마에 빠지는 경우도 있지만 이런 성향이 집에서 다닌다고 해서 몰래 보지 않겠는가. 결국 자기 몫대로 사는 것이고 일시적 일탈은 곧 정상으로 수렴된다.

미국의 필립스 아카데미, 필립스 엑스터, 영국의 이튼스쿨 등 세계적 명문 사립학교들은 모두 기숙사 학교이다. 우리나라에서도 기숙사를 갖춘 고등학교가 빠르게 늘고 있다. 그만큼 장점이 많기 때문이다.

광주광역시에 있는 고려고는 평준화지역 사립 일반고임에도 불구하고 우수 학생들을 중심으로 기숙사를 운영하는 것으로 유명하다. 고려고가 광주 내에서도 지역적으로 불리한 지역에 위치해 있음에도 불구하고 매년 뛰어난 진학 실적을 내며 인기 학교로 자리매김한 데에는 기숙사 학교로서의 장점이 결합되었기 때문이다.

내가 합스에 근무하고 있으니 이 학교를 중심으로 기숙사 학교가 어떤 장점이 있는지 살펴보자.

용인외대부고 하면 공부를 잘 하는 학교 또는 귀족 학교라는 이미지가 있는 것 같다. 그러나 사실 외대부고에서 가장 강조하고 우선시하는 것은 인성이다. 학교 교육 지표의 첫 번째 모토가 인성 교육이다. 둘째가 자율성 교육, 셋째가 창의성 교육이다. 교사들은 인성 나쁜 천재보다는 선한 인성을 가진 둔재가 공동체에 더 도움이 된다는 믿음을 갖고 있다.

교육 과정 전체에 걸쳐 인성 교육이 최우선적으로 강조되고 있지만 기숙사 생활을 통해 형성되는 부분도 많다. 합스에 들어오는 순간 집이 바로 학교 앞이라 하더라도 예외 없이 전원 기숙사 생활을 해야 한다. 공동체 생활, 배려심, 협동심 등이 3년간의 기숙사 생활을 통해 자연스럽게 길러진다. 친구가 아프면 보살펴 주고 친구가 먼저 잠자리에 들면 열람실로 이동하여 나의 발소리와 목소리가 남에게 방해가 된다는 것도 몸으로 느끼게 된다. 몸이 불편한 친구의 휠체어를 밀며 등하교 길을 함께 하기도 하고 자신의 코골이로 친구가 힘들어함을 알고 잠버릇을 고치기 위해 애쓰는 모습을 보여준다.

기숙사 학교다 보니 주말에 학교에 남아 운동을 하거나 공부하는 학생이 많다. 토요일에도 선택 수업ET이 개설되는 이유이기도 하다. 나는 무크MOOC(온라인으로 해외 대학 교수의 강의를 듣고 세미나하는 수업)로 주말 ET를 몇 차례 개설한 적이 있다. 코세라COURSERA, 에덱스EDX 등의 플랫폼에 올라와 있는 해외 유명 교수들의 강좌 중 학생 자신의 흥미에 따라 선택해서 수강하고 프레젠테이션과 질의응답식으로 진행되는 수업이다.

한번은 2학년 자연계 여학생이 후성유전학epigenetics에 관한 수업을 듣고 프레젠테이션을 했는데, 내게 생소한 분야여서 따로 자료를 찾아 공부하며 그 학생과 함께 수업했다. 서양미술사와 미학에 대한 강의를 집중적으로 들으며 2년 연속으로 MOOC를 함께 했던 학생도 기억에 남는다.

삼인행필유아사三人行必有我師라는 말이 있다. '세 사람이 길을 가면 반드시 내 스승이 있다'는 뜻으로 《논어》에 나오는 말이다. 합스에서는 아이들에게 협력 학습을 강조한다. 교실, 복도, 라운지, 기숙사, 월드플라자나 연못 주변 벤치 등 어디서든 아이들은 모여서 서로 물어보고 답하며 함께 궁리하는 모습이 일상화되어 있다.

다양한 스터디그룹이 활성화되어 있으며 팀 프로젝트가 많다. R&D(독서토론 활동), ARC(멘토링수업)도 그렇고 RC&P(학생 자율연구 프로그램)도 그렇다. 어떤 과목이든 천재가 있다. 모르는 것은 서로 물어보며 품앗이한다. 교사들이 퇴근하여 학생들끼리만 있어도 질문할 스승이 도처에 있다.

200개가 넘는 동아리가 운영될 수 있는 것도 기숙사 학교이기 때문에 가능하다. 창체 동아리는 매주 목요일 오후에 하지만, 자율 동아리 활동은 밤 8시 50분부터 11시경 사이에 이루어진다. 등하교를 하는 학교에서는 불가능한 일이다. 학생회에서 별도로 관리하는 사이트에 장소 신청을 함으로써 공간과 시간을 확보하여 활동이 이루어진다. 주중에 부족한 경우는 주말에 남아 활동한다. 스터디그룹 활동도 마찬가지다.

용인외대부고는 한국의 '예시바Yeshivah'를 지향한다. 예시바는 유대인들의 시끄러운 토론형 도서관이다. 합스는 교정 곳곳에서 소규모로 토론하고 세미나를 하는 학생들을 자주 볼 수 있다. 각 교실 및 특별실에 완벽한 멀티미디어 환경이 갖춰져 있다. 정규 수업은 물론 방과 후 선택 수업, 동아리 활동, R&D, ARC, RC&P, 창의연구 논문, 스터디그룹 활동에서 첨단 설비를 활용한 토론, 발표, 세미나 등 다양한 형태의 학생 중심 활동이 이루어진다. 이를 통해 서로 소통하면서 표현력, 설득력, 논리력과 창의력을 함양한다. 예시바와 같은 사색과 토론 공간을 지원하기 위해 새로 베리타스Veritas 홀을 건립하였고 럭스Lux 홀을 개관하여 북 카페식 환경 아래 학생들의 활동이 원활하게 이루어지도록 하고 있다.

양과 질에서 세계 최고 수준의 동아리와 스터디그룹 활동이 보장되는 외대부고에는 2018학년도 1학기 현재 257개의 동아리가 운영되고 있다(2017학년도 249개). 학생들은 다양한 동아리에 참여하여 활동함으로써 자치 능력을 배양하고 스스로 관심 있는 영역에 대한 공부 및 활동을 하고 있다. 학생들의 열정과 기숙사 환경이 결합되지 않으면 불가능한 상황이다. 학습 뿐 아니라 춤과 노래, 연극, 봉사, 스포츠 등 매우 다양한 영역에서 동아리 활동이 매우 활발하게 이루어지고 있다.

학생들은 기숙사 학교의 장점을 십분 활용, 주말이나 평일 밤 시간을 주로 이용하여 동아리 활동을 하며, 매년 1~2차례씩 발표회를 가짐으로써 자유롭고 열정적으로 학창 시절을 보낼 기회를 갖는다.

학생들은 지역 주민들과 소통함으로써 공동체와 함께 하고 있다. 오케스트라는 매년 용인시 포은 문화제에서 공연하고 있고, 공연동아리연합회 주최로 분당 중앙공원 야외음악당에서 열리는 '나눔 콘서트'는 이미 지역사회에 널리 알려져 있다. 학생들은 평소 갈고 닦은 실력을 발휘하여 지역 공동체와 함께 호흡하고 있으며 공연 수익금 전액을 소년소녀 가장, 다문화 가정 등을 돕는 데 기부하고 있다.

동아리 외에 다양한 소규모 스터디그룹이 수시로 결성되면서 자기주도 학습 능력을 극대화하고 있다. 수학, 과학 등 교과별로 멘토와 멘티가 조직되어 언제든지 친구끼리 공부할 수 있는 환경이 조성되어 있다. 이러한 자율적 동아리 및 스터디그룹 활동은 본교 학생들의 잠재력을 극대화하는 데 기여하고, 각종 대회에서 발군의 실력을 보이는 원천이 되고 있다.

매년 학생회 동아리 연합회의 엄격한 심사를 통해 전년도 활동 실적이 미미하거나 활동 계획서가 부실한 동아리는 과감히 탈락시킴으로써 그 내실을 기하고 있는 것도 외대부고 동아리의 질적 수준을 유지할 수 있는 요인이다.

서울대 수시 일반전형, 고려대 특별전형과 일반전형, 연세대 특기자 전형과 학교활동우수자 전형 등 대부분의 대학에서는 2단계 전형에서 구술면접 고사를 본다. 외대부고 학생들은 면접에서 상당한 경쟁력을 갖고 있다. 1단계에서 2배수 가량 뽑는 것을 감안하면 1단계 대비 최종 합격자 비율〈표6〉이 매우 높다고 할 수 있다.

용인외대부고생들의 면접 경쟁력은 어느 날 갑자기 단기 연습으로 만들어진 게 아니다. 평소 학교생활 속에서 자연스럽게 쌓은 내공 덕이라고 생각한다. 물론 학교에서도 대비는 해 준다. 수능이 끝나고 1주일 정도 되는 짧은 기간에 집중적으로 말이다.

오전에는 선생님들이 학교별 유형에 맞춰 문제를 만들어 실전과 같이 연습을 시킨다. 오후에는 자유롭게 학생들끼리 알아서 공부하고 연습한다. 저녁에는 졸업생들이 후배들을 위해 문제를 만들어 모집단위별로 면접 지도를 해준다. 일부 학생은 오후 시간에 학원에 가서 연습하기도 한다.

이렇게 짧은 기간에 연습하는 것으로 면접 경쟁력을 다 설명하기는 어렵다. 평소 다져진 내공이 있었기에 가능한 것이라 믿는다. 학생들이 정규 수업, ET, 동아리활동, R&D, ARC, RC&P 등 다양한 프

	2014 대입	2015 대입	2016 대입	2017 대입	2018 대입
서울대 수시 1단계 합격자	85	64	72	67	49
최종 합격자 (합격률)	61 (71.8%)	34 (53.1%)	47 (65.3%)	41 (61.2%)	36 (73.5%)

〈표6〉 서울대 수시합격자 현황

로그램을 통해 자연스럽게 질의응답에 익숙해지고 어떤 질문에도 떨지 않고 자신의 생각을 말할 수 있는 담력을 기른 덕분이다. 기숙사 학교의 장점을 자신의 것으로 만들며 성장하는 학생들을 바라보는 보람이 있다.

4장

———

무엇이
학교를 특별하게
만드는가

———

01
같은 듯 다른 학교

학교 밖에서 사람들을 만나다 보면 용인외고와 용인외대부고가 같은 학교인지 다른 학교인지 헷갈려 하는 사람들이 의외로 많다. "용인외대부고에 근무하고 있습니다."라고 소개하면, "용인외대부고요? 거기 외고인가요?"라는 식의 응답이 돌아온다. "옛날 용인외고입니다."라고 해야 비로소 "아, 용인외고요."라며 고개를 끄덕인다.

그럴만한 이유가 있긴 하다. 용인외대부고(또는 외대부고)의 옛 이름이 용인외고니까 용인외고와 외대부고는 같은 학교이기도 하고, 다른 학교이기도 하다. 학교 건물과 교사들이 그대로이니 같은 학교지만 학교 유형은 전혀 다르다.

2005년 개교한 용인외고(용인 한국외국어대학교 부속 외국어고등학교)는 2010년 6월 자율형 사립고로 전환하여 학교 이름을 용인외대부고

(용인 한국외국어대학교 부설 고등학교)로 바꿨다. 더 이상 외국어고등학교가 아니다.

용인외대부고로 이름이 바뀐 뒤에도 한동안 교육청 장학사들조차 용인외고로 호칭하곤 했으니 보통 사람들이 착각하는 것은 오히려 당연해 보인다. 학교의 영문 명칭은 용인외고 시절의 HAFS_{Hankook Academy of Foreign Studies}를 그대로 사용한다. 그래서 재학생과 졸업생은 학교를 '합스_{HAFS}'라고 부른다.

용인외고는 특목고(특수목적 고등학교)인데 비해, 용인외대부고는 자사고(전국단위 자율형 사립고)로서 전혀 다른 유형의 학교다. 용인외고는 2008년 첫 졸업생을 배출한 이래 6기까지 졸업시켰다(2013년 대입). 용인외대부고는 2014년에 첫 졸업생(7기)을 배출한 이래 현재까지 이어지고 있다. 7기 학생들이 자사고 1기지만 기수 단절 없이 그냥 이어서 부르고 있다. 자사고로 전환이 확정된 것은 2010년도지만 외고 마지막 기수인 6기들이 졸업(2013년 2월)하고 나서 1년 후인 2014년 3월 1일에야 교명을 용인외대부고로 변경했다.

자사고 첫 기수인 7기들은 자사고로 입학했지만 용인외고라는 이름 속에서 공부한 아이들이다. 5기가 고3 때 자사고 첫 입학생 7기가 들어왔고, 6기가 고3이 되면서 8기가 입학했으니, 5~8기 학생들은 외고와 자사고가 공존하던 시기에 '같은 듯 다른 학교'를 다녔다. 외고생과 자사고생이 한 캠퍼스 안에서 함께 공부한 특별한 경험을 한 것이다.

용인외고가 자사고로 전환한 데는 특별한 사정이 있다. 이명박 정권 때 소위 '외고 죽이기' 정책이 추진된 것과 직접 관련된다.

2009년 당시 사교육 문제가 심각한 사회문제로 대두되자 정부는 외고를 희생양으로 삼았다. 당시 이주호 교육과학기술부 차관과 한나라당 국회의원 정두언, 곽승준 미래기획위원장 3인방이 외고 죽이기에 앞장섰다. 그렇지만 만만치 않은 저항에 부딪혔다. 논란 끝에 외고를 폐지하는 대신 정원을 단계적으로 줄이고, 외고 차별화의 핵심 권한인 학생 선발권을 사실상 무력화시키는 방향으로 결정된다. 즉, 학생 선발 방법에 있어 자체 선발 고사를 금지하고 절대평가 방식의 중학교 영어 내신 성적만으로 뽑도록 제한한 것이다.

당시 교육과학기술부 수장이 안병만(전 한국외대 총장) 장관이었다는 것은 아이러니컬하다. 안병만 전 장관은 한국외대 총장으로 재임할 때 용인외고를 설립한 장본인이다. 안 장관 개인의 소신은 당연히 외고 폐지 반대였다. 입장이 난처해진 안 장관은 줄곧 외고 폐지에 미온적 태도를 보일 수밖에 없었다. 그러다 대통령의 의중이 확고하고 이주호, 정두언, 곽승준 등이 강하게 밀어붙이자 한발 물러서게 된다.

당시 용인외고 내부는 매우 긴박하게 돌아갔다. 법인은 법인대로 학교는 학교대로 수차례 대책회의가 이어졌다. 용인외고 입장에서는 '세계 경영 인재 양성'이라는 설립 목적을 달성하기 위해 학교의 선발권을 유지하는 것은 필수 조건이라고 봤다. 외고로 남는 것은 더 이상 의미 없다고 판단하였고, 결국 자율형 사립고로 전환하는 것이 유일한 대안이었다. 자사고로서 중학교 내신 성적을 모두 반영할 수 있을 뿐만 아니라 서류와 면접 평가로 선발권을 일정하게 보장받을 수 있었다.

하지만 경기도교육청은 자사고 전환 조건으로 수업료에 제동을 걸었다. 외고 때 일반고의 3배 정도였던 수업료를 2배 수준으로 줄일 것을 요구했던 것이다. 법인으로서는 재단 전입금이 늘어나게 됐지만 명문 학교를 만들기 위해서는 이를 감수해야 했다. 학교법인 동원육영회는 지금까지 매년 10억 원 가량의 전입금을 학교에 내고 있다. 다른 외고들이 자사고로 전환하고 싶어도 못하는 이유가 바로 재단 전입금 때문이다.

외고에서 자사고로 바뀌면서 학교 분위기와 문화도 많이 달라졌다. 영어, 프랑스어, 독일어, 중국어, 일본어 등 전공어별로 편성됐던 반이 국제 과정, 인문사회 과정, 자연과학 과정으로 나뉘다보니 학교 깃발부터 바뀌었다. 수업은 물론 축제와 체육대회 모습도 점점 변해 갔다. 전공어 국가별 특색을 드러내던 축제 문화는 약화되었고, 새로운 차원의 다양한 행사들이 기획되었다.

3년간 82단위나 되던 외국어 교과 필수 이수 단위가 58단위로 대폭 줄고 국어, 수학, 과학 등의 이수 단위가 늘어나니 원어민 선생님들이 눈에 띄게 감소했다. 해외 유학의 인기가 시들해지자 2014학년도 신입생(10기)부터는 유학반(국제 과정)을 3개 반에서 2개 반으로 줄이고(70명), 자연과학 과정을 3개 반에서 4개 반으로 늘려(145명), 국제 : 인문 : 자연 과정의 비율을 2반 : 4반 : 4반 체제로 변화시킨 것도 자사고 전환 이후의 일이다.

자사고가 되면서 교내 선택수업인 ET Elective Tracks에 개설된 TOEFL, TEPS(이상 영어), HSK(중국어), JPT(일본어), DELF(프랑스어), ZD(독일어), DELE(스페인어) 등 어학 강좌의 인기가 시들해진 반면 수학이나 과학 강의는 전에 없던 인기를 끌었다.

자연계 학생들이 크게 늘면서 먼지 쌓인 실험실에 생기가 돌고 밤늦게까지 실험 열기가 꺼지지 않는 현상이 나타났다. 교실마다 붙어 있던 미국, 프랑스, 독일, 중국, 일본 국기가 사라졌다. 외고 시절 각종 외국어 경시 대회에서 두각을 나타내던 학생들이 이제는 과학 올림피아드, 수학, 정보 관련 대회에서 실적을 냈고, 해외 저널에 논문을 싣는 학생들도 크게 늘어났다.

용인외고 시절에는 한반에 TEPS 900점 이상 학생들이 20명이 넘었고, TOEFL 113점 이상의 고수들이 수두룩했다. 전국연합 학력평가 영어 1등급 비율이 95% 내외였을 정도로 영어 실력이 탁월한 학생들이 많아 수능 영어를 따로 공부할 필요가 없었다. 당시 아발론, 토피아, 정상어학원, 청담어학원 등은 영어 선행 교육을 통해 크게 성장했던 학원들이다. 웬만한 대학 4학년 이상 수준의 영어 실력을 갖춘 아발론 녹지원급, 정상어학원 마스터급 선행을 한 학생들이 입학했으니 1학년 때부터 영어 원서로 수업하는 것이 어렵지 않았다. 영어 선생님들은 변별력 있는 시험 문제를 내기 위해 고심해야 했다.

고전역학, 일반물리학, 선형대수학, 빅데이터, 코딩, 인공지능 등 ET 강좌가 생긴 것도 자사고 전환 이후의 일이다. 학생들의 수준에 맞추어 외국어 선생님들은 수업 수준을 다운그레이딩 해야 했고, 수학이나 과학 선생님들은 업그레이딩 해야 했다. 나와 함께 진학을 담당하던 선생님들은 자연과학대학, 공과대학, 의과대학 정보를 찾아 공부하고 세팅하는 데 열정을 쏟았다.

외고 시절에는 없던 사회적 배려 대상자가 정원의 20% 정도 입학하게 되면서 과목별 내신 성적의 표준편차가 커졌고, 그 학생들을 위한 전략을 세워야 했다. 인문계 성향의 학생과 자연계 성향을 가진 학생이 반반씩 섞여 있다 보니 학교 문화와 학풍의 다양성이 더욱 확대되었으며 동아리도 매우 다양해졌다. 그만큼 아이들의 꿈과 비전도 폭넓어졌다. 수학, 과학, 컴퓨터 등과 관련된 동아리가 크게 늘면서 그 수가 200개를 넘어섰다.

외고대로 자사고대로의 특별한 색깔이 있었고, 아이들 역시 나름 다른 매력을 지녔으니 이들을 가르치는 교사로서는 마치 두 학교에서 근무해 보는 것과 같은 색다른 경험을 한 셈이다.

02
용부심을 가진 아이들

대학교에서 입시를 담당하는 입학처장이나 입학처 사정관 선생님들은 고등학교 현장 방문을 통해 학교의 특성이나 문화를 살핀다.

합스에도 매년 대학 관계자들이 빈번히 찾아온다. 학교를 방문하는 이들마다 공통적으로 아이들의 표정이 밝고 즐거워하는 것 같다고 한다. 이 학교는 다른 학교보다 훨씬 더 공부 스트레스가 심해서 아이들의 표정이 안 좋을 줄 알았단다. 수시와 정시 모두 대학에 잘 보내는 학교니까 내신 경쟁과 수능 공부로 아이들이 공부에 찌들어 있지 않을까 하는 선입견을 갖고 온다는 얘기다.

한번은 서강대 김영수 입학처장이 방문하셨다. 김 교수는 학교를 다니며 아이들의 얼굴만 본다고 한다. 그러면 그 학교의 모습이 보인다는 지론을 가지고 있다. "여기 아이들은 얼굴이 참 밝고 생기가 있네."라며 그 비결이 뭐냐고 물어보신 적이 있다. "학교에 대한 자부심이 강하고 학교생활을 즐기는 아이들이 많기 때문이다."고 대답했지만 그때만 해도 확신이 있었던 건 아니다. 졸업생들이 배출되고 많은 학생들을 대하면서 점점 그 생각이 맞다는 느낌이 든다.

'용부심龍負心'이라는 말이 있다. 대단한 말 같지만 '용인외고 자부심'이라는 뜻이다. 원래 용부심은 대학에 입학한 용인외고 졸업생들에게 다른 학교를 졸업한 친구들이 붙여준 별칭이다. 대학생들 사이에서 유행하던 말이 대학 교수들 사이에서도 회자되곤 했다. 지금까지도 합스 졸업생의 자부심은 이루 말할 수 없이 대단하다.

매년 4월 1일 만우절만 되면 여러 대학교 캠퍼스에서 소위 '교복 데이'라는 이벤트를 한다. 앙드레김 교복으로 알려진 합스의 교복은 디자인이 독특하고 화려해서 눈에 잘 띈다. 서울대, 연세대, 고려대 입학생 수도 많지만 학생들의 참여율이 높다 보니 합스는 교복 데이에 가장 눈에 띄는 학교가 되었고 그 날은 마치 합스 동창 모임과 같은 날이 된 지 오래다.

당시 용인외고 학생들은 열정이 많고 도전하고자 하는 에너지가 충만하여 각종 전국대회를 휩쓸다시피 했다. 철학올림피아드, 창의력올림피아드 등 세계 대회에서 두각을 나타낸 학생들도 꽤 많았다. 학생들이 타오는 상장이 하도 많아 담당 업무는 기피 직종 중 하나였다. GAGlobal Assembly라 불리는 전교생 조회에서는 웬만한 수준이 아니면 단상 수상에 명함을 내밀 수도 없다. 용인시나 경기도 대회에서 최고상을 탔음에도 단상 수상에서 배제되는 경우도 많았다.

최근에는 대외 수상 실적을 학교생활기록부에 기재할 수 없게 되면서 외부 대회에 출전하는 학생들이 크게 줄었다. 그러다 보니 지역 대회 수준의 상도 단상에 올라가 받는 경우도 있다. 과거에는 상상할 수 없는 일이다.

이 학교를 다니다 보면 자신도 모르게 실력이 향상되고 성장한다고 느끼는 학생이 많다. 이런 것들이 작용하여 진학 실적으로 이어지는 것이겠지만, 대학에 들어간 졸업생들이 각 전공 학과에서 과수석을 하는 등 두각을 나타내는 경우가 참 많다. 졸업생의 얘기를 들어보면 고등학교 때 쌓은 공부와 내공이 대학에서 많은 도움이 된다고 한다. 아마도 진정한 용부심은 이러한 내면적 성장에서 오는 것이 아닌가 싶다.

물론 모든 졸업생과 재학생들이 용부심을 갖고 있는 것은 아니다. 학교에서 여러 이유로 상처를 받기도 하고 부적응으로 힘들어 하고 징계를 받기도 하는 등 학교가 지긋지긋한 학생들도 왜 없겠는가. 자부심보다는 아픔이 더 많을지라도 이 학교에서 나름의 방식으로 성장하고 발전했으리라 믿는다. 그리고 그들이 훗날 더 크게 자라서 따뜻한 마음으로 모교를 사랑하게 될 수도 있지 않겠는가.

용인외고는 설립 단계부터 전국적인 주목을 끌었다. 지방자치단체와 대학 재단이 함께 설립한 관·학 협력 사립학교로 기존에 없던 모델이었다. 용인외고는 한국외대의 안병만 전 총장과 이정만 전 용인시장이 최고의 학교를 만들자는 데 뜻을 모아 설립한 학교다. 한국외대 법인인 동원육영회는 학교 부지 약 2만 평을 제공했고, 용인시는 450억 원을 투자하여 한국 최초이자 유일한 관학 협력 사립 고등학교를 탄생시킨 것이다. 동원육영회는 세계적 수준의 학교를 만들기 위해 당시 대원외고 교장이던 남봉철 선생(2010년 퇴임)을 교장으로, 민족사관고등학교 교감이던 박하식 선생(현 충남삼성고 교장)을 교감으로 영입함과 동시에 전국 최고의 교사진을 구축한다.

인재를 전 세계로 내보내 세계 경영 인재를 양성하겠다는 야심 찬 목표를 세운 용인외고는 첫 졸업생을 배출한 2008년 대입부터 하버드대 2명, 서울대 21명을 합격시키는 등 해외 대학과 국내 대학 진학에서 괄목할 만한 성과를 내며 크게 주목받았다. 용인외고가 전국적인 태풍의 눈으로 등장하던 시기였다.

이런 성과를 내기까지 우여곡절도 참 많았다. 내가 이 학교에 부임한 것이 2006년도니까 1기들이 2학년이던 때다. 기숙사 한 동이 지어지고 있었고 체육관도 건축 중이어서 학교가 어수선했다. 신설학교로서 학교의 시설과 시스템이 완전히 갖춰지지 않았다. 3년 동안 학교에 대해 확신을 갖지 못한 수십 명의 학생들이 다른 학교로 전학을 가기도 했다. 그렇지만 남은 학생과 학부모들은 더욱 똘똘 뭉쳤다. 학교 일에 발 벗고 나섰고 오늘날 학교 시스템을 구축하는 데 많은 도움을 주었다. 그때 학부모 대표와 운영위원장을 맡아 궂

은일을 마다하지 않은 김진성 위원장은 1기 민수, 4기 한수, 6기 민경 등 3남매를 모두 합스에 입학시켰다. 그 3남매는 지금 모두 로스쿨에 다니며 각각 판사, 검사, 변호사의 꿈을 키우고 있다. 김진성 위원장은 누구보다도 학교를 사랑한 학부모로서 특히 기억에 남는다.

합스에는 2~3년 터울로 비슷하게 생긴 아이들이 입학한다. 김 위원장 자녀 외에도 그동안 수없이 많은 형제자매들이 합스를 거쳐 갔다. 우연히 내가 모두 담임을 한 형제자매만 해도 4쌍이 떠오른다. 형의 만족이 동생의 만족으로 이어지는 것이다.

중학생과 학부모를 상대로 한 학교 선호도 조사(종로하늘교육 제공, 중앙일보 보도)에서 최근 5년 연속 용인외대부고가 1위를 차지한 것은 우연이 아니다. 지금도 졸업생들의 용부심은 현재 진행형이다. 특히 1기 졸업생들의 학교에 대한 자부심과 사랑은 최고라 해도 과언이 아니다. 합스의 건물 이름이 파이오니아Pioneer홀, 챌린지Challenge 홀, 드림Dream홀이듯이 졸업생은 개척자처럼 강한 도전으로 어려운 여건을 돌파해 간다. 스스로 신설 학교를 만들어낸 장본인들이다 보니 남다른 애착이 있는 것인지도 모르겠다.

자사고로 전환된 지도 꽤 시간이 흘렀지만 아직도 학교에는 외고 시절의 전통이 곳곳에 남아 있다. 건물 이름이 영어로 되어 있을 뿐 아니라 GA, 입학식, 졸업식 등 공식 행사가 영어로 진행된다. R&D, ARC, RC&P 등의 성과를 발표하는 학술제도 영어로 진행되고 있다. 국제과정이 있는 파이오니아홀 3층은 여전히 EBCEnglish Based Campus

존으로 지정되어 있다.

영어 토론, 영어 연극 등의 동아리가 여전히 활성화되어 있는 것도 외고 시절과 다름없다. 그러나 과거와 달리 요즘 학생들은 영자 신문을 읽는 비율이 크게 줄었다. 고사 시험지(국제과정 제외), 교내 방송, 교직원회의 자료, 교사들끼리의 내부 메신저 등은 우리말로 변화되었다. 어찌 보면 문화 공존의 사례라고 볼 수도 있겠다.

자사고 전환 이후 대학 진학 실적은 더욱 좋아졌지만 요즘 재학생들의 용부심 자체는 조금씩 시들해진 느낌이 든다. 2000년대 이후에 태어나고 자란 세대들이 학교의 주역이 되었으니 이제 이들이 새로운 개성과 문화를 바탕으로 용부심 2.0을 멋지게 만들어 가지 않겠는가.

03
아름다운 미래 인재의 요람

용인외대부고에 입학하는 신입생들은 입학식 날부터 용부심의 씨앗을 잉태한다. 깔쌈하게 교복을 차려 입고 과정별 깃발을 따라 입장한 신입생 350명의 사진이 하나하나 대형 스크린에 뜬다. 이 학교 일원이 된 것을 실감하기 시작한다.

용인외대부고의 입학식과 졸업식은 장엄한 분위기의 전통 스타일에 가깝다. 마지막 순간 간지 나는 교복을 입은 신입생이 일제히 일어서 교가를 부른다. '왕산 자락의 정기를 받아' 쯤으로 시작될 것 같은 예상과 달리 합스 교가에는 산과 강이라는 단어가 아예 없다. 정기를 받아 라는 흔한 가사도 전혀 등장하지 않는다. 제목도 '교가'가 아니라 '아름다운 사람Beautiful People'이다.

"오 아름다운 우리 이 땅에 저 밝은 내일 위하여 환한 빛을 비추자

온 세계 품고 다 함께 멋진 세상 만들어나갈 아름다운 사람

오 아름다운 나의 친구야 우리의 꿈과 사랑, 열정 함께 나누자

정직한 마음 용기와 신념 가지고 힘찬 날개로 날아오르는 도전자

저 거친 세상에서 어떤 시련과 큰 고난 당당히 맞서는 용감한 개척자

우리들 함께한 이곳은 미래의 땅 영원할 그 이름 외대부고

슬기로운 창조의 사람 내일을 열고 그 꿈 펼치는 의지의 사람

이웃에 사랑을 세계에 희망을 함께 나누는 사람

저 거친 세상에서 어떤 시련과 큰 고난 당당히 맞서는 용감한 개척자

우리들 함께한 이곳은 미래의 땅 영원할 그 이름 외대부고"

학생들은 교가를 부르며 '아름다운 사람'으로 성장하기 위한 첫 발걸음을 내딛는다. 교가 중간에 변조가 들어간 부분도 있어 느낌이 색다르다. 교가를 부르는 아이들은 전율과 감동 같은 무언가를 느낀다고 한다.

교가 '아름다운 사람'은 초대 교장이었던 남봉철 선생님이 작사하고, 미국 애리조나 대학에서 작곡으로 박사학위를 하신 김정욱 선생이 직접 곡을 썼다. 외고 시절에는 각 언어별로 교가를 번역해서 부르기도 했다.

자사고로 전환된 후 교가는 어떻게 변했을까? 교가 후렴구 맨 끝부분 가사만 '외대외고'에서 '외대부고'로 딱 한 글자만 바뀌었다. 아

무튼 색다른 교가에 대한 아이들의 애정과 자부심은 각별하다.

이 밖에도 용부심의 근원은 많다. 교복을 빼놓을 수는 없다. 합스의 교복은 세계적 디자이너 앙드레김이 생전에 디자인한 유일한 교복이다. 웨스턴 정장, 오리엔탈 스타일, 사파리 스타일 등 다양한 디자인의 교복은 전국 학생들의 로망이었다. 재킷 끝단에 노란색 선으로 테두리를 넣은 디자인은 우리나라 교복에 처음 시도된 것이었다. 스트라이프와 어울린 화려한 노란색 넥타이 역시 교복과 잘 어울려 혁신적이고 감각적 이미지로 돋보이게 했다.

학생들은 이 교복에 대한 애착과 자부심이 엄청났다. 주말에 외출하는 날이면 교복을 입은 학생들이 빨랫감과 책을 담은 여행용 캐리어를 끌고 전국으로 흩어졌다. 왼쪽 가슴에 단 커다란 금빛 엠블럼은 눈부실 정도로 화려하다. 당시 교복의 품격을 얼마나 소중히 생각했는가 하면, '보행취식'(걸으며 음식을 먹는 행위)을 하면 '1스트라이크'라는 벌점을 부여하기도 했다. 교복에 간지라는 말을 쓴다면 합스 교복에 어울릴 것이다. 보행취식 금지는 옛말이 되었고 요즘 학생들은 외출할 때 사복으로 갈아입고 나가는 게 일반적이지만 외고 초창기의 모습은 지금 생각해도 놀라운 일이었다.

1~3기 때 여학생의 하복 치마는 H라인이었다. 교복으로는 참신한 디자인이었지만 움직임에 불편하다는 학생들의 의견을 수렴하여 현재의 A라인 스커트로 변경되었다. 요즘 방송에서 흔히 나오는 스트라이프 넥타이와 상의 끝단에 흰색이나 회색 등의 라인이 들어간

교복들은 앙드레김 선생의 용인외고 교복 디자인의 아류라고 볼 수 있다.

앙드레김이 입양하여 키운 아들이 한국외대를 나온 것이 인연이 되어 현재의 교복이 탄생하게 된 사실을 아는 사람은 별로 없다. 당시 학부모들로 구성된 교복위원회가 앙드레김 선생을 만나 성사시킨 작품이다. 이 일을 주도적으로 이끈 1기 프랑스어과 함사랑 어머니의 헌신적인 노력을 잊을 수 없다.

용인외고 시절부터 지금까지 '신의 급식'이란 명성을 이어오고 있는 것도 용부심의 원천이다. 인터넷 포털 검색창에 '신의 급식'을 입력하면 연관 검색어에 용인외고, 외대부고 급식 사진이 검색된다. 연출되거나 가공된 것이라고 의심하는 사람들이 많은데 그렇지 않다. 매 끼니마다 식당 입구 유리 상자 안에 실물을 전시해놓은 것을 그대로 촬영한 것이다.

식재료는 학부모들이 돌아가며 철저히 검수하기 때문에 최상의 품질을 보장한다. 이 급식을 먹으며 3년간 기숙사 생활을 하면 대개 살이 쪄서 졸업하게 된다. 3학년 때 교복을 단정하게 입고 다니라고 지도하기가 민망할 정도이니 짐작이 갈 것이다.

방마다 샤워실이 완비된 2인 1실 기숙사, 체육관에 완비된 학생 전용 샤워실, 러닝머신 등 다양한 헬스 기구, 요가 및 댄스 연습실, 1인 1석의 열람실, 토론 및 세미나실, 멀티미디어실, 전교에 깔린 와이파이wifi 등 학생 친화적 학습 환경도 만족도가 높았던 것으로 보인다.

용부심의 근원으로 학생 자치 활동의 활성화를 꼽지 않을 수 없다. 학생 자치회는 3권 분립의 원칙에 따라 입법부인 대의원회, 행정부인 학생회, 사법부인 GLMGlobal Leaders Monitor으로 구성되어 있다. 학생 자치회는 학생 생활 인권 규정 개정 심의 과정에 적극 참여하여 여러 차례 교칙을 개정해왔으니 스스로 만든 교칙을 지키는 성숙된 경험을 하게 된다. 모든 학교 행사는 학생 MC들이 사회를 보고, 축제나 체육제, 연극제도 기획부터 실행까지 학생들이 주도하여 진행한다. 신입생 환영회, 합스 컵HAFS CUP 등 다양한 행사도 스스로 개최하여 끼와 열정을 마음껏 발산한다.

200개가 넘는 동아리의 적격 심사와 예산 심사, 조직 및 운영 등도 학생회가 주도하여 이끌어 간다. 열람실 좌석 배치도 학생회가 주도하고 '합스티'라 불리는 티셔츠 디자인, 북마켓 등도 학생들이 즐겨하는 일이다. R&D, ARC, RC&P 등 학술 프로그램도 학생들이 평가위원으로 참여하고 발표 진행 및 사회도 주도한다. 이런 과정을 통해 학생들의 주인의식은 자연스럽게 높아진다. 학생의 주인 의식이 높으니 스스로 자존감이 생기고 학교에 대한 자부심이 커지는 것이 아닐까 한다.

이곳에서 용부심을 갖고 성장한 아이들은 학벌주의와 같은 편협한 굴레에서 벗어나기를 기대한다. 눈을 돌려 이웃을 살피고, 눈을 내려 낮은 데를 보듬고, 눈을 들어 국가와 세계를 보기 바란다. 이곳에서 3년간 늘 지역사회에 녹아들어 봉사활동을 하며 어려운 이웃에 손을 내밀어왔기에 그 초심을 어디서나 잊지 않고 간직하기를 희망한다.

'온 세계 품고 다 함께 멋진 세상 만들어나갈 아름다운 사람', '이웃에 사랑을 세계에 희망을 함께 나누는 사람' 교가의 가사처럼 여기서 성장하는 그대들은 세계와 이웃을 품을 '아름다운 사람'이 아니던가.

04
수시와 정시에 모두 강한 이유

대통령 직속 국가교육위원회의 '대입제도 개편 공론화위원회'를 거쳐 확정한 발표에 따르면 2022대입부터 정시 전형의 비중이 지금보다 일정하게 상향 조정될 전망이다. 수시 이월 인원까지 고려하면 30% 이상을 정시로 뽑는다는 얘기다.

수능 평가 방식은 현재의 영어와 한국사뿐만 아니라 제2외국어까지 절대 평가가 확대된다. 국어와 수학은 여전히 상대 평가 방식을 통해 변별력을 유지한다. 공통 사회와 공통 과학은 수험생 부담 때문에 수능 과목이 되긴 어렵겠지만 만약 수능 과목으로 추가된다면 절대 평가 방식이 될 것이다.

이러한 내용에 담긴 의미는 무엇인가. 수능의 변별력이 살아 있다는 것이고, 정시의 영향력이 커진다는 뜻이다. 대학별 고사가 강화되는 것을 막기 위해서라도 이 방안이 유력할 것으로 이미 예상했던 바다. 수시는 특기자 전형과 논술은 축소되고 학종 위주로 재편될 것이다.

그동안 용인외대부고가 수시와 정시에 균형 있게 역량을 집중한 것은 학생의 성향에 따라 수시가 유리한 학생이 있고, 정시에 유리한 학생이 있기 때문이다. 내신 경쟁에서 밀린 절반의 학생을 수능으로 구제하여 원하는 대학에 보내기 위해서는 현재의 외대부고 시스템이 최적이다.

용인외대부고의 국내 대학 진학 실적은 아래 〈표7, 8〉과 같다. 물론 중복 합격이 포함된 인원 수다. 매년 50~60여 명의 학생이 미국 아이비리그 15~20건을 비롯하여 해외 대학에 170여 건의 합격을 기록하고 있다. 해외 대학 진학의 경우는 학교 홈페이지나 입학설명회를 참고하도록 하고, 여기서는 국내 대학을 중심으로 살펴보자.

수시와 정시를 구분해서 살펴보면, 매년 차이는 있지만 수시가 조금 더 우세한 가운데 대략 반반씩 합격하는 것을 알 수 있다. 2018 대입에서 용인외대부고는 203명이 SKY에 합격했고, 그중 수시에서 119명(58.6%), 정시에서 84명(41.4%)이 합격했다. 의·치·한의대는 수시에서 44명(53.7%), 정시에서 38명(46.3%)이 합격했다. 의·치·한의대의 경우 2014대입부터 2017대입까지는 정시 합격자 비중이 높았으나 2018대입에서 역전된 것을 주목할 필요가 있다. 이는 역시 수능 최저가 요구되는 학생부 종합전형과 논술 전형에서 경쟁력을 보인 것과 관련된다.

9기 WJH는 내신 평균등급이 5.15에 불과했지만 고려대 의과대학에 논술로 합격했으며, 수많은 3~4등급대 학생들이 의대에 수시로 합격했다. 수시에서 수능 최저기준을 통과했기에 가능한 것이니 수능에 강한 학교 특성이 잘 반영된 사례라고 볼 수 있다.

서울대 합격자를 기준으로 볼 때 용인외대부고는 수시에서 전국 1~4위권, 정시에서는 매년 1위의 실적을 보이고 있다(물론 경쟁하는 모

대학명	2014 대입 (7기) 재적 247	2015 대입 (8기) 재적 251	2016 대입 (9기) 재적 256	2017 대입 (10기) 재적 286	2018 대입 (11기) 재적 294	2019 대입 (12기) 재적 290	2020 대입 (13기) 재적 287	2021 대입 (14기) 재적 295	계
서울대	96	66	84	80	61	77	71	66	601
고려대	79	88	61	62	66	76	59	61	552
연세대	80	88	72	89	76	82	102	99	688
카이스트	8	15	21	20	22	14	16	17	133
포항공대	1	2	1	3	2	0	2	4	15
서강대	48	28	42	34	30	34	35	31	282
성균관대	55	36	37	26	48	34	64	60	360
한양대	10	15	23	20	15	24	19	20	146
이화여대	23	25	30	22	31	23	25	27	206
한국외대	15	7	10	11	9	11	15	4	82
의·치·한	60	75	66	72	82	88	88	97	628
경찰대	4	3	2	5	3	6	4	0	27
사관학교	3	2	2	0	0	1	0	2	10
교대	9	1	3	12	5	1	2	0	33
한예종	0	1	1	1	1	0	1	0	5

〈표7〉 용인외대부고 국내 대학 진학 실적 (단위: 명)

집 단위가 다른 예술고는 제외). 서울대 정시 모집 정원은 약 700명 정도이고, 정시에 단 1명이라도 합격시킨 고등학교는 300개 고교 안팎이다. 따라서 서울대 정시 합격자 20명 중 1명은 용인외대부고 출신인 셈이다. 수능 만점자 통계가 잡힌 2012수능부터 2018수능까지 역대 수능 만점자 중 용인외대부고 출신이 12명으로 최대 배출교인만큼 수능 최강자의 입지가 확고하다.

용인외대부고는 학생들의 활동과 수업이 적절히 균형을 이루고 있다. 정규 수업뿐만 아니라 다양한 선택 수업ET을 통해 교과 수업

대학명	2014대입(7기)		2015대입(8기)		2016대입(9기)		2017대입(10기)		2018대입(11기)	
	수시	정시	수시	정시	수시	정시	수시	정시	수시	정시
재적	247		251		256		286		294	
서울대	61	35	34	32	47	37	41	39	36	25
고려대	40	39	65	23	46	15	46	16	49	17
연세대	34	46	45	43	30	42	39	50	34	42
SKY 소계	135 (59.5%)	120 (47.1%)	144 (59.5%)	98 (40.5%)	123 (56.7%)	94 (43.3%)	126 (54.5%)	105 (45.5%)	119 (58.6%)	84 (41.4%)
SKY 합계	255		242		217		231		203	
카이스트	7	1	15	0	21	0	20	0	22	0
포항공대	1		2	0	1	0	3	0	2	0
의대	6	22	22	32	19	24	22	30	40	25
치의대	2	7	6	6	3	6	2	8	3	6
한의대	0	23	2	7	0	14	0	10	1	7
의·치·한 소계	8 (13.3%)	52 (86.7%)	30 (40.0%)	45 (60.0%)	22 (33.3%)	44 (66.7%)	24 (33.3%)	48 (66.7%)	44 (53.7%)	38 (46.3%)
의·치·한 합계	60		75		66		72		82	

〈표8〉 용인외대부고 수시/정시 국내 대학 진학 실적(단위: 명)

심화 확장은 물론 비교과 활동까지 자신의 호기심에 따라 얼마든지 역량을 강화할 수 있는 시스템이 갖춰져 있다.

용인외대부고가 수능에 강하다고 해서 수능 중심 수업이 이루어 질 것으로 생각하는 사람들이 있는데, 실제는 그렇지 않다. 발표와 질의응답으로 이루어진 세미나식 수업, 토론과 토의, 팀 프로젝트 등 다양한 수업이 이루어진다.

자율적으로 구성되는 다양한 스터디그룹과 동아리 활동, 그 밖에 다양한 교내 프로그램을 통해 시너지가 나오고 스스로 성장 발전하는 학생들이 많다. 학교 수업에 충실하고 심화 학습을 하며 내공을 쌓은 학생들이 교육과정 안에서 출제되는 수능을 잘 보는 것은 어쩌면 당연한 일이다. 수시 전형을 위한 스토리도 이런 과정에서 자연스럽게 만들어진다.

용인외대부고에서는 진학 지도를 할 때 수능 모의고사 성적을 중요하게 본다. 왜냐하면 수시와 정시 중 어느 것이 학생에게 유리한지를 판단하는 지표가 되기 때문이다. 수능 경쟁력이 없을 경우에는 수시 6개 카드를 모두 쓰는 경우도 있다. 하지만 대개 수시에서는 정시로 갈 수 있는 수준의 대학을 고려하여 소신 지원하도록 한다. 수시에서 서울대 1장의 카드만 쓰는 학생도 꽤 있다.

예를 들어 어떤 학생이 모의고사에서 꾸준히 연고대권 합격이 가능한 성적이 나올 경우 수시에서 합·불이 결정되어 버리는 연세대 특기자 전형과 논술 전형(2018대입부터는 수능 후로 바뀜)에 지원하지 않도록 지도해 왔다.

2022대입 제도 개편에 따라 수시와 정시가 7대 3 정도로 유지될 경우 어떻게 될 것인가. 그간의 경험으로 볼 때 용인외대부고는 혁신적이고 유연한 최적의 대응을 할 가능성이 높다. 대학 입학 전형이 어떻게 바뀌든지 간에 학교 시스템으로 미루어볼 때 주요 대학 입시에서 용인외대부고의 힘은 더욱 강력해질 것이다.

05
다양한 과목, 배우고 가르치는 재미

한 번은 용인에 있는 K은행에 간 적이 있다. 상담하는 창구의 여직원이 내 신분을 보더니 "용인외고에 계시네요, 거기 수업료가 그리 비싸다면서요, 한 달에 수백만 원은 된다던데…"라고 말하는 것이었다. 외고 시절에는 지금보다 학비가 더 비쌌다고 해도 한 달에 수업료, 기숙사비, 식비 모두 포함한 납입금이 약 110만 원 정도였으니 처음 형성된 귀족학교 이미지가 참 오래가는구나 생각하며 웃고 말았다.

용인외대부고의 수업에 대해서도 세간에 형성된 프레임이 몇 가지 있는 것 같다. 영어로 수업한다, 수업이 빡세다, 과제가 많다 등이 그것이다. 사실은 조금 과장되거나 잘못 알려진 경우가 대부분이다. 외고 시절 영어 상용화를 위한 EBCEnglish Based Campus 정책을 강조하면서 그리 알려진 것 같다.

영어 상용화는 해외 유학을 준비하는 국제 과정에만 적용되고, 상용해야만 하는 공간도 파이오니아 홀 3층에 한한다. 과거에는 EBC 존에서 영어를 사용하지 않으면 벌점을 주기도 했으나 지금은 그런 문화가 사라졌다. 국제 과정은 영어 원서로 공부하고 시험 문제도 영어로 출제되는 것은 여전하다.

수업이 빡세다는 것은 주관적이어서 개인이 느끼기에 따라 다르겠지만, 분명한 것은 선행을 전제로 수업하지는 않는다. 다만 일반학교에 비해 진도 나가는 속도가 빠를 수는 있다.

가령 교육 과정 편제상 일반학교에서 1년 동안 배우는 통합 과학을 1학기에 끝내고, 2학기 때는 과학Ⅰ 과목을 이수한다. 2학년 때는 과학Ⅱ, 3학년 때는 고급 과학 등의 교과가 편재되어 있다 보니 진도가 빠른 편이긴 하다. 그렇다고 해서 선행 콤플렉스를 가질 필요는 없다. 선행보다는 복습을 철저히 하고 심화 학습을 하는 학생들이 최고 우등생의 자리를 차지하고 있으니 말이다.

그리스 철학자 소크라테스의 '너 자신을 알라'라는 말은 무지를 깨닫는 것이 앎의 시작이라는 교훈을 주는 명언이다. 용인외대부고의 수업 방식은 강의식 수업도 많지만, 질문하고 답하는 소크라테스식 수업이 일반화되어 있다. 토의와 토론, 발표와 질의응답, 팀 프로젝트 등 매우 다양하게 진행된다. 교사의 질문이 두려운 학생도 처음에는 겁을 먹다가도 나중에는 익숙해진다.

한번은 고3 어떤 여학생이 수학 시간만 다가오면 심쿵하다고 한 적이 있다. 오늘은 무슨 질문을 받을지 두려움 반 기대 반의 심정이라는 것이다. 합스에서는 대학교 심층 면접 고사를 따로 대비할 필요 없이 내공이 서서히 쌓이게 되어 있다.

용인외대부고의 수업은 크게 정규 수업Regular Tracks과 선택 수업 Elective Tracks으로 이루어져 있다. 여기에 잘 조직되어 있는 학술 동아리와 스터디그룹을 통해 학생들의 자율적 학습 활동이 이루어진다고 보면 된다.

정규 수업은 학교 교육 과정에 의해 편성된 교과 수업을 말한다. 용인외대부고의 정규 교육 과정은 무학년제와 교과교실제와 같은 유행을 따르지는 않는다. 한 학년 규모가 350명이나 되어(해외 유학을 준비하는 국제과정 포함) 시간표 운영 및 이동 수업이 비효율적이며, 수능까지 고려한 체계적 교육 과정 운영 및 학교 프로그램 운영에 적합하지 않다고 보기 때문이다.

학교의 교육 과정을 따라 공부하다 보면 학년이 올라갈수록 실력이 향상되며, 고3부터는 전국 최강의 실력을 갖출 수준으로 성적이 올라간다. 물론 저절로 그리 되는 것은 아니다. 교사와 학생들의 남모를 땀이 배여 있다. R&D, ARC, RC&P 등 대부분의 프로그램은 2학년 때 모두 끝난다. 창의연구논문도 3학년 진급 전에 마무리된다. 특기자 전형을 위한 TOEFL이나 TEPS 등 어학 인증이 필요한 학생 역시 2학년을 마칠 때까지 목표 점수를 취득하도록 한다.

3학년 때는 독서 활동과 창체 동아리 활동, 그리고 필요한 스터디 그룹 활동 정도를 하면서 일체의 대외 활동을 하지 않는다. 모든 역량을 교과 공부와 수능에 집중한다. 2학년 겨울방학 때 수능 전 과목을 미리 공부해 두는 학생들이 대부분이다.

자연계 학생들도 공부 분량이 많은 과학과 수학 과목을 수능 수준에 맞추어 2학년 겨울방학 때부터 본격적으로 공부한다. 2학년 때까지 다양한 수업을 받으며 심화 학습을 해 온 학생들에게 수능 준비가 크게 부담되는 일은 아니다. 주머니 속의 송곳이라는 뜻의 낭중지추囊中之錐라는 말이 있듯이 준비된 자의 내공은 서서히 드러나는 법이다.

ET는 정규 교육과정을 보완하는 방과 후 선택 수업이다. 최소 5명이 신청하면 개설되므로 메뉴가 매우 다양하고 학생들은 선택의 즐거움을 누리며 자율적으로 학습을 설계할 수 있다. 학교에서 교사 수급 등이 어려운 강좌는 외부에서 수혈하여 최대한 수요에 맞춘다. ET는 규모와 수업 방식의 유연성이 커서 소규모 교과 교실제의 대체재 역할을 한다.

2016학년도 1학기와 여름방학에는 129개 강좌가 개설되어 1,999명이 참여했고, 2016학년도 2학기와 겨울방학에는 111개 강좌에 1,343명이 수강하였다. 2017년에도 1학기와 여름방학에는 128개 강좌에 1,918명, 2학기와 겨울방학에는 72개 강좌에 908명이 수강하였다. 2018학년도 1학기와 여름방학에는 108개 강좌가 펼쳐진 가운데 1,800명의 학생이 참여하는 등 ET는 외대부고가 자랑하는 강력한 무기 중 하나가 되고 있다.

ET는 단순히 정규 수업에서 배운 교과 내용을 복습하는 과정은 없다. 심화 학습, 관심 분야에 대한 지적 호기심 충족, 특별한 역량 강화 등을 목적으로 개설한다.

매년 1학기에는 대학과정 선 이수 과목인 AP_{Advanced Placement} 과목도 다양하게 개설된다. AP Calculus BC, AP Microeconomics, AP Macroeconomics, AP World History, AP Comparative Government and Politics, AP U.S. Government and Politics, AP Psychology, AP Computer Science, AP Biology, AP Chemistry, AP Physics, AP Statistics, AP English Language, AP French Language and Culture, AP Chinese Language and Culture, AP Spanish Language and Culture, AP Japanese Language and Culture, AP Music Theory 등이 개설되며 미국 대학 입학을 위한 SAT 강좌도 있다.

고3 학생들을 위한 수능 과목은 물론 물리, 화학, 생물 논술, 수리 논술, 인문 논술 등 강좌도 있다. 영어, 중국어, 일본어, 프랑스어, 독일어, 스페인어 등 각종 어학 인증을 위한 강좌도 꾸준히 개설된다. 라틴어 강좌도 어학과 서양 문화에 관심 있는 학생에게 인기가 높다. 시사문제 탐구 및 토론, 글쓰기, MOOC 등의 강좌도 꾸준히 학생들의 인기를 끈다. 고전역학, 바이오 인포매틱스, 빅데이터 통계학, 인공지능 개론, 해킹과 암호학, 선형대수학, 일반물리학, 해외논문 작성반 등 학생들의 지적 호기심을 충족할 학구적인 강좌가 많다. 이 밖에 요가와 명상, 라크로스, 플래그 풋볼, 배구, 배드민턴, 웨이트 트레이닝 등 체력 관리를 위한 강좌도 다채롭다.

용인외고라는 이름으로 9년(2005년~2014년 2월), 용인외대부고라는 이름으로 5년 가까운 시간이 흐르면서 우수한 인재가 많이 모이다 보니 가르치는 교사들의 노력도 남다르다고 하겠다.

지금은 대외 수상 실적을 생활기록부에 기재할 수 없고, 대입 특기자 전형 외에 학생부 위주 전형에 써먹을 수 없다 보니 시들해졌지만 예전에는 외부 대회에 적극 출전했고 각종 전국대회에서 상을 휩쓸다시피 했다. 그러니 그 학생들을 지도해야 하는 선생님들은 나름 즐거운 고충을 겪기도 했다.

특히 영어와 수학 선생님들의 고충이 크다. 외고 시절 영어 선생님들은 변별력을 확보하고자 난이도 높은 문제를 출제하기 위해 무척 애를 썼다. 보기 제시형도 아닌 5지 선택지에서 있는 대로 모두 고르라는 문제를 내기도 했는데 학생들 입장에서는 매우 피곤한 문제 유형이었다. 사실 피해야 하는 출제 기법임에도 교과 선생님의 입장에서 보면 오죽했으면 그랬을까 싶기도 하다.

자사고 전환 이후 전국의 수학 고수들이 대거 몰려들면서 수학 선생님들은 연구와 강의에 더욱 긴장감 있게 나서야 하는 상황이 되었다. 학생들끼리 해결이 안 되어 가져오는 질문을 즉석에서 해결하기 위해 나섰다가 난관에 부딪히거나 문제의 오류를 발견하는 경우도 많다.

수업을 준비하고 문제를 출제할 때의 어려움은 있지만 수업 자체는 엄청 재미있다. 수업 시간에 졸거나 딴짓하는 학생이 거의 없고 눈동자가 빛나다 보니 수업하는 맛이 쏠쏠하다. 질의응답을 하는 과정에서 생각이 확장되고 발전하는 모습을 볼 때면 나 또한 기쁘기 그지없다. 맹자는 군자삼락君子三樂 중 셋째가 '천하의 영재를 얻어 교육하는 것'이라는 데 이 학교에서 수업하는 선생으로서 누릴 수 있는 행복이 아닐까 한다.

06
공부 괴물들의 사랑과 일탈

《하버드의 공부벌레들》이라는 책이 있었다. 미국에서 드라마로도 만들어져서 우리나라에서도 큰 인기를 끌었다. 내 학창시절의 일이니 꽤 오래된 얘기다.

요즘 아이들은 옛날 학생들처럼 무식하게 책만 파는 공부는 하지 않는다. 다양한 대학 진학의 길이 있기 때문이기도 하지만 공부하는 방법과 문화 자체가 바뀌었다. 커피 전문점이나 카페에서 음료 하나 시켜놓고 몇 시간씩 공부하는 것이 일상의 일이 되었다. 독서실도 카페 스타일로 고급화되어 개인 룸, 그룹스터디 룸 등 다양하게 갖춰졌다.

외대부고 아이들은 칸막이 있는 도서관에서 혼자 책을 독파하는 식의 공부보다는 서너 명이 모여 책을 함께 읽고 발표하며 질의 응답하는 세미나식 공부를 즐긴다. 다양한 동아리와 스터디그룹이 활성화되어 있고 저녁 시간과 주말을 함께 보낼 수 있는 기숙학교 환경이 이러한 공부 문화에 일조한 것으로 보인다. 수준이 비슷한 아이들이 모여 공부하다 보니 시너지가 생긴다.

전국에서 공부로 둘째가라면 서러운 아이들이 모여 있는 이곳 기숙학교에 책장 넘기는 소리만 요란한 건 아니다. 공부 괴물도 많고 특정 분야에 전문가 수준으로 빠져든 마니아도 많지만 인간미 넘치는 청년들이 살고 있다.

희로애락이 있고 사랑과 낭만이 꽃핀다. 여러 동아리를 통해 선후배 관계, 친구 관계가 자연스럽게 형성되고 소통이 긴밀하다 보니 분홍빛 감정이 싹트지 않을 수 없다. 그렇다고 학교에서 이성교제를 허용하는 것은 아니다. 마음이 오고 가는 것은 어찌할 도리가 없지만 정도를 넘는 이성교제에는 단호히 대처한다.

학교 선도 규정에는 강력한 벌점 제도가 있었다. 남녀 학생 단 둘이 밀폐된 공간에 있거나 스킨십 행위가 적발되면 쓰리 아웃 규정이 적용되어 퇴학을 전제로 처분이 내려진다. 이재정 교육감이 경기도 교육을 맡은 이후 벌점 제도가 없어졌지만, 기숙학교의 질서 유지 차원에서 깊은 이성교제에 대한 강력한 처벌은 여전하다.

지금도 기억 속에 남아 있는 가슴 아픈 일이 있다. 2006년도의 일이다. 당시에는 기숙사 B동을 짓고 있었고, A동의 5층까지를 여학생이 쓰고(6층은 사감 선생님 사용), 7층에서 10층까지를 남학생이 사용했다. 남학생이 여학생층에, 여학생이 남학생층에 오는 행위 자체가 엄격히 금지되어 퇴학 사유였다.

그런데 일이 터지고 말았다. 2기 신입생으로 들어온 영어과 여학생이 당시 2학년이던 1기 남학생에게 마음이 있었다. 롤 콜 이후 인터폰으로 1기 선배에게 AP Micro Economics 책을 빌리러 올라가겠다고 한 것이다. 당황한 1기 남학생은 "여기 올라오면 안 돼~" 라고 서둘러 말했지만 이미 인터폰은 끊겼다. 이 학생은 큰일 났다며 다른 방으로 피신했고, 대신 친구 두 명이 그 남학생 방으로 가서 이미 와 있는 여학생 후배를 설득했다. 당장 내려가야 한다고, 사감 선생님께 들키면 큰일 난다고 달랬다. 1시간여 동안 선배 남학생 방에 머문 이 순진한 여자 신입생은 그대로 그 방을 나올 수밖에 없었다.

아뿔싸! 하필 그때 중국어과 남학생 한 명이 그 여학생을 목격하게 된다. 순진한 이 남학생은 다음날 아침 사감 선생님께 그 사실을 말했고, 사감은 CCTV를 돌려 사실 확인을 한 후 학교에 정식 보고하게 된다.

당시 학교로서는 신설 기숙학교로서의 질서를 유지하기 위해 규율을 엄격히 적용할 수밖에 없었다. 그 학생은 규정은 알았지만 설마설마하다가 이렇게 되었다고, 후회한다고 말했다.

선도위원회는 읍참마속의 심정으로 그 여학생에게 최고 수준의 처분을 내렸다. 그 학생은 입학한 지 한 달여 만에 그토록 동경하던 새 교복의 빳빳한 풀기가 가시기도 전에 학교를 뒤로했다. 스킨십은

커녕 좋아하는 선배의 손도 못 잡아보고 학교를 나간 전설 같은 실화다. 학교로서는 미성년자의 남녀 관계만큼은 엄격할 수밖에 없는 게 현실이지만 참으로 가슴 아픈 일로 남아있다.

이런 일이 생기면 학교는 학생의 마음을 가라앉히고 동요하지 않도록 각별히 신경 써야 하고, 학생의 신상과 처벌 내용이 공연히 회자되지 않도록 주의해야 한다. 그 후 두 학생은 선도위원회에 회부되어 학교를 나갔다. 이런 기억을 떠올릴 때면 늘 가슴이 아프다. 이 밖에도 엘리베이터 포옹 사건, 우산 속 포옹 사건, 악기보관실 사건 등 적지 않은 핑크빛 청춘들의 사연이 이 학교의 역사와 함께 한다.

용인외대부고는 여학생의 치마 길이와 두발 단속을 하지 않는다. 자유롭게 놔둔다. 핸드폰도 수업과 자습 공간에서 남에게 방해되지 않는 범위에서 전면 허용한다. 대신 드레스 코드가 있어 웨스턴 스타일, 오리엔탈 스타일, 자유복 등을 요일에 따라 정해진 교복을 갖춰 입어야 한다. 그 외의 부분에서는 매우 자유롭다.

교사들은 학생을 규제의 대상이 아니라 질의응답과 토론의 상대로 대한다. 그러나 청소년기의 아이들은 역시 소소한 일탈을 감행하고 그러한 행위에서 일종의 해방감을 느끼는 것 같다.

전원 기숙학교이다 보니, 소위 '신의 급식'이라는 양질의 급식이 제공됨에도 불구하고 학생들은 외부 음식의 유혹에서 자유롭지 못하다. 학생들은 각종 학교 행사, 동아리 활동이나 시험이 끝난 후 외부에서 치킨을 몰래 시켜먹는 것이 낙이다. 운동장 끝에 쓰레기장이 있고 그곳을 통해 학생들은 오토바이 배달부와 비밀 접선한다. 운동장 쪽에서 가방을 매고 걸어오는 아이들을 잡아 확인하면 가방 속에 치킨이 들어있다. 이걸 알면서도 선생들은 살짝 눈감아주곤 한다. 얼마나 치킨이 먹고 싶었을까 하는 측은지심이 학교 질서 수호자의 임무를 잠시 방기하게 한다.

간혹 뉴스에 학교 급식으로 인한 식중독 사고라도 보도되면 학교는 예민해진다. 역학 조사를 통해 원인을 규명해야 하기 때문에 외부 음식 반입을 더욱 철저히 통제해야 한다. 학교에서는 고민 끝에 운동장 끝 쓰레기장 부근에 CCTV를 달았다. 하지만 아이들의 식욕과 잔머리를 당해낼 수 없다.

학생들과 모의한 외부 업자가 학부모를 가장하여 자가용에 치킨을 싣고 지하 주차장까지 들어와 학생들과 접선하는 상황이 벌어진 것이다. 지하 주차장에서 가방을 매고 서성이고 있는 학생의 십중팔구는 치킨 차를 기다리고 있다고 보면 된다. 주말에 퍼미션 permission(허락)을 얻어 얼마든지 외출할 수 있는데 아이들은 굳이 일탈의 스릴감을 느끼려고 한다. 재미가 쏠쏠한 모양이다.

학교의 대응도 진화할 수밖에 없다. 모든 학부모의 차량을 등록하게 하였고, 경비 업체를 외부 전문 업체로 교체하였으며, 차량인식기가 부착된 자동 차단기로 무장하고 정문 외부인 출입 통제를 강화하였다.

잠시 뜸해진 학생들의 치킨 배달은 어찌될 것인가, 그들의 작은 욕망은 어떻게 배출될 것인가, 궁금해진다. 그래도 이 정도는 5대 중점 사안에 비하면 애교 있는 일탈에 속한다. 합스에서 심각하게 여기는 5대 중점 사안은 이성 간 스킨십, 절도, 폭력, 음주, 흡연 등이다. 최근 합스 뿐만 아니라 각 학교마다 SNS 상에서 이루어지는 학교폭력 문제가 크게 늘었다. 학교도 작은 사회인만큼 명예훼손, 모욕, 집단 따돌림 등 기존의 오프라인 폭력과는 다른 새로운 형태의 폭력에 대해 교육과 홍보를 강화하고 있다.

수능이 끝나고 겨울방학 전까지 3학년부는 비상 상황이다. 성적 분석과 면접 준비 등으로 비상 상황이기도 하지만, 기강이 풀어진 학생들의 일탈 가능성이 증가하여 긴장이 높아진다. 실제 밖에서 몰래 사 온 술을 기숙사에서 마시다가 적발되는 사례가 여러 번 있었다. 그 학생들은 안타깝게도 모든 수상에서 배제되고 졸업식장에서 대표 연설도 못하게 된다.

졸업을 앞둔 아이들의 심정을 이해하지만 학교라는 곳이 규율이 있는 공동체다 보니 안타까운 의사결정을 해야 할 때가 있다. 그래도 그 녀석들이 더 기억에 남는 것은 인지상정인가 싶다. 학창 시절에 일탈로 인해 재미를 느꼈든 아픔을 느꼈든 모두 감당할만한 나이에 겪은 성장통이라 여기고 싶다.

07
아낌없이 주는 나무

소년에게 열매, 가지, 줄기, 그루터기까지 모든 것을 다 주면서도 행복해 하는 사과나무 이야기를 그린《아낌없이 주는 나무The Giving Tree》(1964)라는 그림책이 있다. 외고 시절부터 용인외대부고는 아낌없이 주는 나무와 같이 수많은 교육 성과와 프로그램을 전파하면서 우리나라 교육의 질 향상에 기여해 왔다.

몇 해 전 지방의 S고 교장선생님이 교감 두 분과 각 부장선생님들을 대동하고 우리 학교를 방문했다. 정시 실적이 매우 우수하여 전국적으로 유명한 자사고다. 당시 서울대 교수 출신으로서 S고에 새로 부임한 지 얼마 되지 않았던 그 교장선생님은 용인외대부고가 정시에 강하면서 어떻게 수시에도 강한지 궁금해했다.

"S고의 커리큘럼은 너무 타이트하니 시수를 줄여서라도 7~8교시를 확보하고 아이들을 자유롭게 풀어 놓아라"는 취지로 조언했다. 그 학교 교장선생님은 나중에 또 다시 본교를 방문했다. 학교에 돌아가 논의해 봤더니 선생님들의 이해를 구하기가 어렵다고 했다. 주요 과목 수업 시수를 줄이면 당장 수능이 걱정이고, 아이들을 풀어 놓으면 무질서하게 방치하는 꼴이 아니냐는 것이다. 두 번씩이나 방문한 그 학교와 용인외대부고의 프로그램과 교육 방침에 대해 많은 이야기를 나눴지만, 그 학교의 수시 진학 실적은 전혀 나아지지 않았다. 기존의 학교 전통과 관행을 바꾸기가 그만큼 어려운가 보다. 교사들이 변하지 않으면 학교가 변할 수 없다.

이밖에도 많은 학교들이 외대부고를 방문하여 교육 성과와 프로그램을 공유하고 있다. 1인 1기(운동. 악기), 소논문 제도, 동아리 운영 등 외대부고의 다양한 프로그램은 다른 학교들이 벤치마킹하여 널리 확산되었다. 국내에는 생소한 라크로스라는 운동도 용인외고 1기부터 시작하여 지금은 전국 리그가 생길 정도로 선도하고 있다. 그동안 하나고, 인천하늘고, 한민고, 충남삼성고, 현대청운고, 광양제철고, 공주한일고, 서울국제고, 청심국제고, 대구외고, 경기외고, 동두천외고, 전북외고, 제주 대기고, 부산광역시 고교 교장단, 광주 숭덕고, 광주 광덕고, 천안 중앙고, 영광 해룡고, 안양 신성고, 포천 관인고 등 여러 학교들이 합스를 방문하여 학교 프로그램과 운영을 보고 갔다. 외국의 대학과 고등학교들도 매년 방문한다.

용인외대부고는 늘 그래왔듯이 아낌없이 주는 나무다. 나 역시 진학을 책임지고 있는 고3 부장으로서 다른 학교의 모범 사례를 배우기 위해 애썼을 뿐만 아니라, 외대부고 진학에 대해 궁금해 하는 곳이 있다면 방문하여 강연을 하는 등 도움을 아끼지 않았다.

현재는 특목고와 자사고의 존폐 문제가 이슈가 되어 있는 상황이다. '특목고와 자사고를 폐지하는 것에 찬성하나요?'라는 설문을 하면 당연히 찬성하는 사람이 많을 것이다. 특목고와 자사고가 대다수 학부모에게는 남의 일로 여겨지기 때문이다. 그러니 특목고와 자사고 폐지는 정치를 하는 입장에서는 표를 얻기 쉬운 길 중 하나다.

특목고 중에서는 과학고와 영재고를 제외하고 외고와 국제고가 폐지 대상이다. 폐지론자들은 '학교 서열화를 완화해 모든 고등학교에서 다양하고 창의적인 교육을 보장하기 위해서'라고 한다. 폐지 반대론자들은 '학생과 학부모의 학교 선택권을 침해하고 학생 수준에 맞는 교육을 어렵게 해 교육의 하향평준화를 가져올 것'을 우려한다.

만약 실제로 외고와 자사고를 모두 폐지하게 된다면 어떤 현상이 나타날까. 당장 '강남 8학군'이 부활하여 강남 부동산 상승에 기름을 붓게 될 것이다. 국내 교육에 만족하지 못하는 일부 부유층의 해외 유학 열풍이 재현될 것이다.

일반고에서 갑자기 교육이 살아나면서 다양하고 창의적인 교육이 실현될까. 그렇게 믿는다면 진짜 순진한 발상이다. 현재 잘하고 있는 특목·자사고의 시스템을 차라리 일반고에 이식하여 활성화하는 편이 낫다.

전국 10개의 자사고와 30개의 외고를 없애고 그 학생들이 일반고로 흩어졌다고 가정해보자. 3만 명의 학생이 대략 2천 개의 일반고로 흩어지면 한 학교당 15명, 한 반에 1명 정도의 학생이 섞여 있게 된다. 이 학생들이 있다고 해서 붕괴된 교실을 되살릴 불씨가 될리도 없다. 오히려 기존 일반고 학생들의 내신 성적을 잠식하는 결과를 초래할 것이다. 1등급대 내신을 받던 학생들이 2등급으로, 2등급은 3등급으로 밀리게 되는 것이다. 그나마 최상위권 학생의 빈자리에서 좋은 내신을 받아 상위권 대학에 학생부 위주 전형으로 진학했던 학생들이 그 밑으로 밀리게 될 것이다.

교육 당국이 이런 부작용을 모른다면 무지한 것이고, 알면서도 밀어붙이는 것이라면 포퓰리즘적 아집과 다름없다. 그동안 외고와 자사고는 해외 유학 수요와 양질의 수월성 교육을 받고자 하는 수요를 흡수해왔을 뿐만 아니라 다양하고 혁신적인 교육 실험을 선도해왔다는 사실을 간과해서는 안 된다.

특목·자사고 폐지를 주장하는 일부 언론과 교육감들은 이들 학교가 설립 목적을 상실하고 입시 교육 기관으로 전락했다고 말한다. 이 또한 완전 허구다. 아이들을 교육하기 위한 다양한 프로그램과 노력을 보고도 그런 판단을 할 수는 없다.

가령 용인외대부고만 하더라도 교육의 첫 번째 모토는 인성 교육이다. 그 다음이 자율성, 창의성 교육이다. 입시에서의 탁월한 성과는 학교 교육의 자연스런 결과물일 뿐이지 입시 위주의 교육을 한다는 것은 허위 프레임에 불과하다.

의견이 다를 때 다수결 카드를 쉽게 꺼내지만 사실 다수결은 차선이지 최선이 아니다. 지구가 태양 주위를 도는지 다수결로 정할 수 없는 것처럼 다수의 의견이 만사 결정의 기준이 될 수 없다.

교육 정책 역시 다수결을 무턱대고 따를 수 없는 영역이다. 교육을 백년지대계百年之大計라 하는 이유는 미래 인재를 양성하는 것이 국가 미래의 향방을 결정할 정도로 중요하기 때문이다. 그런 중차대한 정책을 다수결로 정하는 나라는 없다. 우리의 교육 정책은 백년지대계는 커녕 조령모개朝令暮改이다. 애꿎은 학생과 학부모만 늘 갈피를 못 잡고 혼란스럽다.

최근 광역 자사고 중 서울 대성고가 일반고로의 전환이 확정됐다(2018년). 2015년에 서울 미림여고와 우신고가 자사고에서 일반고로 전환한 데 이어 상당수의 광역 자사고들이 일반고로 스스로 전환할 가능성이 있다. 외고 중에서는 지난 4월 강원외고에 이어 7월에는 부산국제외고가 일반고 전환 신청서를 제출했다. 이처럼 학령인구 감소와 모집 정원 부족 등 학교의 사정에 따라 자발적으로 전환하도록 해야지 학교 운영 주체인 재단의 뜻에 반해 강제로 전환시키겠다는 발상은 위험하다. 분명 돌이킬 수 없는 역효과를 발생시킬 것이기에 거듭 신중을 기해야 한다.

조희연 서울시 교육감도 전면적 폐지의 부작용과 폐해를 알고 있는지 최근 한 언론과의 인터뷰에서 "전국 단위로 학생을 선발하는 옛 자사고와 이명박 정부에서 급격하게 늘어난 자사고를 분리해 단계적으로 폐지해야 한다."며 한발 물러서는 모습을 보였다. 쉽게 말해 MB정부의 '고교 다양화 300 프로젝트'에 따라 전국에 확대된 33곳의 광역 자사고를 우선 일반고로 전환하겠다는 것이다. 10곳의 전국 단위 자사고까지 일거에 폐지하는 무리수를 두지는 않겠다는 의미이기도 하다.

용인외대부고는 자사고 전환 이후 새로운 도전에 직면해 있다. 당장 올해부터 계열 구분 없이 신입생을 뽑아야 하고, 교육과정도 변화에 대응해야 한다. 어떻게 유학반의 정체성을 유지할 지도 해결해야 할 과제이고, 지나친 의대 선호 현상도 바람직하지 않다고 보고 대응책 마련에 고심이다. 2015개정 교육과정에 맞게 현재 1학년부터 융합 교육을 해야 하는 등 새로운 환경에 걸맞은 응전을 준비 중이다.

잘 나가는 자식이 있으면 그 성과를 공유하고 따라 해서 함께 잘살 길을 모색해야지 그 자식의 기를 꺾어 다함께 못살게 하는 게 바람직하겠는가. 전국의 많은 학교에 신선한 바람을 일으키며 새로운 교육의 산파 역할을 하고 있는 이런 학교를 없애고 하향평준화를 할 것인가 되묻고 싶다.

정부 지원을 전혀 받지 않는 전국 자사고 10곳의 문을 닫고 일반고로 전환하게 되면 그만큼 정부 예산이 투입되게 된다. 용인외대부고 1년 예산이 200억 가까이 되니 어림잡아 매년 1,500억 원 가량의 자금이 필요하게 될 것이다. 게다가 30개 외고와 7개 국제고까지 없앨 경우 대략 3,700억 원이 든다. 도합 5천 억 원의 세금이 매년 추가로 들어갈 것이다. 차라리 그럴 돈으로 열악한 일반 학교들의 책걸상 교체, 화장실 개선, 빔 프로젝터 교체, 실험장비나 3D 프린터 구입 등 교육 여건 개선을 하는 것이 낫지 않을까.

5장

———

대학 입시
이렇게
준비했다

———

01
공부는 마음수련이다

11기 인문사회과정 강노윤 (서울대 경제학부 18학번 수시 합격)

글을 모르는 서당개와 다름없었던 나는 3년 동안 모현면 산골짜기에서 부지런히 배워 초등학교 때부터 꿈꾸던 서울대학교 경제학부에 입학했다. 모현면은 2017년 말 '읍'으로 격상되었으므로 지난 3년의 대부분을 모현'면'에서 보낸 셈이다. '서당개 3년이면 풍월을 읊는다'는 속담처럼 정말 모현면 3년이면 대학에 가더라.

돌아보면 즐겁고 편안한 날들만 있었던 건 아니다. 겉으로는 화려해보일지 몰라도 속맘은 새까맣게 타들어갔던 적도 많다. 그렇지만 지금도 모현에서 학업에 매진하고 있을 후배들에게 조금이나마 도움이 되기를 바라는 마음으로 지난 시간들을 진솔하게 되짚어본다.

공부는 평상심을 갖고 수련하듯 하라

공부는 후회를 남기지 않을 정도로 열심히 했다. 성적이 잘 나오든 못 나오든 더 하고자 하는 마음이 강했다. 3년 내내 2점대 전후의 내신 평점을 유지하고, 수능에서도 만족할만한 점수(사회문화에서 -2점)를 얻은 것은 그만한 노력의 대가라고 본다.

비상한 두뇌를 가진 것도 아니고 탁월한 암기법도 없었다. 매일 같은 시간에 일어나 해야 할 공부를 하고 식사하고 산책하고 정해진 시간에 잠을 잤다. 철저히 계획적 생활이 몸에 배이다 보니 널뛰기 없이 매우 안정적인 성적을 유지할 수 있었고 모의고사와 수능에서도 흔들림이 없었다.

매일 6시 40분에 조등(조기 등교)해서 공부하다가 7시 40분에 아침을 먹고 5분쯤 산책한 후 아침 조회 전까지 열람실에서 공부했다. 점심과 저녁 시간도 식사하고 산책한 후에는 교실에서 공부했고 7시가 되면 열람실에 가서 11시 30분까지 공부하다가 열람실 불을 끄고 나왔다. 새벽에는 나보다 일찍 오는 친구들이 있어 불을 켜본 날이 드물지만 밤에는 내가 불을 끄는 날이 많았다. 기숙사에 올라가서는 12시 10분까지 씻고 롤콜하고 룸메이트나 옆방 친구들과 가벼운 수다를 떨다가 1시까지 공부하고 잠에 들었다.

피곤할 때는 30분쯤 일찍 잠에 들기도 했지만 하루 평균 6시간의 수면 시간을 유지했고, 깨어있을 때 불필요한 시간을 없애고 최대한 공부에 몰입했다. 매일 같은 열람실을 다녔기 때문에 조등 메이트 V

홀 3층과 2층 대형 열람실, 내신 메이트 D홀 5층 열람실과 C홀 2층 열람실 등은 정이 많이 들었다.

규칙적인 생활을 하다 보니 여간해서는 감기도 안 걸리는 좋은 컨디션으로 지치지 않고 공부할 수 있었다. 일부 합스인들은 시험 기간에 새벽녘까지 공부하고, 다음날 학교에서 잠을 보충하기도 하는데 이는 매우 효율적이지 않고 빨리 번 아웃되는 지름길이다. 자신에게 맞는 생활 패턴을 찾아 매일 꾸준히 지키는 것이 중요하다고 생각한다. 내게 공부는 편안하고 익숙한 마음수련의 과정이었다.

기본서 반복 학습의 힘을 느껴라

공부에 방법이 있다면 공들여 단권화한 기본서를 반복해서 공부하는 것이다. 내신이라면 교과서나 수업 교재가 기본서이고, 수능이라면 개념서와 기출문제(국어, 수학) 혹은 교과서나 수업 교재(영어, 한국사, 사회 탐구, 제2외국어)가 기본서이다. 쏟아지는 문제집을 푸는 데 급급하면 미세한 개념의 빈틈을 채울 수 없고, 문제에서 봤던 특이한 선택지나 참신한 아이디어도 쌓이지 않는다.

우선 기본서를 여러 번 밑줄치고 정독하면서 이해한 후에 기출 문제집을 천천히 푼다. 쉬운 문제이든 어려운 문제이든 몰아치지 말고 신중하게 푸는 것이 중요하다. 문제를 풀고 나면 반드시 채점해야 하고, 맞춘 문제와 틀린 문제를 모두 다시 읽으면서 애매했던 선택지와 어려웠던 아이디어를 답지의 도움을 받아 해결한다. 그 후

다시 읽으면서 기본서의 해당 부분을 펴놓고 특이한 선택지나 참신한 아이디어를 이해하고, 필요한 내용은 포스트잇의 도움을 받아 공들여 단권화한다.

때로는 대여섯 권의 문제집을 쌓아놓고 푸는 옆자리 친구를 보면서 조급해질 때도 있었지만, 문제를 많이 푼 사람이 아니라 개념을 잘 알고 기출 문제까지 섭렵한 사람이 이긴다고 되뇌며 버텼다. 그래서 고3 때 어떤 친구들은 나를 '베리타스충(베리타스는 우리학교 법과정치 수업 교재임)', '수특충(ebs 수능특강)', '교과서충', '마더텅충(기출문제집 중 하나)'이라고 놀렸다. 하지만 수능 1달 전이 되자 "기출 문제와 EBS라도 제대로 정리할 걸 그랬다."며 땅을 치는 친구들이 많았다.

내신은 수업 집중과 자습 시간 확보가 핵심

내신은 모든 합스인의 고민이다. 내신에 따라 수시에 집중할지 정시에 집중할지 정해지고, 이에 따라 R&D, 동아리 활동, 학생회 활동, 교내경시대회, 임원 활동, ET(방과 후 선택 수업)에 배분하는 시간과 전략이 달라지기 때문이다.

내신이 우리의 능력을 완전히 반영하지 않는다는 것을 잘 알지만 과목별 등급에 마음이 쓰이는 것은 어쩔 수 없다. 한 과목 한 문제에 울고 웃었고 학기말에 꼬리표에 찍혀 나오는 등급을 확인할 때마다 가슴 졸였던 기억이 생생하다. 나에 대한 선생님과 친구들의 기대에 찬 시선이 때로는 부담스러웠고 '내 자리를 지키고 싶다'는 욕심도 가끔 나를 힘들게 하기도 했다. 하지만 머리가 복잡해질수록 공부에 집중했고, 공부할 때만큼은 즐거웠고 행복했다.

내신 성적을 잘 받는 길은 의외로 평범한 데 있다. '자신이 혼자 공부할 수 있는 시간'을 확보하는 것이 가장 중요하다. 아침 자습 시간에 미리 예습하면서 최소한 2번은 교과서나 수업 교재 내용을 정독한다. 수업 시간에는 절대 졸지 말고 최대한 집중하면서 선생님 강의의 핵심을 바로 필기한다. 야자 시간에 복습하면서 교과서나 수업 교재 내용과 선생님 필기를 반복적으로 읽고 통합적으로 이해한다. 어려운 내용은 열람실 옆자리 친구나 선생님들께 질문하거나 자세한 참고서를 뒤적이며 해결한다.

주말에는 일주일 동안 배운 모든 과목을 복습하면서 문제집을 풀어보거나 다음 내용을 예습한다. 주말에 귀가했지만 학원에 가지 않고 하루 종일 집에서 혼자 공부했다. 집이 편해서 금요일 밤늦게 집에 가면 일요일 밤에 학교 갈 때까지 밖에 나오지 않은 적도 많았다. 방학 때도 운동가거나 가끔 외식할 때를 제외하고는 하루 종일 집에서 혼자 공부했다. 혼자 공부하는 맛을 알면 그것이 '진짜' 공부라고 경험적으로 확신한다.

학원에 의존하면 자료는 풍족할 수 있어도 그것이 온전히 자기 실력으로 된다는 보장이 없으며 정작 교과서나 수업 교재에 소홀해질 수 있다. 혼자 공부하면 자료는 부족해도 친구들과 선생님들께 질문하며 실력이 늘고 교과서나 수업 교재에 매우 충실해지며 학교

생활에 더욱 몰입할 수 있다.

이렇게 합스 안에서 부지런히 배우다보면 소모적인 암기 경쟁이 아니라 넓고 깊은 지식을 배우며 내신 공부를 하게 되고, 자연스럽게 수능 공부로 연결된다.

생기부는 학교 수업 기본, 연계 활동 중요

학교생활에 충실하면 학교생활기록부(이하 생기부)는 자연스럽게 풍성해진다. 대부분 연계 활동의 시작은 교과 수업에서 비롯되기 때문이다. 수업 시간에 이루어지는 개인별·팀별 탐구 활동과 발표, 에세이 작성, 조별 토의와 팀 티칭 등 다양한 수행 평가에서 학생의 진로와 지적호기심이 명확하게 드러난다.

진로를 미리 정한 학생이라면 그 진로와 관련된 활동을 하는 것이 좋고, 진로를 미리 정하지 못한 학생이라면 자신의 지난 활동을 모아 들여다보면서 진로의 방향을 잡을 수 있다. 이때 풍부한 독서 경험이 기반이 된다면 좋다(독서활동과 연계).

읽은 책 중에서 《불평등의 대가The Price of Inequality》, 《총, 균, 쇠Guns, Germs, and Steel》, 《생각에 관한 생각Thinking, Fast and Slow》처럼 경제적 불평등과 행동경제학에 대한 관심을 보여줄 수 있는 책들을 활용하여 수행 평가와 R&D 활동 성과를 풍성하게 했다. 특히 R&D를 통해 많은 책을 읽었다. 4번의 R&D 모두 조장을 맡아 이끌었기 때문에 삶의 질은 낮았다. 바쁜 시간을 쪼개 책을 읽고 활동 계획을 세우고 자료 조사까지 하는 것이 쉽지 않았지만, 그만큼 책임감을 가지고 알차게 활동했다. 그 결과 3번 수상했고 그중 한번은 대상도 받았는데, 조원들과 경복궁과 성균관 탐방도 다녀오고 200쪽짜리 영문 보고서를 제출하는 등 수많은 우여곡절을 겪은 보람이 있었다.

간혹 시간에 쫓기다보면 주된 책을 제대로 탐구하지 않고 관련 책들을 많이 추가해서 분량을 늘려보자는 유혹을 받는데, 그보다는 주된 책을 주제별로 제대로 토의하는 것이 지적 성장에 이롭고 R&D의 본질에 부합된다고 생각한다. 수상은 자연스럽게 따라오는 것이니 특별히 의식하지 말고 활동 자체를 즐기는 것이 중요하다.

학원 갈 시간이 있거든 차라리 부족한 공부를 보충하거나 친구들과 스터디그룹 활동을 하거나 독서를 하거나 운동하거나 쉬는 게 좋다. 주중에는 공부에 집중하고 평상시 주중, 주말, 방학에 늘 개설되는 매우 좋은 ET들을 들어라. 그런 것들로 생활기록부를 채우다 보면 연계 활동, 지적 호기심을 충족하는 자기만의 색깔이 들어가 있는 학생부 종합전형의 스토리가 만들어질 것이다.

동아리 활동은 선택과 집중하라

동아리는 선택과 집중이 필요하다. 합스에는 좋은 동아리들이 매우 많지만, 시간의 제약이 있으므로 그중 정말 하고 싶은 동아리를 선택해 집중하는 게 좋다. 경제경영동아리 The Economist, 영어토론동아리 COGITO, 우리말 토론동아리 AGORA에서 활동하며 내가 정말 좋아하는 경제학을 공부하고, 영어 토론과 우리말 토론을 즐길 수 있었다.

The Economist에서는 부장을 맡아 다른 학교 동아리들과 연합해 중·고생을 대상으로 TES 틴경제세미나를 열면서 열정을 쏟았다. COGITO에서는 매주 영어토론을 하면서 여러 영어토론대회에 참가해 좋은 성과를 냈고, 교내에서 주최한 HAFS Debate Contest에선 최고 심사위원상을 받기도 했다. AGORA에서는 매주 우리말 토론을 하면서 마음이 맞는 부원들과 교내 토론대회에 참여하여 우수한 성과를 얻었다.

활발히 활동하기로 유명한 학술 동아리들에 가입한 탓에 활동이 겹칠 때는 정말 바빴지만 뛰어난 친구들과 역동적으로 활동하는 게 즐거웠다. 흔히 동아리를 열심히 하면 내신이 떨어지니 적당히 드랍하라고 하지만, 내 경우는 오히려 동아리에서 지치지 않고 공부할 원동력을 얻었다. 중요한 것은 자신이 감당할 수 있는 범위에서 즐겁게 활동하는 것이 아닐까 한다.

학생자치활동을 경험해보는 것도 좋다. 회장, 부회장도 좋고 GLM Global Leaders Monitor도 좋고 학생회도 좋다. 3학년 1학기 때 학급회장으로 봉사하면서 소소한 어려움도 많았지만 그만큼 배운 것도 많았다. 합스 학생들은 학내 이슈에 큰 관심을 가지고 있으며, 문제가 발생하면 공론화하여 토론하는 좋은 문화를 갖고 있다. 앞으로도 학생들이 공동체에 목소리를 낼 수 있도록 학생자치활동이 더욱 활발해지길 바란다.

교내경시대회는 가능한 많이 참여하는 것이 좋다. 수학, 영어
(Impromptu speech, Essay 부문), 경제, 일본어(문화, 말하기), 토론, 철학
에세이 대회에 매년 참가해 대부분 수상했다. 후배에게 자랑하려는
것이 아니라 의외로 교내경시대회 날 참여하지 않고 쉬는 친구들이
많기 때문에 잘 준비하면 어렵지 않게 소기의 목적을 달성할 수 있
다. 그리고 긴장된 분위기에서 시간을 재고 시험을 보는 연습도 할
수 있어서 수상을 하지 못하더라도 충분히 의미 있는 경험이 되니
많이 참여하기를 권한다.

창의연구논문은 자신이 관심 있는 분야의 현실적으로 연구할 수
있는 주제에 대해 쓰는 게 좋다. 고등학생 수준에서 전문 서적을 참
고하고 실험을 진행해 나름의 합리적인 결론을 도출하는 것이 맞다.
나는 〈독점시장의 가격결정 원리에 대한 행동경제학적 접근을 통한
학교공동체 개선 방안 연구-HAFS 매점을 중심으로〉라는 제목의
소논문을 썼다. 너무 거창한 주제를 정하면 담론의 범위가 넓어져
감당하기 힘들고, 현실적으로 연구할 시간도 부족해지기 때문에 평
소 관심 있었던 학교 매점에 대해 썼다. 논문 작성 형식을 익히고 자
신의 논문을 완성하는 뜻깊은 기회이니 많이 참여하여 자신의 성장
기회로 삼기 바란다.

생기부는 위에 서술한 모든 활동들이 어우러져 고스란히 기록되는 곳이다. 진심이 담기지 않은 활동이나 큰 계획에 맞춰 짜깁기한 활동은 빛날 수 없다. 간혹 활동의 내용과 규모를 심하게 과장하거나 제대로 읽지 않은 책을 담당 선생님께 기초 자료로 제출하는 학생들이 있는데, 그렇게 살면 안 된다. 하루하루 열심히 진심으로 살다보면 어느새 풍성한 생기부를 얻을 것이다.

자기소개서의 원천은 생기부

자기소개서의 원천은 생기부이다. 고3 1학기 기말고사가 끝나자마자 학생들은 각자 수시 전략을 세우고 지원할 대학과 학과를 정한 후 본격적으로 자기소개서 작성에 돌입한다.

박인호 선생님이 진행하는 '자기소개서 특강'과 '생기부 특강'을 귀담아 들은 후, 열람실에 앉아서 내 생기부를 처음부터 끝까지 3번 정도 읽으면서 어떤 항목에 어떤 내용이 있는지를 자세히 파악했다. 어차피 자신이 살아온 날들이기 때문에 파악하는 것이 어렵지 않다.

그 다음에는 빨간색 펜을 들고 자기소개서에 쓸 책, 보고서, 논문, 프로젝트 제목에 밑줄을 쳤고, 파란색 볼펜을 들고 자기소개서에 녹여야 하는 교내 수상, 자율·동아리·진로·봉사 활동, 과목별 세부능력 및 특기사항, 행동발달사항 및 종합의견 항목의 내용에 밑줄을 쳤다. 이 작업은 꼼꼼히 읽고 어떻게 연계할 것인지 고민해야 하는 단계이기 때문에 시간이 꽤 걸린다.

그 다음에는 컴퓨터를 켜고 내용을 옮겨서 항목별로 배치해보고 순서를 고민한다. 이 작업은 시간이 더욱 오래 걸리지만 자기소개서의 뼈대를 정하는 아주 중요한 단계라서 여기까지 마치는 데 1주일이 넘게 걸린다. 이후에는 줄글로 작성해보고, 담임선생님과 끝이 보이지 않는 수차례 상담을 통해 갈아엎으면서 완성된다.

자기소개서를 잘 쓴 편인지는 정말 잘 모르겠다. 담임선생님께서 '이만하면 됐다'고 하실 때까지 고쳐 썼다. 그저 담백하고 소박하게 쓰고자 했다. 활동을 화려하게 나열하는 것은 마음이 불편했고 나와 어울리지 않는다고 생각했다. 그래서 학교 내에서 진심을 다해 즐겁게 했던 활동을 독서 경험과 버무려 썼다.

구술면접 고사에 대비하기

경제학과 면접은 사회과학 문제와 수리 구술 문제가 모두 출제되기 때문에 많이 걱정했다. 사회과학은 어려운 비문학 지문이라고 마음먹으면 큰 무리가 없지만 수리 문제는 어려운 문제가 나오면 한없이 헤맬 수 있기 때문이다.

불안한 마음에 여름방학 때부터 김하혜 선생님께 부탁드려 어려운 수리 구술 기출 문제들을 풀어보고 질문하였고, 9월 모의평가 이후 수리 구술 면접 ET를 수강하며 어려운 문제들에 계속 도전했다.

수리 구술 문제는 수능 수학 30번 문제보다 어려우면서 살짝 느낌이 다르다. 새로운 유형일 뿐만 아니라 2~3개의 작은 문제들로 나

뒤 단계적으로 풀도록 설계되어 있어서 초반에 막히면 후반은 당연히 못 푼다. 답을 내는 문제도 있지만 증명하는 문제도 있고, 교수님 앞에 서서 칠판에 풀이하고 즉석에서 날아 오는 추가 질문에 답해야 하기 때문에 당황스럽다. 그래서 수리 구술로 당락이 바뀌는 경우도 많다고 들었다.

상경 계열이나 자유전공학부를 희망하는 후배들은 꼭 학교 수업과 ET를 활용해 탄탄한 수학 실력을 갖춰야 한다. 시험에 임박해서는 학교에서 선생님과 대학에 다니는 합스 선배들이 직접 구술면접고사 연습을 해주기 때문에 많은 도움이 된다.

모의고사와 수능 준비하기

주변에서 수시로 붙을 것이라고 얘기해줘도 수시를 서울대만 딱 1장 지원했기 때문에 모의고사를 잘 봐도 안심이 되지는 않았다. 그래서 수능 준비도 열심히 했다. 영어까지 포함해 3월 전국연합에서는 2문제 틀렸고, 6월 평가원 모의수능도 2문제 틀렸다. 9월 평가원 모의수능은 만점을 받았고, 10월 전국연합은 1문제 틀렸으니 1년 내내 비교적 안정적이었다.

그럼에도 불구하고 '혹시 수시에 떨어지고 수능도 못 보면 어떡하지?' 하는 생각이 들어 수시에 접수한 것을 아예 잊어버리고 수능 공부에 몰입했다. 그때는 하루 종일 새벽부터 밤까지 교실에서 자습했는데 유일한 낙이 정수기의 물을 뜨러 복도를 쭉 걸어갔다가 3반까지 돌아오는 것과 복도에 서서 물을 마시면서 경치를 구경하는 것이었다. 부모님께 "빨리 졸업하고 싶다, 대학 가고 싶다."는 말을 종종 했지만, 책상에 앉아있을 때만큼은 가장 열심히 즐겁게 공부했다.

아직 내 방에는 3년 치 내신 시험지와 모의고사 시험지, 고3 때 푼 여러 참고서와 문제집이 그대로 보관되어 있다. 가끔 그때로 돌아가서 다시 공부해보고 싶다는 생각이 드는 걸 보면 당시 힘들었던 생활은 그 때뿐인 것 같다.

다들 수능 날 떨린다고 하는데 난 잠도 아주 잘 잤고 별로 긴장되지도 않았다. 만점을 맞아야 할 거 같은 생각도 들었지만 시험 시간 만큼은 점수를 의식하지 않고 즐겁게 풀었다. 수능 끝나고 가채점까지 마치고 학교로 돌아와 교실에서 모든 책을 싸서 나왔는데 마법처럼 눈이 펑펑 내렸다. 고사장을 나설 때도 별 감흥이 없었는데, 흰 눈을 보니 잘 끝나서 다행이라는 생각에 무척 감동적이었다. 수시 합격자 발표는 스위스의 알프스 정상에서 확인했는데, 오히려 그날은 별 느낌이 없었다.

간혹 수시로 서울대에 붙을 것을 확신하고 수시 원서 접수 이후로 계속 노는 친구들이 있는데, 붙으면 다행이지만 떨어지면 큰 일 나니까 정시도 열심히 준비하길 바란다. 결과적으로 수시로 붙더라도 공부해야 할 때에 공부하지 않는 것이 옳은 태도는 아니라고 생각한다. 우리 합스는 수시와 정시 모두 강한 학교 아닌가. 스스로 절제하며 학교생활에 충실하다보면 수시는 물론 정시까지 완벽히 대비할 수 있음을 깨닫게 될 것이다.

기숙사 생활과 친구 관계

합스 생활에서 가장 소중한 건 좋은 내신도 좋은 대학도 아닌 좋은 사람들이다. 우선 좋은 룸메이트들을 만났다. 합스에선 하루 종일 친구들에게 둘러싸여 있어도 혼자라고 느껴질 때가 있는데, 방에 올라가면 룸메이트가 기다리고 있다는 생각에 버틸 수 있었다. 롤콜 끝나고 함께 과자 먹고, 불 꺼놓고 음악 듣고, 몰래 노트북하고, 그날 하루를 늘어놓던 시간이 가장 행복했다.

1학년 1학기와 2학년 2학기 룸메이트 가연이는 가장 어두웠던 시기를 환하게 비춰주었고 가장 믿는 친구가 되었다. 1학년 2학기 룸메이트 재은이는 내가 딜레마에 빠졌을 때 솔루션을 제시해주었다. 2학년 1학기 룸메이트 예림이는 속 깊은 배려심과 끝없는 성실함이란 무엇인지를 가르쳐주었다. 3학년 룸메이트 나현이는 엉뚱함과 진지함이 공존하는 매력으로 나를 끌어들였다. 나도 그들에게 좋은 가족이었길 바랄 뿐이다. 104, 204, 303반 친구들과 극한의 R&D와 교내 토론대회를 함께 해준 분들도 기억에 남는다.

The Economist, COGITO, AGORA 동아리에서 만난 선후배들에게 많이 배웠다. 이쯤에서 의아해할 후배들을 위해 고백하자면, 모든 사람들과 사이가 좋았던 건 아니다. 예민한 시기에 좁은 산골짜기에서 같이 살다보면 당연히 부딪힌다. 하지만 나와 사이가 안 좋다고 해서 그 사람이 나쁜 사람인 것은 아니었다. 어디서 어떻게 만나느냐에 따라 좋은 사람이 될 수도 나쁜 사람이 될 수도 있기 때문이다. 나쁜 사람으로 기억에 남는다면 장소와 시간이 어긋났을 뿐이라고 생각하고 훌훌 털어버리는 지혜가 필요하다.

합스에서의 인간관계 맺기가 어려운 점도 있지만, 모난 돌이 강물로 흘러가며 둥글게 깎이듯이 서로 부딪치고 깨지면서 평범하고 소중한 가치들을 배우게 된다. 모현면에서 알게 된 우리 모두가 행복해졌으면 좋겠다.

합스에선 너무 바빠서 운동할 시간이 거의 없다. 여학생들 중에선 학년이 올라갈수록 체력이 떨어지고 자주 아픈 친구들이 많다. 나도 1학년 때 체력이 약하다는 것을 느낀 후 학기 중에는 식사 후 꼭 10분씩 캠퍼스를 산책했고, 방학 중에는 매일 새벽에 헬스장에 다녔다. 특히 고3 때는 1학기부터 수능 2주 전까지 이상희 선생님의 요가 ET에 참여하며 '요요(요가 요정)'로 불리는 당치않은 명예를 누리기도 했다. 공부가 안 되고 심란할 때도 산책하거나 명상하면서 마음을 다잡았다. 월드플라자에서 바라보는 산등성이와 저녁노을이 매우 아름다우니 후배들도 꼭 느껴보았으면 좋겠다.

진로는 친구 따라 강남 가는 게 아니다

우리 집이 부유한 것은 아니지만, 어릴 때부터 돈 걱정 없이 좋은 환경에서 좋은 교육을 받아왔다. 하지만 모든 사람들이 같은 기회를 가진 것은 아니기에 내가 노력하는 것보다 너무 많은 것을 누리고 있다는 생각이 들었다. 그때부터 경제적 불평등에 관심이 생겨 경제학을 전공하고 싶어졌다. 그리고 당장 무언가를 바꿀 수 없다면 내게 주어진 환경에서 열심히 해서 나중에 사회에 돌려주는 것이 중요하다고 믿었고, 앞으로 그렇게 살려고 한다.

모두가 내 생각에 동의하진 않겠지만, 학과를 정할 때 단순히 서열에 따라 정하지 말고 한번쯤 진지하게 고민해보았으면 좋겠다. 친한 친구들이 경영학과를 간다고, 의대를 간다고 따라갈 일이 아니다. 자신이 진정 좋아하는 일이 무엇이고, 남들보다 조금이라도 잘 할 수 있는 일이 무엇인지 진지하게 고민해 보는 성찰의 시간을 충분히 갖길 바란다. 장차 좋아하는 일을 직업으로 갖게 되면 행복한 삶을 살지 않겠는가. 돈벌이나 타인의 시선을 잣대로 선택하는 우를 범하지 않았으면 좋겠다.

장학금 그리고 책무감

고등학교 1학년 때 한성손재한장학회의 노벨 영·수재 장학생이 되면서 대학교에서 경제학을 전공하겠다는 확신이 생겼다. 고3 때 학교 추천으로 한국장학재단의 인문 100년 장학생으로 선발되어 4년 전액 장학금을 받게 되었다. 국고가 낭비되지 않도록 착하게 살고 성실히 공부해야겠다는 책무감이 든다. 장학금이라는 혜택을 받은 만큼 내 역량을 최대치로 계발하여 사회에 돌려줘야 한다는 마음의 빚을 항상 가지고 스스로를 채찍질 하며 살아가야 한다.

친구와 비교하지 말라

합스는 많은 졸업생을 서울대에 보내는 국내 최고의 고등학교이다. 그래서인지 고3이 되면 서울대에 가지 못하면 실패한 것과 다름없다는 생각이 들기도 한다. 서울대 간 선배들은 매우 성공적인 합스 생활을 해낸 거라고 믿는다. 다른 사람들은 몰라도, 내 합스 생활모든 면에서 성공적인 것은 아니었다. 합스에서 살아남기 위해 아등바등하면서 얻은 것도 많지만 그만큼 잃은 것도 많다. 그저 뜻대로되는 일이 별로 없는 세상에서 조금이라도 내 뜻대로 살아보겠다고열심히 공부했던 것 같다. 물론 지금도 같은 마음이다.

합스는 힘든 곳이기도 하지만 열정을 불태우며 청소년기를 뜻깊게 보낼 수 있는 즐거운 곳이기도 하다. 그러니 뜻대로 되지 않는다고 자책하지 않았으면 좋겠다. 동기들과 자신을 비교하지 말고 자신이 충분히 열심히 하고 있는지 스스로와 비교해 보기 바란다. 제발아프거나 너무 피곤하면 참지 말고 기숙사 올라가서 일찍 잤으면 좋겠고, 바쁘다고 늦잠 잤다고 공부해야 한다고 밥 굶지 않길 바란다. 친구들과 선후배들을 경쟁자로만 보지 말고 마음을 나쁘게 쓰지 않았으면 좋겠다.

합스가 자신과 맞는지는 정해져있는 것이 아니고, 자신이 어떻게하느냐에 달렸다는 것도 명심하기 바란다. 웨스턴 동복을 처음 입었을 때의 설렘을 잊지 말고 초심으로 노력하면 분명 발전하는 자신을 발견할 것이다.

마지막으로, 대학이 전부처럼 느껴졌던 시간을 버티면서 역설적이게도 대학이 전부가 아님을 깨달았으면 좋겠다. 그리고 사랑하는 우리의 합스가 후배님들과 함께 영원히 ☆반짝반짝☆ 빛났으면 좋겠다. 후배 여러분 우리 더 넓은 세상에서 만나요~ ♡

02
자신에 맞는 옷이 최고의 옷이다

인문사회과정 11기 최민서 (서울대 경영대학 18학번 수시 합격)

수업을 즐기는 자가 이긴다

돌이켜보면 지난 3년간 용인외대부고를 다니면서 기억에 남는 순간들이 참 많았다. 내 경험담이 후배들에게 조금이나마 도움이 되길 바라는 마음으로 발자취를 더듬어 본다.

후배들은 합스 생활 중 정규 수업, ET, 동아리 활동, 자율 활동, 진로탐색 활동, R&D, ARC, RC&P, 창의연구논문 작성, 경시대회 등 정말 다양한 활동을 경험하게 될 것이다. 이러한 활동을 스스로 기획하고 수행하면서 진로를 고려하여 적절히 시간을 안배해야 한다. 물론 진로에 따라 요구되는 소양이 다를 수 있기 때문에 표준화된 모범 답안은 존재하지 않는다.

학교생활에서 가장 기본적이면서도 중요한 것은 수업이다. 학교 수업을 즐기지 못하거나 힘들어 하는 친구들이 더러 있다. 어떤 친구들은 수업은 도외시하고 동아리 활동에 지나치게 몰입하기도 한다. 안타까운 일이다. 피할 수 없다면 즐기라는 말이 있듯이 학교 수업은 우리가 가장 즐겨야 할 일상이다.

내신 성적은 수업 활동의 결과물이다. 학생의 본분이 수업이라는 점에서 학업 성취도야말로 대학 입시에서 우선적으로 중요한 요소임은 당연하다. 3학년이 될수록 비중이 높아질 것이라는 통념과 달리 서울대는 명시된 내신 반영비율을 가지고 있지 않다. 따라서 5개 학기 10번의 내신 시험 모두에서 항상 최선을 다해야 했다. 사실 '최선을 다하라'고 쉽게 말하는 것이 죄송하다는 생각도 든다. 시험 기간에 겪게 되는 육체적, 정신적 고통을 알기 때문이다. 그럼에도 불구하고 최선을 다해야 하는 이유는 학교생활의 성실성을 나타내는 지표이기도 하고 학업 능력을 평가하는 핵심 지표이기 때문이다. 최선을 다하지 않고 학업 능력이 부족한 학생에게 대학은 눈길을 주지 않는다는 것은 엄연한 현실이다.

학교 수업과 내신과 관련하여 당연하지만 강조하고 싶은 것이 있다. 시험 문제의 원천은 학교 수업이고, 출제 주체는 바로 '학교 선생님'이라는 점을 명심하기 바란다. 나는 일부 친구들이 다닌다는 내신 대비 학원을 단 한 번도 다닌 적이 없다. 학교에서 이루어지는 선생님 수업을 따라가는 것이 그리 어렵지 않았고 얼마든지 스스로 공부할 수 있었다. 당장은 힘들지 몰라도 스스로 공부하는 힘이 쌓이면 저력이 드러나게 되어 있다. 내 경우도 성적이 점점 상승하여 3학년 1학기 때는 전교 1등(전과목 평점 1.84)까지 기록했다.

시험이 100% 수업에서 나오고 학교 선생님이 출제하는 것이니 당연한 일임에도 막연한 불안 심리와 학원가의 마케팅에 넘어가 스스로 공부하는 힘을 잃고 의존적 공부를 하는 친구들을 봤지만 굳이 흔들일 이유는 없었다. 학교 수업에 열심히 참여하고 적절히 필기하며 꾸준히 복습하는 학생을 학원 의존적인 학생이 절대 이길 수는 없다. 다만 수능을 염두에 두고 혼자 하기에 역부족인 과목이 있다면 적절한 수준에서 외부의 도움을 받을 수는 있을 것이다.

입시에 있어서 내신 성적이 전부는 아니다. 정시라면 수능 점수가 입시의 모든 것이지만, 수시에서 내신 성적은 중요한 요소 중 하나일 뿐이다. 학종에서는 종합적이고 다면적 평가를 한다. 특별히 강한 과목이 있다든지, 지속적으로 상승하고 있다든지, 약점을 극복한 사례가 있다든지, 전공 적합성을 보여주는 다양한 활동을 통해 내신을 뒤집는 것이 얼마든지 가능하다. 여태까지 '몇 점대가 이 학과에 갔다'는 것은 과거의 역사일 뿐 단순 참고 사항에 불과하다.

후배들이 새로운 역사를 쓸 가능성 역시 충분하므로 강력한 스토리를 갖추고 도전하라. 우리 학교에서 3점대 내신으로 서울대 경영, 경제학부에 합격한 사례도 많고, 4점대 내신으로 자유전공학부에 합격한 사례도 있지 않은가. 올해는 경제학과에 3점대 친구를 포함해 수시에서만 4명이 합격했다. 자신만의 스토리를 가지고 도전했기 때문에 이룬 성과라고 본다. 자신의 상황에 대한 냉철한 평가와 함께 도전 정신으로 기회를 잡는 것 역시 필요하리라 본다.

비교과 활동과 ET는 또 다른 재미다

시험공부를 제외한 대부분의 시간을 동아리 활동과 탐구 및 발표대회로 보냈던 것 같다. 동아리 활동과 탐구 및 발표대회 모두 1학년부터 2학년까지 연속적으로 이루어지므로 두 종류의 활동 모두 장기적 안목을 가지고 진행하는 것이 중요하다. 전공 적합성과 열정을 드러낼 수 있는 가장 좋은 기회이기도 하다.

먼저 동아리 활동의 경우 학교 내외에서 다양한 활동을 하면서 자기소개서, 생활기록부 등에 별도의 제한 없이 기록할 수 있다는 점에서 수시 학생부종합전형에서 비장의 무기로 사용할 수 있다. 본인이 좋아하는 활동을 할 수 있다는 점에서는 생산적 유희의 시간으로도 활용할 수 있었다.

나의 경우에는 희망 전공인 경영 분야를 다루는 PYLON의 마케팅 창업부에서 활동했고, 시사에 대한 관심을 바탕으로 정치외교연합YUPAD을, 신체적 건강과 정신적 휴식을 위해 전통의 배드민턴 동아리Sixteen Birds에서 활동했다. PYLON에서는 발표, 토론 등을 통해 전공 적합성 측면을 강화함과 동시에 마케팅, 금융 등 경영 분야에 대한 다양한 내용을 학습할 수 있었다. YUPAD와 Sixteen Birds의 경우 비록 전공과 직접적 연관성은 없지만 스트레스를 관리하고 체력을 기르며 교과 외 폭넓은 교양을 얻는 데 큰 도움이 되었다.

탐구 및 발표대회의 경우 R&D에 주력했다. R&D와 같은 경우 주제가 완전 자유인만큼 전략적으로 다양하게 운용할 수 있다. 본인의 전공과 연계할 수도 있고, 본인의 강점 혹은 약점이 되는 과목과 연계할 수 있으며 팀워크를 보여줄 수도 있다. 임원 경험이 없는 경우 리더십과 협동심을 보여주는 기회가 될 수 있다. R&D는 학기별로 진행되므로 총 4번의 수상 기회가 있다는 점 역시 장점이다. 2학년 2학기 때 '인간의 진화에서 경쟁과 협력의 상관관계'를 주제로 가장 열심히 R&D에 몰입해서 수상한 기억도 소중하다.

2학년 때는 창의연구논문을 쓰게 된다. 주제는 역시 자유이나 지도교사 선생님을 선점하는 것도 중요하다. 제대로 된 논문을 쓰고 싶다면 특히 지도 교사를 정하는 일을 소홀히 할 수 없다. 선착순이므로 최대한 빠른 시일 내에 선생님과 접촉할 것을 추천한다. 수상이 사라졌을 뿐 우수논문 발표대회라는 형식으로 생기부에 '우수 논문'임이 기록되므로 충분히 차별화할 수 있다(생기부에 일반 논문과 우수논문이 다르게 기재됨). 서울대 수학 영재원 시절부터 관심을 가져온 주제를 발전시켜 〈보수함수에 의한 투표 행위 분석-정치적 성향과 정책에 따른 경제적 효용을 중심으로〉라는 논문을 작성하여 우수논문 발표대회에서 발표할 기회를 얻었다.

경시대회의 다양한 수상은 교과와 비교과 영역을 넘어 적극적 참여를 통해 얻어내는 것이 필요하다. 내신의 실수로 약점 과목이 있는 경우 해당 교과의 수상은 보완재의 기능을 하고, 기숙사 생활우수상이나 배드민턴 수상과 같은 스포츠 영역은 인성과 성실성을 증명하는 중요한 자료가 될 수 있다. 그런 측면에서 ET 과목도 중요한 역할을 하는데, 'MOOC in HAFS'를 수강하며 세미나식 수업을 한 경험은 진로와 입시에 대한 이해에 많은 도움이 되었다.

생기부 기재 불가 항목은 자기 실력 검증 기회

TEPS, TOEFL 등의 영어 시험을 포함한 다양한 인증시험, 영재원 등의 경력은 생기부에 기재할 수도 없고 자기소개서에 서술할 수도 없다(단 특기자 전형은 가능). 그러나 평소 실력을 유지하고 증진하는 데 요긴하고 예상치 못한 상황에서 유용할 수 있다.

내 경우 TOEFL은 중학교 때 118점을 획득했고, 고2에 TEPS 960점을 받았다. 물론 학종에만 지원했기 때문에 입시에 활용할 수는 없지만 자기소개를 쓰면서 암묵적으로 영어 실력을 언급하는 데 쩔리지는 않게 된다. 영어가 절대평가라는 사실을 기억할 필요가 있다. 서울대에서는 TEPS 점수를 기준으로 수강해야 하는 영어 과목을 정해주는데, 900점 초과라 영어 수업 면제 혜택을 받았다. 대학 진학 후에도 이렇게 유용하게 사용될 수 있으니 참고하기 바란다.

TESAT의 경우 최우수상이든 대상이든 생활기록부에 기재되는 것은 S급이지만 인증 시험을 준비하면서 실력이 쌓이고 덕분에 교내경제경시에서도 큰 성과를 얻게 해준다. AP Macro Economics

와 Micro Economics의 경우 역시 그러한 측면에서 만점에 도전해보기를 권한다. 즉 영어를 포함한 외국어인증시험이나 수학경시대회 등 외부인증시험을 생활기록부와는 무관하게 스스로의 실력을 검증하는 계기로 사용하는 것을 적극 권한다. 내신과 진짜 실력이 일치해야 대학에 가서 버틸 수 있다고 판단되기 때문이다.

정시 수능은 2트랙으로

정시의 경우 수시와 달리 수능 100% 전형(서울대)이므로 수능 점수가 모든 것이다. 정시 준비의 경우 크게 2트랙으로 나뉘어서 3학년 1학기부터 정시에 올인하는 트랙과 1학기 내신을 챙기고 여름방학부터 전념하는 트랙이다. 하지만 3학년 1학기 내신이 정시 과목들이기 때문에 사실상 같이 가는 경우가 많고 완전히 수시를 포기하지 않는 경우가 많다(인문의 경우). 또한 외대부고의 특성상 흔히 프리패스라 불리는 학생들도 모두 여름방학부터는 정시를 매우 열심히 준비해야 한다. 이에는 크게 두 가지 이유가 있었다.

우선 우리 학교의 특성이자 자부심이 바로 정시와 수시 모두 잘 준비할 수 있다는 점이다. 모두가 다 수능을 공부하는데, 혼자서 수시에 집중한다고 정시를 방치하기는 어렵다. 수능을 최대한 잘 봐야 수시 면접을 갈 건지 여부를 결정하기에도 편하고, 가벼운 마음으로 면접을 보러 갈 수도 있기 때문에 수시에 비중을 두는 친구들에게도 정시는 버릴 수 없는 카드다. 나는 정시에서도 경영대 안정권 성적이 나온 뒤라 더욱 편한 마음으로 수시 면접을 치를 수 있었다. 그런 편한 마음이 면접장에서 실력을 발휘하게 했을 것이고, 그것이 장학생으로 입학할 수 있었던 힘이었다고 생각한다. 학교 시험이 수능형으로 출제되므로 정시 공부는 3학년 마지막 내신(일명 졸업고사)에도 큰 도움이 된다.

정시의 경우 인터넷 강의 등에서 도움을 받는 것이 어느 정도 효과적이었고, 시중에서 판매되는 다양한 모의고사 및 문제집 등을 푸는 것 역시 도움이 된다. 수능은 단순 암기를 요하는 시험이 아닌 반면 실전 감각을 키우는 것이 굉장히 중요하기 때문이다. 수능 대비를 위해 국어와 수학 인강을 들었고 사설 모의고사도 풀어보며 약점을 보강했다.

수능 시험장에는 시계가 없다. 반드시 손목시계를 차고 그 시계를 보며 문제를 풀어야 한다. 10월까지 이 사실을 모르다가 급하게 손목시계를 차는 습관을 들이느라 고생했다. 3학년 모의고사 때부터는 교실 벽시계에 의존하지 말고 손목시계를 사용할 것을 추천한다.

스트레스 관리와 기숙사 생활

기숙사 생활을 힘들어 하는 친구들이 간혹 있다. 정든 집을 떠나 생활하는 것에 익숙하지 않은 데다 일상의 스케줄을 모두 스스로 계획하고 매우 절제된 생활을 해야 하기 때문일지 모른다.

자습시간은 스스로 관리해야 한다. 장점이라면 스스로 시간 관리를 철저히 한다는 가정 하에 자신의 컨디션을 자유롭게 조절할 수 있다는 점이다. 내 경우 Sixteen Birds 활동을 3학년 2학기까지 이어나가 1주일에 한두 번씩 친구, 선생님과 함께 운동하며 스트레스를 해소하곤 했다.

기숙사에서 자습할 시간 역시 최소 1~3시간가량 있으므로 효율적으로 사용한다면 학교 공부 복습이나 독서 등에 할애할 수 있다. 나는 기숙사 생활 동안 단 1번도 지각하지 않았고 방 관리를 철저히 하여 기숙사 생활우수상을 2번 받았다. 이 기숙사 생활우수상은 우리 학교에서 생각보다 가치 있는 상이어서 본인의 생활 및 대인관계 능력을 어필할 수 있는 좋은 수단이 될 수 있다.

기숙사 생활을 성공적으로 이끌기 위해 가장 중요한 것은 룸메이트와의 친분이라고 생각된다. 룸메이트와 어느 정도 생활 습관이 맞고 서로를 배려해야 3년간 출가 스트레스를 덜 받을 수 있으며, 3학년 때 잘 맞는 룸메이트를 선택할 가능성이 높아진다.

공부는 다양한 방법이 존재한다고 생각한다. 흔히 말하는 '공부 잘하는' 친구들 모두 서로 다른 전략을 사용했다. 학교 수업에 충실히 임하는 것 외에 왕도가 있는지는 잘 모르겠다. 나의 경우는 내용 이해와 문제풀이 모두 30% 이상의 비중을 유지하는 것은 중요하다고 생각한다. 쉬는 시간 등 흔히 말하는 '자투리 시간'이 집중도 높고 그런 짧은 시간을 더하면 의외로 큰 시간이 되므로 이를 잘 활용하는 것도 상당히 중요하다.

아무쪼록 후배님들이 자신에게 맞는 생활 습관, 공부 방법, 대인 관계 등을 찾아 성공적인 학교생활을 하기 바라고 나아가 원하는 대학의 문턱을 넘기를 진심으로 기원하며 응원한다.

03
노력은 배신하지 않는다

인문사회과정 11기 박정은 (서울대 정치외교학부 18학번 수시 합격)

동아리에서 길을 찾다

갖은 우여곡절 끝에 수험생활을 마무리하고 지금 이렇게 합격 수기를 쓰고 있다는 사실이 감개무량하다. 외대부고에서 대학을 준비하는 3년 동안 많은 일들을 겪었고 힘들기도 했지만, 지금 생각해보면 수험생활을 잘 마친 나 스스로가 자랑스럽다. 외대부고에서 보낸 3년의 세월에 후회나 미련 없이 후련하다. 내가 수험생활을 하면서 미리 알았더라면 좋았을 이야기들을 풀어 후배들도 후회 없는 학교생활을 할 수 있도록 돕고 싶다.

3년간의 수험생활을 하면서 목표 없이 무작정 달리는 것이 위험하다는 것을 몸소 느꼈다. 꼭 목표가 확정적이거나 장기적일 필요는 없다. 하지만 적어도 입시를 치르는 수험생이라면, 수능과 수시 면접까지 끌고 갈 목표가 하나쯤은 있어야 한다. 목표가 있어야 열정이 생기고 노력이 뒤따르기 때문이다. 그런 의미에서 진로나 학과선택에 대한 고민은 입시에서 아주 근본적이고 중요한 문제이다.

우리 청소년기의 꿈은 다양하고 자주 변한다. 장래 희망이나 목표가 변하는 것은 어쩌면 당연한 일이다. 나 역시 하고 싶은 일이 많았기 때문에 전공하고 싶은 학과가 많았다. 중학교 때에는 정치외교학과, 고등학교 1학년 때는 경제학과와 영어영문학과, 2학년 때에는 사회학과와 농경제사회학부 등이다. 내 생활기록부를 다시 읽어봐도 각 시기에 어떤 학과에 가고 싶어 했는지가 눈에 보일 정도로 활동 분야가 일관적이지 않다. 하지만 이것저것 해보는 탐색 기간을 거친 덕에 내가 좋아하는 분야를 비로소 찾을 수 있었다. 늦었지만 다행이다.

진로 탐색에 도움이 되는 것으로 우선적으로 동아리 활동을 들 수 있다. 학술연구 동아리 더 스콜라스The Scholars와 환경봉사 동아리 폴라베어Polarbear부터 시작해서 경제, 영어토론, 법, 수학사, 글쓰기, ODA 연구 동아리 등 정말 많은 동아리에서 활동했는데, 결과적으로는 내 입시에 아주 긍정적인 선택들이었다.

내신과의 균형만 잘 맞출 수 있다면 동아리 활동을 하는 것이 진로 탐색에 많은 도움이 된다. 1학년 때부터 정치외교학과에 가고 싶었던 것은 아니었기 때문에 관련 동아리에는 속해있지 않았으나 전혀 입시에 지장이 없었다. 오히려 다양한 분야들을 공부하면서 내

적성을 찾았고, 이 활동을 엮어 독특한 나만의 스토리를 완성할 수 있었다.

학교 프로그램과 경시대회에 적극 참여

학교에서 주최하는 각종 경시대회나 프로그램에 열심히 가리지 않고 참여하는 것이 중요하다. 'Sixth Sense', '도시설계' 등을 주제로 한 R&D나 RC&P 활동을 했는데, 이렇게 진로와는 직접적인 관련이 없어도 다양한 교내 행사에 참여해 여러 가지 연구를 진행하다 보면 궁금해지는 분야를 자연스레 찾게 된다. R&D에서 우연히 대런 애쓰모글루의《국가는 왜 실패하는가 Why Nations Fail》이라는 책을 읽고 정치외교학과에 가고 싶다는 생각을 하게 되었고, 하고 싶은 공부를 위해 열정을 불태울 수 있는 에너지를 얻을 수 있었다.

슬럼프 극복, 인간관계의 소중함

1학년 때까지만 해도 깊은 슬럼프를 겪어본 적이 없다. 설령 그런 것이 내게 닥친다 해도 혼자서 충분히 이겨낼 수 있으리라고 생각했다. 1학년 때는 벼락치기 식으로 공부하는 나쁜 습관을 가지고 있었는데, 성적이 그럭저럭 나오고 있어서 별로 위기를 느끼지 못했다. 2학년 첫 중간고사에서 생각한 것 보다 훨씬 더 좋은 성적을 받았고, 내 공부 방법이 잘못됐다는 생각을 전혀 하지 못한 채 들떠 있었다.

막 벼락치기를 시작하던 기말고사 2주 전에 덜컥 독감에 걸리고 말았다. 어느 정도 회복했을 때는 이미 한 주가 지나가 버린 상태였고, 벼락치기를 하느라 밤을 새면서 또다시 앓아눕기도 했다. 그렇게 순식간에 2주가 지나갔고, 성적표에 처음 보는 등급과 마주해야 했으며 최악의 상황을 맞았다. 마지막 날 수학 시험이 끝나고 채점을 마치고 집에 가면서 펑펑 울었던 기억이 생생하다.

그 후 한 달간 슬럼프를 겪었다. 모든 일이 하기 싫었고 하루에도 수십 번씩 우울감이 몰려왔다. 슬럼프를 이겨낼 수 있었던 것은 친구들과 담임선생님, 그리고 부모님 덕분이다. 아파서 밥을 먹으러 나가지 못한 나를 보고 내 룸메이트가 나가서 죽을 사오기도 했다. 내가 기침이 심해지자 친구들이 찬 물, 미지근한 물, 뜨거운 물을 온도별로 모조리 들고 와 준 적도 있다. 갑자기 성적 생각에 우울해서 우는 나를 데리고 야자 시간에 틈을 내어 산책을 하면서 위로해주던 친구도 있었다. 어떤 과목을 어떻게 올려야 하는지 공부 방법을 하나하나 알려주고 성적이 떨어진 나에게 '괜찮다'고 말해주신 선생님도 계셨다. 이런 위로와 공감 덕분에 천천히 자신감을 되찾을 수 있었다. 입시를 하면서 공부에만 집중하겠다고 인간관계를 외면하지 않았으면 좋겠다. 힘들 때 옆에 있어줄 사람이 있다는 것이 얼마나 값진 일인지 슬럼프를 통해 깨달았다.

습관은 곧 힘이다

자신의 습관을 돌아보는 것도 슬럼프 극복에 도움이 된다. 처음에는 내가 '운이 없어서' 독감에 걸린 것이라고 생각했다. 그러면서 아픈 몸으로 벼락치기를 했던 만큼 최선을 다했다고 믿었다.

그러나 생각해보니 그건 '올 것이 온 것'이었다. 평소에는 공부를 안 하다가 시험 몇 주 전이 되어서야 공부를 시작하는 습관, 몸 관리를 하지 않는 것, 늦게 자고 늦게 일어나는 것 등 가지고 있던 안 좋은 습관들이 눈덩이처럼 커져서 결국 슬럼프를 낳은 것이었다.

그때 처음으로 비타민이며 홍삼이며 몸에 좋은 것들을 챙겨먹기 시작했다. 수업 시간에 집중 못하다가 쉬는 시간에는 쓰러지듯이 잠드는 습관을 고치기 위해 1시 전에는 무조건 잠들었다. 수업 전 쉬는 시간에 수업 준비를 하고 교재를 펴고 기다렸다. 쉬는 시간에는 자동으로 배운 내용을 복습했고, 자투리 시간을 활용하여 한 문제라도 더 풀기 위해 애썼다.

전에는 공부 재능이 있어서 노력하지 않아도 성적이 잘 나오는 것을 동경했다면, 이제는 피나게 노력하는 친구들을 본받으려 했다. 자습실에서 공부하는 다른 친구들을 보면서 스스로 뼈저리게 반성했다. 그 후로 자습실에 누구보다도 늦게 남아 불을 끄고 기숙사에 갔고 옆 친구들을 선의의 경쟁상대로 삼아 누구보다도 열심히 했다. 3학년이 되어서도 가끔 나태해지면 2학년 때 공부했던 자습실 근처에 가서 자극을 받고 올 정도로 간절하게 공부했던 것 같다.

슬럼프를 이겨내고 2학년 2학기에는 이 학교에 들어와서 처음으로 학년 최고 성적을 받았고 다시 일어날 수 있었다. 역설적이지만 슬럼프를 겪으면서 시간이 얼마나 소중한지, 노력이 얼마나 값진 것인지 깨달았다.

내신과 수능 두 마리 토끼를 잡다

막 고3이 된 후배들이 가장 많이 물어보는 말이 바로 내신과 수능을 어떻게 병행했느냐 하는 것이다. 학생마다 상황이 다르고 전략이 다르겠지만 정시와 수시 모두 대비하는 것을 추천하고 싶다. 대학에 갈 수 있는 다양한 루트를 마련하는 셈 치고 정시와 수시 모두 챙기는 것이 좋다. 우리 학교는 그것이 충분히 가능하지 않은가.

3학년 때에는 1, 2학년에 비해 시험 기간을 짧게 잡고, 나머지 시간에는 수능 공부를 하면서 수능과 내신을 병행했다. 특히 여름방학 때에는 자기소개서를 쓰느라 바쁘겠지만 반드시 하루에 몇 시간 이상은 수능 공부 시간을 확보해두는 식으로 두 가지를 동시에 챙기는 것이 좋다. 어떻게 보면 내신 공부가 곧 수능 공부이다. 학교 교육과정 내에서 문제가 출제되는 것이고, 우리 학교 내신 문제가 수능 문제와 유사하기 때문에 분리해서 생각하는 것이 오히려 낯설다.

자기소개서에 독서는 필수

자기소개서는 3학년 1학기 기말고사 직후부터 쓰기 시작한다. 자기소개서는 정말로 외부의 도움을 전혀 받지 않아도 된다. 학교에서 선생님, 친구들, 그리고 그 학과에 들어간 학교 선배들과 상담하면서 충분히 훌륭한 자기소개서를 쓸 수 있다. 너무 많은 사람들의 자문을 받으면 글이 산으로 갈 수는 있으나, 어쨌든 학교 내에서 다양한 사람들의 의견을 들으면서 색다르고 객관적인 시각으로 자기 글을 바라볼 수 있다.

나는 자기소개서 버전이 10개나 될 정도로 많이 갈아엎었는데 마지막 버전이 되어서야 스스로 만족할 만한 자기소개서를 쓸 수 있었다. 마지막 버전에서 담임선생님(박인호 선생님)의 '오케이, 굿!'이라는 말을 들었을 때 마치 합격한 것처럼 날아갈 것 같았다.

독서는 자기소개서에 큰 도움이 된다. 윤리와 사상 선생님께서 국제 정치에 관심이 있다면 꼭 읽어보라고 하신 칸트의 책을 읽고 자기소개서의 방향을 잡았다. 어쨌든 학교 내에서 자기소개서는 충분히 완벽하게 해결 가능하니 걱정할 필요가 없다.

대학에서 보는 구술면접 고사는 단기간에 대비되는 것이 아니다. 평소 내공을 쌓아야 하고, 말하는 연습을 많이 해두는 것이 좋다. 스터디그룹, 동아리, 수업 시간 발표 등 기회는 매우 많다.

영어토론동아리 Cogito가 그런 면에서 많은 도움이 되었고, 학교에서 개설된 면접 ET 등에서 모의 면접을 수강한 것도 매우 좋았다. 또 면접 유형 중 실제 사례를 제시하라는 유형에 약해서 '시사노트'를 만들었다. 내가 푼 비문학 지문들에서 소개되는 흥미로운 이론들이나 논쟁을 요약하는 노트였는데, 요약 후 관련 내용을 추가적으로 인터넷에서 찾아보며 정리해두었다. 신문을 꾸준히 보면서 흥미로운 기사들을 요약해서 정리하기도 했다.

그러다 보니 자연스럽게 폭넓은 분야의 지식을 쌓을 수 있었고 생각이 꼬리에 꼬리를 물며 더욱 깊은 사고를 할 수 있었다. 나도 모르게 내공이 쌓여가는 것을 느꼈으니 구술면접이 전혀 두렵지 않았다. 구술면접 ET 시간에 박인호 선생님께 칭찬을 많이 들었는데 평소 준비한 덕분이 아닌가 하는 생각에 자신감을 가질 수 있었다.

공부는 약점 보강과 반복 학습

나는 3년간 본 모든 모의고사보다 수능을 더 잘 봤다. 수학과 한국지리에 감을 잡은 것이 거의 9월이 다 되어서였다. 수능 때까지 내가 이 과목의 성적을 올릴 수 있었던 방법을 공유하고자 한다.

나는 수학적 감이 좋은 편이 아니라서 많은 문제를 반복해서 푸는 방법을 썼다. 내신 공부를 할 때는 기본서와 문제집 몇 권을 적어도 3번 이상씩 풀어 완전히 내 것으로 만들었다. 수능은 비교적 자신이 없었던 미적분 고난도 문제를 가능한 한 최대로 많이 구해서 여러 번 반복해서 풀었다. 틀린 문제에 표기를 해두었으며 해설을 보지 않고 끝까지 매달렸다. 한 문제를 가지고 이틀 동안 고민한 적도 있다. 정 풀리지 않으면 수학을 잘하는 친구에게 물어봐서 설명을 듣고 해설을 보려고 노력했다. 이렇게 했던 이유는 수능에서 소위 '킬러'라고 불리는 21, 29, 30번 문항을 풀 때 많은 집중력이 필요하기 때문이다. 오랜 시간 고민을 하다보면 집중력이 흐트러져 문제가 안 풀리는 경우도 있어서 평소 오랜 시간 혼자서 집중하는 습관을 들이려고 했다. 시간만 생각하면 비효율적이라 여길 수도 있지만 수능 수학 만점을 목표로 한다면 당연히 투자해야 하는 시간들이다.

한국지리의 경우 정말 세세한 통계들까지 암기해야 하는 데다가 생각지도 못한 방향으로 문제가 출제되어 어려움을 겪었다. 그래서 나는 아주 기본적인 내용 학습만 하고 문제부터 풀고 다시 개념 학습을 하는 방식으로 '거꾸로 공부'를 했다. 이렇게 공부하면 당연히 엄청 많은 문제를 틀리게 된다. 틀리고 나서 우선 푼 모든 문제의 선지들을 하나씩 읽으면서 몰랐던 내용이 포함된 선지들을 연필로 표시해놓는다. 그 다음 다시 꼼꼼하게 개념 공부를 하면 어떻게 그 개념들이 문제에 응용이 되어 나왔는 지가 떠오르면서 강약 조절을 하면서 공부할 수 있다. 이후 다시 선지들과 해설지를 정독하면서 아직도 모르거나 헷갈리는 내용을 형광펜으로 줄을 쳐놓는다. 수능 몇 달 전부터 이 형광펜 친 내용들과 선지들을 O, X 형태로 정리한다. 그리고 이 선지들을 다시 풀면서 정확히 어디가 어떻게 틀렸는지를 체크하면서 공부한다.

덤으로 준비한 경찰대 시험

후배들이 많이 물어보는 것들 중 하나가 경찰대학교 시험 준비에 관한 내용이다. 따로 경찰대 준비를 하지는 않아 대략적으로 내가 느낀 것들을 이야기해보자.

우선 국어는 어문 규정 부분을 제외하고는 수능 국어와 상당히 통하는 부분들이 많다. 어문 규정 부분만 따로 국어 인증 공부를 통해서든 문법 교재를 통해서든 준비하면 될 것 같다.

영어는 단어 싸움인데, TEPS 단어집을 참고하면 정말 많은 도움이 될 것 같다. 마지막으로 수학은 수능 유형과 조금 다르기 때문에 경찰대 기출문제들을 풀고 가면 도움이 되지 않을까 싶다.

다만 선 수능 준비 후 경찰대 준비임을 명심하자. 국·수·영 수능이 거의 완성 단계에 있어야 경찰대 문제에 짧은 기간 효율적으로 접근할 수 있다.

마지막으로 꼭 하고 싶은 말이 있다. 노력은 배신하지 않는다는 것이다. 노력하는 자에게는 언젠가는 꼭 복이 온다. 뿌린 대로 거둔다는 말이 괜히 있는 것이 아니다. 수많은 선배들의 훌륭한 성과들은 그냥 얻어진 것이 아니다. 피나는 노력의 산물임을 명심하자.

후배들도 매 순간 최선을 다해 후회 없는 수험생활을 보내기 바란다.

04
기숙사 학교의 특권을 마음껏 누려라

인문사회과정 11기 이하은 (서울대 인문대학 서양사학과 18학번 수시 합격)

즐기며 열정을 불태운 비교과 활동

선생님께서 수기를 써 보는 것이 어떻겠냐는 제안을 하셨을 때 처음에는 무슨 이야기를 해야 할까 많은 고민을 했다. 각자의 상황에서 선택해야 할 길은 사람마다 다를 것이다. 대입을 준비하는 과정이나 학교에서의 생활 역시 그렇다. 수많은 사례 중 하나이지만 여러분이 HAFS가 어떤 학교인지, 그리고 이곳에서 어떻게 공부하고 생활할 수 있는지 조금이나마 길잡이가 되었으면 좋겠다는 마음으로 몇 자 적는다.

HAFS를 다니면서 제일 좋았던 것은 의지와 열정만 있으면 자유롭게 새로운 일에 도전하기에 너무 좋은 환경이었다는 점이다. 학교 시스템 덕분에 신나게 온갖 동아리와 스터디그룹을 만들었다. 교과 수업 이외에도 보통 고등학교에서 접하기 힘든 많은 일을 경험하고 배울 수 있었다.

ET만 해도 재밌고 유익한 강좌가 너무 많았다. 특히 사료 탐구와 라틴어 수업은 역사학도를 꿈꾸던 나에게 너무나도 값진 배움의 기회였다. 희망자가 5명 이상만 되면 뭐든지 들을 수 있으니 얼마나 좋은가. 정규 수업의 선택 과목도 10명 이상만 되면 개설되었다. 실제로 3학년 올라갈 때 세계사 수업이 너무 듣고 싶어 친구들을 모아 30명 정도 되는 인원으로 반을 만들기도 했다. 덕분에 학교생활기록부에도 이러한 열정이 잘 드러날 수 있었던 것 같다.

뿐만 아니라 학생 모두가 자유롭게 자율동아리와 스터디그룹을 만들고 여러 활동을 진행하기에 너무나도 좋은 분위기가 조성되어 있다는 점도 참 좋았다. 주중 야자 2교시에 활동하기도 했고, 교과 수업 등으로 바쁠 때면 주말에 모여 활동할 수 있었다. 밤이든 주말이든 언제나 친구들과 모여 공부하고 활동할 수 있다는 것은 기숙사 학교의 특권이 아니겠는가.

R&D와 동아리 활동 및 온갖 수행평가 조별 과제로 단련된 HAFS인들은 3학년 쯤 되면 프로젝트를 벌리고 진행하는 데에 거의 도가 튼다. 일례로 영어 시간에 지문으로 접한 《그릿GRIT》을 국가 교육 정책에 접목시키는 아이디어를 교육학과 지망 친구에게 이야기하자마자, 하루 안에 모임이 결성됐고 일주일도 안 되는 기간에 프로젝트를 마무리한 후 저자에게 이메일을 보내 교류하기까지 했다.

탐구 활동 외에도 학교를 다니면서 온갖 신기한 경험을 했다. 배구동아리 창립 멤버로 들어가 그동안 동경했던 배구를 배워보기도 했다. 처음으로 클래식 기타를 배워보기도 하고, 축제 때 카페를 운영하거나 소오란부시(일본 전통 고기잡이 춤)를 배워 공연한 것도 잊을 수 없는 경험이다. 공연을 위해 후배들의 합삐(일본 상인이 걸치는 웃옷)를 빌리러 일본 국제학교에 다녀오는 등 다양한 경험을 통해 새로운 일에 도전하는 두려움보다는 자신감과 호기심을 더욱 북돋아줬다. 학교 행사와 프로그램에 적극 참여하며 열정을 불태웠던 추억은 기쁜 기억으로 남아 있다. 이렇게 학교생활을 즐기다 보면 학교 생활기록부 내용은 자연스럽게 풍부하게 채워진다.

내신이 걱정되는가

누군가는 이런 활동을 하면서 내신은 대체 어떻게 준비했냐고 물을지도 모르겠다. 사실 수행평가나 동아리 등의 활동과 내신 공부를 병행하는 것이 쉽지만은 않다. ET와 동아리가 겹치는 날만 해도 그날의 야간 자율학습 시간이 통째로 날아가는 것이나 마찬가지였기 때문이다. 그렇기에 어느 정도 스스로의 능력과 주어진 시간을 잘 계산해서 현명하게 사용하는 것이 중요하다. 내가 감당할 수 있는 선에서, 커피와 함께 졸음을 참는 요령도 익혀가면서 말이다.

내 경우 그나마 다행이었던 것은, 금요일 밤부터 일요일까지 혼자만의 공부시간을 어느 정도 확보할 수 있었다는 사실이다. 어릴 때부터 학원에 다닌 적이 거의 없는지라 학원에 대한 정보도 딱히 없고 학원의 전반적인 시스템 자체도 많이 낯설었다. 인터넷 강의 또한 집중력이 부족해서인지 잘 안 듣게 됐다. 대신 막 휘갈긴 수업 필기를 보기 좋게 정리하고 문제집을 풀어가며 이론을 복습했고, 주말에는 평일에 정리하지 못한 부분을 보충하며 시간을 보냈다.

선생님의 문제 출제 경향과 방식을 어느 정도 파악해 두는 것도 큰 도움이 됐다. 전년도 시험지나 선배의 경험담을 토대로 살펴봐야 할 것들을 어느 정도 정리해둔 후 시험 2, 3일 전에 마지막으로 훑었다. 어떤 선생님은 고사성어를 시험에 내기도 하고, 또 지명이나 연도를 살짝 바꾼 문제로 등급을 가르기도 한다. 하지만 결국 대부분은 수업에서 다룬 내용을 충분히 외우고, 읽으라는 텍스트를 잘 읽고, 추천한 문제집이나 내준 연습문제들을 꼼꼼하게 푸는 것만으로도 괜찮은 성적을 낼 수 있었다. 다만 내용에 대한 꼼꼼한 숙지가 정말 중요하다. 문제를 풀 때 선지에 대해 깊게 생각하지 않았다가 삐끗해서 문제를 틀리는 경우가 허다하기 때문이다. 그리고 정답을 알게 된 후에 '아!'하는 탄식을 내뱉게 된다. 이를 예방하기 위해 스스로 푼 문제에 대해 꼼꼼히 해설하고 내가 선생님이라면 어떻게 학생들을 헷갈리게 할 수 있을지 예상해보기도 했다.

국어와 영어는 조금 별개로 이야기하고 싶다. 이 두 과목은 좋은 성적을 받기 위해 일정 수준 이상의 '독해력'이 필요하다. 특히 국어의 경우 중학교 때부터 암기식으로만 공부했던 나에게 1학년 1학기에 참 뼈아픈 성적을 안겨 주었다. 영어는 그래도 영어식 문장구조에만 익숙하다면 수업 필기와 단어를 제대로 암기해 두는 정도로 괜찮게 시험을 볼 수 있었다. 하지만 국어는 공부 방법부터 완전히 갈아엎어야 했다. 그 과정에서 학교에서 진행했던 국어 ET 수업의 덕을 톡톡히 보았다. 작품을 분석할 때 어디에 먼저 초점을 맞추어야 하는지, 어떠한 사고의 흐름을 거쳐 주제를 파악하는지 가르쳐주셨고, 그것을 바탕으로 매 수업시간마다 새로운 작품들을 분석했다. 덕분에 1학기 때 5등급이었던 국어 성적이 2학기 때 2등급 정도로 급상승곡선을 이룰 수 있었다.

수시는 무모함 보다 현명한 도전을

처음 입학할 때부터 역사에 관심을 가졌던 나는 어떤 활동을 하든지 그것을 역사학과 관련시켜 생각하고 탐구하고자 했다. R&D 활동을 할 때에도 어떤 책을 읽든 항상 역사학을 연결시켜 조사와 발표를 진행했고, 정보 수업시간에는 빅데이터의 인문학적 활용에 주목해 역사 연구에 적용할 수 있는 방법에 대해 고민했다. 국어, 영어 수업 시간에 텍스트를 읽을 때에도 최대한 텍스트가 작성된 시대적 상황을 찾아보고자 했다. 이러한 일련의 활동은 역사학의 여러 하위분야들을 접하거나 진로 방향을 구체화하는 계기가 되었다.

1, 2학년 동안은 활동을 통해 내가 무슨 주제에 관심이 있는지, 만약 역사학자가 된다면 무엇을 연구할 것인지 탐색하는 과정을 거쳤

다. 3학년 때는 이것을 바탕으로 스터디그룹이나 동아리를 만들어 심화 내용이나 보충적으로 탐구해야 할 만한 주제에 대해 공부했다.

예를 들자면, 2학년 R&D 활동을 계기로 여성인권 및 젠더 문제에 관심을 갖게 된 후 서양 여성 신체관 변화에 대한 보고서를 썼다. 3학년 때는 독서 모임을 통해 문학 작품에 반영된 당대 여성의 삶에 대해 탐구했다. 또한 사료탐구 ET 및 역사연구 방법론 관련 스터디를 진행했던 것의 연장선상에서, 사료탐구 동아리를 만들어 사료 연구 사례를 조사하거나 한문 사료를 분석해보기도 했다. 이러한 연속적인 탐구 활동은 일종의 나만의 '스토리'로써 자기소개서를 쓰는 데에도 큰 도움이 되었다.

자기소개서는 2학년 겨울방학 때 처음으로 초안을 작성했다. 그 동안의 공부와 활동을 정리해볼 수 있었고, 앞으로 3학년 때 추가적으로 무슨 활동을 해볼지 계획할 수도 있었다. 본격적으로 자기소개서를 쓰기 시작한 것은 여름방학 때부터였는데, 선생님들의 조언과 친한 선배들이 전해준 팁을 참고하여 나만의 이야기를 적어나갔다.

자기소개서를 쓰면서 가장 중시했던 것은 1, 2, 4번 문항 간 연결성이었다. 1번에서 여성 및 젠더사에 관심 갖고 탐구하게 된 과정을, 2번에서는 보고서, 스터디 등 연장선상에 있던 심화 탐구 활동을 다루었으며, 4번에서는 일련의 활동에 영향을 주었던 도서들을 선정해 배우고 느낀 점을 썼다. 또한 문항마다 활동과 연관 지어 앞으로 무엇을 연구하고 시도할 것인지, 어떤 역사학자가 될 것인지에 대한 비전을 이야기하며 글을 마무리했다. 덕분에 전반적으로 통일성도 있고, 조금 더 진실성 있는 자기소개서가 되었던 것 같다.

면접 준비 또한 학교에서 했다. 학교에서 박인호 선생님이 개설한 구술면접 ET를 통해 이전 면접 기출문제들을 살피고, 선생님과 친구들과 함께 토론하는 느낌으로 서로의 생각과 답변을 나누었다. 말하기 방식에 대한 피드백도 많이 받을 수 있었다. 특히 나는 선생님께 말이 길고 수식어가 너무 많이 활용된다는 점을 지적받아왔는데, 많은 연습을 통해 두괄식으로 간결하게 말하는 방법을 익힐 수 있었다. ET나 모의 면접 외에도 친구와 반에서 같이 문제를 풀고 서로의 답변을 녹음해 주기도 하면서 연습했고, 실전에서도 떨지 않고 침착하게 임할 수 있었다.

마지막으로 입시를 준비할 후배들에게 하고 싶은 말은 '현명한 도전'을 하라는 것이다. 아무리 비교과 활동을 열심히 한다고 하더라도, 현실적으로 어느 정도 내신 성적이 요구될 수밖에 없다. 특히 지원하고자 하는 학과와 관련된 과목의 경우 내신 성적에 더 신경써야 한다. 비교과 활동이 좋더라도 해당 교과의 내신 성적이 많이 낮다면 오히려 설득력이 떨어지는 생활기록부가 될 수밖에 없다.

그렇기에 무엇을 하든지 자신의 상황과 능력, 여건을 잘 고려해 '현명한 도전'을 하는 수밖에 없다. 특히 중간고사가 끝나고나 기말고사가 끝나고 남는 기간 노는 것도 좋지만, 그런 여유로운 시기를 활용해 스터디그룹 활동이나 세미나를 한다면 좋을 것 같다.

05
소신껏 밀어붙여라

10기 자연과학과정 이동준 (서울대 기계항공공학부 기계공학 전공 17학번 수시 합격)

배드민턴과 함께 한 학교생활

고등학교 생활 중 가장 즐거웠던 활동을 꼽자면 배드민턴 동아리 (식스틴버즈) 활동을 들 수 있다. 3년이라는 긴 시간의 마라톤을 완주하려면 무엇보다 몸과 마음이 건강해야 한다고 생각했다. 일주일에 두 번 꼴로 체육관을 찾으며 동아리 친구들과 함께 웃고 떠들며 운동했다. 외대부고에는 배드민턴 전국 A조 급의 고수 선생님이 계셔서 함께 운동하며 배우는 재미가 남달랐다. 틈틈이 땀을 흠뻑 흘리며 뛰다 보면 스트레스가 훌훌 날아가는 기분을 느낄 수 있다. 동시에 자연스럽게 기초 체력이 강해짐을 느낄 수 있었다. 그 덕분에 공부를 하며 체력적인 부담을 느껴본 적이 거의 없다.

평소 건강관리를 위해 습관처럼 신경 쓴 것도 있다. 수업과 수업

사이 쉬는 시간에 자리에 일어나 잠을 쫓고 스트레칭을 하며 몸을 푸는 것이 일상이었다. 건강한 학교생활은 늘 나에게 가장 중요한 가치였다.

흥미를 고려하여 진로를 선택하라

초등학교 때 Mindstorm과 Bioloid를 접하며 기계공학에 관심을 가지게 된 이후로 매해 한 가지씩의 로봇 프로젝트를 진행했다. 그 중에서 무엇보다 흥미로웠던 분야는 신체 보조 로봇의 기계학적 메커니즘과 인공지능AI이었다. HAFS에서 AI 관련 ET를 수강한 것을 계기로 머신 러닝Machine Learning의 한 분야인 서라운드뷰모니터SVM 의 원리를 탐구하고자 팀원들과 MIT 오픈코스웨어 강의를 듣고 인터넷 자료를 찾아보며 함께 토론했다. 각자 기본적인 SVM을 C언어로 코딩하여 본 후 프로그램을 비교하여 보고 분석하는 과정을 통해 공통의 관심사를 함께 탐구하는 일이 쉽지만은 않았지만 매우 즐거운 경험이었다.

학년이 올라갈수록 수학과 물리 수업의 난이도가 높아졌지만 그만큼 더 흥미로웠다. 수학과 물리는 원리를 정확하고 깊게 이해해야만 문제를 해결할 수 있다. 어려운 고비를 넘어 어느 순간 내가 틀린 이유를 알게 되었을 때 짜릿한 성취감이 있었다. 수학과 물리가 각각 경이로운 논리 체계이면서 톱니바퀴처럼 맞물려 세상의 현상들을 설명하는 철학이라고 생각하게 되었고, 이를 사람을 위한 기술로

승화시키는 학문이 공학이라고 믿게 되었다. 초등학교 때부터 장래 희망을 적는 칸에 매번 로봇 공학자라고 적었던 그대로 기계와 사람의 상호작용을 가능하게 하는 기술을 개발하는 꿈을 이루고 싶어 기계공학과를 선택하였다.

개념 정복과 반복 학습의 중요성

과목과 상관없이 공부할 때 항상 지키는 원칙이 있다. '개념'을 완전히 익히는 것이다. 문제풀이, 빠른 계산 연습 보다는 기본적인 것부터 심화된 개념까지의 이해를 최우선으로 한다. 이런 기반 없이 공식과 문제에 적용하는 패턴을 단순하게 달달 외워 시험에 임하는 것이 최악이라고 생각한다. 외운 패턴에서 살짝 벗어나 조금이라도 문제가 변형되어 나온다면 새로운 문제처럼 인식하게 되고 전혀 손을 쓸 수가 없기 때문이다. 또한 몇 가지 내용만 단순 암기한 것은 조금만 시간이 지나면 모조리 다 잊어버리게 된다. 개념이 온전히 자신의 것이 되지 못하면 그 부분을 '공부'한 것이라고 보기 힘들다.

대학에 와서도 전공 서적의 개념 설명을 자주 읽게 된다. 문제풀이에 들어가기 전에 최소한 4번 이상은 개념을 정독한다. 그냥 읽는 것이 아니라 이전에 나왔던 다른 개념들과는 어떻게 이어지는지, 수학의 경우에는 어떻게 유도되는지 계속 생각하며 읽는다. 개념을 완전히 이해한다면 문제가 어떻게 변형이 되어 나오든 대처가 가능하고, 기억에 오래 남기 때문에 나중에 연계된 과목에도 도움이 된다.

점심시간 중 식사하는 시간을 제외하면 대략 40분에서 1시간 정도가 남는데 이 시간이 상당히 중요하다는 것을 2학년 때쯤에야 깨달았다. 인터넷을 보며 그 시간을 그냥 흘려보내다가 2학년 때부터는 오전의 수업 내용을 다시 한 번 되새기는 복습 시간으로 활용했더니 내신 성적을 관리하는 데 큰 도움이 되었다.

수시는 학교 안에서 모두 해결

진로와 관련된 연구 활동을 학교 프로그램 안에서 진행하였다. 1학년과 2학년 때 진행되는 자기주도 탐구 프로젝트인 ARC 프로그램에서 대부분의 학생은 1학년과 2학년 때 다른 주제를 정해 연구를 진행했다. 하지만 나는 1년이 조금 짧다고 생각하여 1학년과 2학년을 같은 주제로 꾸준하게 연구하였다. 골절된 뼈를 맞출 때 사용하는 의료 장비를 스튜어트 플랫폼Stewart Platform과 결합하여 정형외과 수술을 보조하는 로봇을 코딩하는 프로젝트였다.

'바이오 스튜어트 플랫폼Bio Stewart Platform의 자세 일치 제어에 관한 연구'를 진행하는 과정 속에서 행렬을 깊이 있게 공부하게 되었고, 6자 유도인 스튜어트 플랫폼을 이해하기 위해 기구학도 배우게 되었다. 이러한 일련의 진행 과정을 1학년 1학기부터 3학년 1학기 때까지의 생활기록부에 차근차근 기재하여 일관된 열정과 꾸준한 노력을 보여준 것이 서울대와 카이스트 수시에 합격하는데 도움이 되었다고 생각한다.

사실 수시 자기소개서를 쓸 무렵 고민스러운 일이 있었다. 서울대 기계공학부에 지원하는 친구가 나 말고도 2명이나 더 있다는 것을 알았다. 그 친구들의 내신 성적이 나보다 더 좋았으니 과연 내가 합격할 수 있을지 걱정이었다. 당시 3학년 부장이신 박인호 선생님을 찾아가서 어떤 학생을 다른 과로 바꾸도록 권유해주시면 안되겠냐고 건의도 해보았다. 얼마 후 선생님께서는 그 학생들도 모두 기계공학에 전공적합성이 있어 전공을 바꿀 의사가 없다는 것이었다. 그래서 나는 최종적으로 나를 믿고 가던 길을 가기로 결심했다. 결과적으로 우리 셋은 모두 합격의 영광을 얻을 수 있었다.

자기소개서는 진실을 담은 나의 발자취

자기소개서는 내가 왜 기계공학에 관심이 있는지, 그래서 그동안 어떠한 활동을 자기주도적으로 하여 왔는지, 앞으로 기계공학과에서 무엇을 배워 어떻게 활용하고 싶은지를 중심으로 작성하였다. 고등학교 시절에 한 활동은 매우 많겠지만 그것을 모두 자소서 안에 담을 수는 없다. 활동을 쭉 나열하여 양을 과시하는 것 보다는 자신이 한 활동 중에서 가장 핵심적인 활동만을 선택하여 구체적으로 그 활동을 통해 어떠한 것을 배웠고 느꼈는지 작성해야 한다.

또한, 전체의 활동들이 하나의 맥락 안에서 유기적으로 이어져야 확실한 목표를 가지고 있음을 알릴 수 있고 이 학생을 뽑아주면 믿음을 저버리는 행동을 하지 않겠구나 하는 확신을 줄 수 있다고 생각한다. 자소서의 핵심은 당연히 '진실성'이다. 아무리 화려한 자소서라도 진실성이 없다면 읽는 사람의 마음에 와 닿지 않아 지어낸 이야기 같고 믿음이 생기지가 않는다. 그동안 성취한 결과를 자랑하려고 이것저것 나열하는 것 보다는 나의 목표, 가치관 등과 연관시켜 진심으로 기계과에 진학하고 싶은 마음을 담아내려고 노력했다.

구술면접 시험은 학교 수업의 연장

서울대학교 기계항공공학부 일반전형 면접은 주어진 수학문제를 풀고 이를 구술로 설명하는 것이었다. 결론적으로 고등학교 때 내신을 준비하며 다양한 문제 유형을 찾아보고 창의적으로 문제를 접근하려 노력했던 것이 많은 도움이 되었다.

면접 3번 문제가 경우의 수를 기반으로 한 어려운 문제였는데, 수학 선생님이 가르쳐 준 아이디어를 이용하여 매우 간단하게 해결하였다. 발상이 새롭고 이상해서인지 면접관들께서 다시 설명해 보라고 하실 정도였다. 대부분의 학생이 쉬워했던 면접 1번 문제보다 어려워했던 3번 문제를 더 쉽게 풀었던 것은 수업 시간에 새로운 발상으로 문제를 풀어보는 훈련을 하라고 했고 또 연습시켜 주었기에 가능했다. 여러 학교들의 수학 면접 기출 문제를 구해 혼자서 풀어 볼 때도 최대한 새롭고 창의적인 방법이 없는지 고민했던 것이 서울대학교 구술면접 고사를 무난히 치르는 데 도움이 되었다. 학원 같은 사교육 기관을 다니면서 비싼 돈을 쓸 이유가 하나도 없다.

내신과 정시 수능 공부는 다르지 않다

수시에 더 무게를 두고 준비하였기에 정시에 집중해서 준비한 기간은 4개월 정도밖에 되지 않았다. 개념을 완전히 알고 있더라도 수능은 시간 싸움인 부분이 많기에 대부분의 학생이 그렇듯이 기출 문제를 빨리 푸는 연습을 위주로 준비하였다.

HAFS의 내신 준비를 하다보면 자연스럽게 수능 준비가 된다. 나중에 지나고 보니 고1 때 수업 시간에 다루던 내용도 수능 범위 안에 있는 내용이었고, 내신 시험의 문제 형식도 수능과 최대한 유사하도록 출제해 주기 때문에 자연스럽게 수능 유형의 문제와 사고 방식을 3년간 익히게 된다.

수학능력시험은 교육과정 내에서 100% 출제되는 것이고, 내신 시험도 교육과정 안에서 출제되는 것이므로 내신 공부를 잘 하면 수능도 잘 보는 것이 지극히 타당하다. 그럼에도 내신 따로 수능 따로 공부해야 하는 것처럼 중압감을 느낀다면 안타까운 일이다.

노력은 배신하지 않는다

'노력은 배신하지 않는다'라는 말은 진부하지만 사실이다. 단기간에 스퍼트 하는 것은 한계가 있다. 1학년 때부터 꾸준히 내신을 챙기고, 창의 논문을 준비하고, 크고 작은 대회에 참여하고, 운동하면서 순간순간 버거웠던 그 시간들이 쌓이고 쌓여 좋은 결과를 만들어 냈다고 느낀다.

입시에서 가장 결정적인 순간인 마지막 구술면접에서도 더욱 이를 체감하였다. 구술면접 문제는 개념을 먼저 이해하고 다양한 각도에서 바라보려고 노력한 시간들이 쌓이고 쌓여야만 답이 보이는 것들이었다. 지금 내 주변의 과 동기들도 전부 징글맞도록 성실한 것을 보면 꾸준한 노력만이 정도이며 지름길은 없다고 본다. 동기 중에 하나 둘 정도 특별하게 번뜩이는 녀석이 있긴 하지만 나머지 99%는 오십보백보이고 노력한 순서대로 학점을 받아가는 것을 보았다. 물론 학점을 잘 받는 순서대로 행복해지거나 꿈을 이루는 것은 아니지만 적어도 기본은 되어 있어야 어디서든 자신의 꿈을 펼칠 가능성이 높아질 것이라 믿는다.

대학 입시를 향해 타의가 아니라 오로지 자신의 의지로 오랜 기간 달려왔다면 여러분의 노력은 절대 배신하지 않을 것이다. 혹시라도 결과가 만족스럽지 못하다면 그것은 운이 좋지 않아서가 아니라 자신의 한계치까지 최선을 다해 노력하지 않았기 때문은 아닌지 조금은 냉정하게 되돌아보길 바란다.

06
나는 자랑스러운 HAFS인

11기 자연과학과정 최보금 (서울대 화학생물공학부 18학번 수시 합격)

합스는 내 꿈을 이루는 하나의 지름길

합스는 내 인생의 터닝 포인트였다. 많은 사람들이 대학교 진학이 인생의 전환점이라 하지만, 나는 한 치의 망설임도 없이 합스에 진학한 것이 내 인생의 전환점이라고 확신한다. 합스를 통해 세계를 바라볼 수 있는 시각을 얻었고, 수많은 소중한 인연들을 맺었으며, 스스로 성장할 수 있었다. 합스가 있었기에 유체에서 성체로 무난히 성장하고 성인으로 홀로 설 수 있었다고 당당히 말할 수 있다.

합스의 교육프로그램은 단연코 최고이다. 합스의 교육프로그램은 대입에 최적화되어있다. 자연과학과정 학생으로서 1학년, 2학년, 3학년 때 계획되어 있는 교육프로그램을 모두 이수하기만 해도 대학에서 입학을 위해 요구하는 모든 활동을 해낼 수 있다.

1학년 자연과학과정 학생들은 ARC와 R&D에 참여한다. 나는 두 활동을 통해 참 많은 것들을 얻었다. R&D 활동을 하며 학과 수업에서 다뤄지지 않는 깊은 주제들에 대해 책을 읽고 조원들과 함께 토론하며 많은 깨달음을 얻었다. 우리 조는 영국 케임브리지 대학교 장하준 교수의 《그들이 말하지 않는 23가지》를 읽고 자본주의의 운영 과정에 수학적 모형을 적용해보는 등 다양한 시각으로 접근하며 이야기를 나누었다. 또한 《파도》(토드 스트라써)를 읽고 전체주의에 대해 토론을 하는 등 사회과학적 주제에 관해 깊은 이야기를 나누었다. 책을 읽고 토론으로만 활동을 마치는 것이 아니라 사회과학 이론을 적용시켜 자연현상을 수학적 모델링으로 해석하는 등 학문간 융합을 시도하면서 선생님들로부터 좋은 평을 받았다. 이런 활동들은 나중에 자기소개서를 작성하는 데 좋은 글감이 되었다.

2학년 때 가장 중점적으로 하는 활동은 ARC다. 1학년 때는 ARC가 무엇인지 알고 한번 체험해보았다면 2학년 때는 1학년 때의 경험을 바탕으로 한 학기에 1번씩 총 두 번의 연구 평가를 받을 수 있는 기회가 주어진다.

나는 한 가지 주제를 설정하고 기존의 실험을 따라가는 것이 아니라 새로운 실험을 계획하고, 결과를 분석하여 산출물을 얻는 것을 매우 좋아했기에 ARC에 그 누구보다도 적극적으로 참여했다. 2학년 한 해 동안 생명과학 관련 연구 2개, 정보과학 관련 연구 1개를 진행했다. 다른 친구들이 보통 1년 동안 1~2가지의 연구를 할 동안 나는 3개의 연구를 학업과 병행하며 진행했기에 힘들지 않았다고 말하진 못하겠다.

하지만 나는 연구를 학업과 병행하면서 힘들었던 점보다 어떤 연구든 진행할 수 있는 실험실이 있고, 궁금한 점이 있으면 여쭤보고 연구에 관한 조언을 얻을 수 있는 많은 선생님이 계신다는 점이 너무 좋아서 그 모든 걸 이겨낼 수 있었던 것 같다. 조원들과 함께 실험하고 도서관에서 전문 서적을 찾아 선행 연구를 조사하고 함께 모여 데이터를 분석하여 발표하며 단순히 연구 결과만 얻은 것이 아니라 연구자의 자세에 대해서도 배울 수 있었다. 조별 활동을 통해 배려심과 협동심도 자연스럽게 키울 수 있었다.

연구 발표 후에도 선생님들로부터 피드백과 평가를 받아 후속 연구를 진행하기도 하고, 시행착오를 거치면서 연구의 질을 높일 수 있었다. 다른 학교 친구들은 많은 돈을 내고 따로 많은 시간을 투자하면서 이런 활동 성과물을 만들어내는 것을 보았다. 하지만 나는 가까운 양질의 환경에서 지속적 지도를 받으며 시간에 구애받지 않고 이런 활동을 할 수 있다는 것이 합스의 큰 장점이라고 생각했다. 심지어 연구비도 합스 바우처 제도를 통해 지원받았으니 얼마나 큰 혜택을 누린 것인지 감사할 따름이다.

자연과학과정 교육 프로그램 중 가장 열심히 참여한 또 다른 활동은 창의연구논문 작성이다. ARC로 연구한 것을 바탕으로 심화시켜 논문을 작성해도 되고, 새로운 주제로 연구를 진행하여 논문을 작성해도 된다.

나는 실험하는 것을 워낙 좋아하다 보니 새로운 주제를 설정하여 여러 차례 실험하는 방식으로 연구를 진행하였다. 논문을 작성하는 것이다 보니 지도하는 선생님들과 여러 차례 면담을 진행하며 연구에 관한 지도를 받는 것이 엄청난 도움이 되었다. 창의연구논문 작성은 지도 선생님과 적어도 3차례 이상의 면담이 의무화되어있다. 면담일지를 작성하며 다음 면담까지의 연구 방향과 구체적 계획에 대해 선생님과 이야기를 나누는 것이 연구 진행에 큰 도움이 된다. 또한 논문 형식이 국제 표준 논문 형식과 일치하고, 담당선생님의 지도 덕분에 연구의 질 또한 높다 보니 권위 있는 국제학회에 그대로 제출해도 큰 어려움 없이 인준을 받을 수 있다. 나 또한 3학년 초에 마무리한 창의연구논문과 2학년 때 완성한 보고서를 논문 형식으로 수정하여 SCIE급 학회에 논문을 2편 등재하였다. 그때의 성취감과 자신감은 이루 표현할 수 없다.

대학교수인 아버지가 자신의 논문에 자녀의 이름을 얹어주기도 했다는 일부 일탈적 행위를 보도한 신문기사를 보고 실소를 금할 수 없었다. 진짜 스스로 노력해서 성취한 우리의 땀들마저 헛되이 하는 부정한 행위들이 안타까울 뿐이다.

ARC, R&D, 창의 연구 논문은 모두 합스의 차별화된 학교 프로그램으로 매우 중요하다. 나 또한 자기소개서의 대부분을 이 활동들로 채웠다. 단순히 연구나 토론같이 학술적인 면에서만 끝나는 것이 아니라, 조별 활동을 통해 많은 인성 덕목을 배울 수 있고, 학자의 자세에 대해서도 생각해 볼 수 있는 등 많은 것을 배울 수 있는 활동이기에 후배들에게 적극적인 참여를 당부하고 싶다.

하나의 별이 모여 은하수를 이룬다

합스에서는 수많은 인연을 맺게 된다. 수업에 들어오는 거의 모든 선생님과 가족 같은 관계를 맺으며, 기숙사 생활의 특성상 다른 과정의 친구들과도 쉽게 친해질 수 있다. 또한 친구들과 함께 지내는 시간이 길다 보니 초등학교, 중학교 때의 그런 얕은 친구 관계가 아닌 속마음까지 스스럼없이 털어놓을 수 있는 깊은 사이가 된다.

미국의 유명한 공상과학 소설가인 로이스 맥마스터 부욜은 이렇게 말했다. '역경은 누가 진정한 친구인지 가르쳐준다 Adversity does teach who your real friends are'고. 고등학교 3학년 수험생활이 내게 가르쳐준 것은 합스에서 만난 모든 친구들이 진정한 친구였다는 것이다. 모두 함께 입시라는 역경을 겪으면서 서로 견제하거나 시기하는 것이 아니라 각자의 길을 존중하며 함께 헤쳐 나갔다.

자기소개서를 준비하다가 글쓰기가 막막할 때에는 서로 조언해 주었고, 면접 준비 기간에는 함께 준비하며 서로의 성공을 기원했다. 수업에서 만난 적은 없지만 3학년 부장 선생님께 자기소개서를 들고 가서 읽어달라고 부탁드린 기억이 생생하다. 정곡을 찔러 나의 부족한 부분을 일깨워준 선생님 덕에 나를 잘 드러낼 수 있는 멋진 자기소개서를 완성할 수 있었다. 면접도 학교 선생님들이 직접 문제를 출제하여 연습시켜 주었고, 대학에 입학한 선배들도 문제를 들고 학교에 와 밤늦도록 우리를 지도해 주었다. 학교 안에서 모든 것을 완벽히 준비할 수 있었다.

정시 준비를 하며 자료가 부족한 친구와는 자료를 공유했으며, 시험 시간을 맞추기 힘들다는 친구들을 위해 다함께 수능 시험장과 비슷한 분위기로 모의고사를 자체적으로 실시하기도 했다. 누군가 맞닥트린 실패나 역경을 나의 기회로 삼는 것이 아니라 서로 함께 짊어져야 할 마음의 짐으로 삼았기에, 입시라는 큰 벽을 함께 포기하지 않고 넘을 수 있었다.

합스에서 맺은 인연은 고등학교를 다닐 때에도 큰 도움이 되지만 졸업한 후에 더욱 빛을 발한다. 국내외 여러 명문대학교로 진학한 수많은 선배 덕분에 뒤따라가는 후배 입장에서는 큰 힘이 된다. 나도 대학생활에서 걱정되는 것도 많고, 궁금한 것도 많았는데, 같은 학교 같은 과에 재학 중인 합스 선배가 다섯이나 되어 많은 도움을 받을 수 있었다. 주변 친구들도 동문 선배들이 새로운 환경에서 새로운 시작을 하는데 큰 도움이 되었다고 한다.

내가 떠나는 길까지 함께해 준 합스

합스는 지금까지 수많은 국내외 명문대 합격생을 배출했다. 그 모든 실적에는 이유가 있다. 아무리 발표 수업이 많은 학교이기는 해도 사실 면접과 발표에는 큰 차이가 있다. 나 또한 학생부종합전형을 중점적으로 준비하면서 면접에 대해 많은 걱정을 했다. 고입 면접을 성공적으로 치르긴 했어도 고입 면접과 대입 면접에는 큰 차이가 있을 것 같고, 외부에서 구할 수 있는 정보도 적은 것 같아서 많은 부담감이 있었다.

하지만 다행히 학교에서 모든 걱정과 부담을 없애주었다. 학교에서 면접 직전까지 특강도 해주고, 매일 학교별 기출문제를 토대로 새로운 문제를 만들어 모의 면접을 여러 차례 진행해주었다. 모의 면접을 통해 나에게 부족한 점을 잘 파악해 조언해주고, 학생 개개인의 학생부와 자기소개서에 관련된 예상 문항 또한 따로 준비해주어 정말 지원 학교와 개개인에 최적화된 모의 면접을 여러 번 체험할 수 있었다. 실제로 면접은 선생님들이 준비해준 예측 문항과 아주 비슷했고, 자기소개서와 생활기록부 문항 또한 대다수 일치해 입시에 큰 도움이 되었다.

고통 없이 얻을 수 없다

지금부터 하는 말은 후배들에게 꼭 하고 싶었던 말이다. 학교생활이 매일 즐겁지만 않을 수도 있다. 시험기간이 되면 내신 경쟁으로 인해 많은 스트레스를 받을 수도 있고, 오랜 기간 함께 붙어서 생활하다 보니 친구들과 가끔 마찰이 생길 수도 있다. 하지만 그 모든 것은 의미가 있다.

나 또한 학업으로 인해 많은 스트레스를 받았던 적이 있으며 '이 렇게까지 공부해야 하나?' 하는 생각으로 방황했던 적이 있다. 하지 만 그 시기를 이겨낸 후 내가 배운 것은 노력으로 이루지 못하는 것 은 없으며, 성장통을 느껴야 키가 크듯 고통 없이 얻을 수 있는 것은 없다는 것이다. 많은 노력을 했기에 나 스스로에게, 그리고 모든 사 람들에게 자랑스러운 고등학교 생활과 대입 실적을 얻을 수 있었다.

꼭 학업 문제가 아니라 인간관계에서의 문제에 있어서도 마찬가 지다. 나도 고등학교 시절에는 미성숙한 인격체이고, 모든 사람들과 마찰 없이 어우러지기에는 모가 난 부분이 있었기에 종종 친구들과 부딪히기도 했다. 부딪힐 당시에는 매우 아프고, 상대를 이해하기 힘 들고, 나 자신이 더 모가 나 보여 자책감에 빠지기도 했다. 하지만 이 런 시련을 통해 모난 부분을 깎아 나가며 더 완성된 인격체로 성장 하게 된다고 확신한다. 합스인이기에 자랑스러웠으며, 자랑스러운 합스인이다. 모두가 자랑스러운 합스인이 되기를 기원한다.

07
선행도 학원도 필요 없는 학교생활

11기 자연과학과정 윤정환 (서울대 의예과 18학번 수시 수석 합격)

친구는 경쟁 관계가 아니다

상대평가 중심의 현행 내신 제도는 우리를 슬프게 한다. 지나친 경쟁은 우리에게 스트레스를 안겨 준다. 바로 옆에 있는 친구들이 경쟁자가 되고 서로 눈치를 볼 수밖에 없는 상황은 견디기 힘들다. 나뿐만 아니라 많은 친구가 같은 고민을 했던 것 같다.

만약 내가 계속 점수에 목적을 두고 그런 경쟁 관계 속에서 친구들을 대했다면 버티기 힘들었을 것이다. 그래서 나는 목표 의식을 다르게 설정하기 위해 노력했다. 남들과의 경쟁보다는 나 스스로를 극복하는 데 집중했다. 결과에 집착하기 보다는 어떤 목표에 이르기 위해 노력했던 과정을 중요시하기로 마음먹었다. 그런 인식과 태도의 변화가 3년간 나를 지탱해준 힘이 되었다. 가끔 힘든 일이 닥쳐오기도 했지만 의연하게 헤쳐 나갈 수 있었다.

고등학교 재학 중 중간고사를 몇 번 망쳤다. 다른 친구들이 생각하는 것과 달리 나도 중간고사만 봤을 때는 항상 1등급이나 2등급인 과목만 있지는 않았다. 결과가 너무 좋지 않을 때에는 절망하기도 했고 상식적으로 극복할 수 없다는 생각도 했다. 그럴 때마다 과정 중심으로 사고하며 극복할 수 있었다.

지나간 성적은 회수할 수 없는 매몰비용이라고 생각했다. 중간고사 때 부족했던 부분을 빨리 반성하고, 기말고사에 최선을 다하자고 스스로 생각했다. 내가 할 수 있는 한 모든 것을 다 쏟아 부어보자는 생각으로 공부했다. 진정으로 최선을 다하고도 원하는 결과가 나오지 않는다면, 그건 내 영역이 아니라 신이 나에게 정해준 몫이라고 생각했다. 그렇게 생각하니 마음이 편해졌고 학업에 집중할 수 있었다. 마음이 흔들리고 모든 것들이 불안하게 느껴질 때도 있었지만, 내가 할 수 있는 데까지 노력한다면 결과가 좋지 않아도 상관없다고 생각하니 마음이 편해졌다. 결과는 내가 주관하는 영역이 아니지만, 노력은 충분히 내 능력 범위 내에 있다고 생각한다.

중간고사 때 4등급 커트라인을 살짝 넘긴 과목을 기말고사 때 극복해 해당 과목을 전교 1등으로 만들어낸 성취를 몇 차례 맛보며 그런 생각이 더 확고해졌다. 스스로 조금 오버했다고 생각하는데, 3학년 때는 공부하면서 이번 시험에서 진심으로 최선을 다해 마무리할 수만 있다면 당장 내일 죽어도 여한이 없다고까지 생각하게 됐다.

극단적인 생각이었지만, 그 정도로 간절하게 성적보다는 스스로에게 당당하기를 원했다. 이런 가치관이 내가 학습해왔던 일련의 과정과 스타일을 결정했고, 나아가 생활기록부나 면접에까지 영향을 미쳐 일관된 흐름을 만들었다.

만족할 때까지 파고드는 공부의 즐거움

먼저 공부할 때에는 원리를 파고드는 것에 집중할 수 있었다. 나는 이해하기 전까지는 외우는 것을 싫어하고, 내가 가진 논리에 지식이 부합하지 않는다면 그냥 넘어가지 않았다. 아집이 있다고 생각할 수도 있지만, 합리적인 선에서 새로 배운 지식과 기존에 내가 지니던 체계 사이에 부조화가 생긴다면 둘 중 하나는 수정하거나 조화시킨 후에 넘어가야 한다고 생각한다. 그래서 교과서에 있는 개념들이 어떻게 연결되는지, 그 관계와 원리에 대해 고민하고 그때그때 드는 의문점을 항상 메모한 뒤 해결될 때까지 머리를 싸맸다.

선생님께 질문도 많이 하고, 혼자 책이나 인터넷을 통해 찾아볼수 있는 내용은 끝까지 찾아보며 교과서 이면에 있는 숨은 원리를 학습했다. 이런 방식으로 공부하다 보니 남들에게는 보이지 않는 것들이 조금씩 보였다. 공부의 즐거움을 느낄 수 있었다.

선행 학습도 학원 수강도 필요 없다

나를 직접 가르치는 학교 선생님이 출제한다는 확고한 믿음이 있기에 학교 수업에 충실히 임하는 것을 가장 중요하게 생각했다. 시험 전에는 먼저 모든 것을 빠짐없이 완벽히 이해하였고, 그 후에는 참고서를 보지 않더라도 내용을 읊으면서 설명할 수 있을 정도, 혹은 정리한 내용을 빈 공책에 막힘없이 써내려갈 수 있을 정도로 완벽하게 공부했다. 그러다 보니 개념과 원리 공부에 쏟는 시간이 많이 소요되었고 다른 친구들과는 다른 패턴으로 공부하게 되었다.

자연스럽게 내신 대비 학원에 다닐 겨를도 없었다. 가끔 내가 학원을 안 다녔던 것이 마치 멋있어 보이려고 그런 것처럼 얘기하는 친구들도 있었는데 그렇지는 않다. 내신 대비 학원에서 기출 문제 같은 것을 나눠줬을 때는 조금 부러운 생각이 들 때도 있었다. 그러나 실제로 중학교 때까지는 문과 진학을 생각하고 있어서 선행학습을 못했기에 선행학습을 많이 한 다른 친구들이나 학원의 페이스대로 맞추는 것보다는 나만의 페이스대로 공부하는 방법을 찾을 수밖에 없었다. 학원을 다니고 안 다니는 것은 각자의 선택이지만, 처한 환경과 입장에서 나에게 가장 적합한 학습 방법을 찾아나갔다. 내가 만약 자기주도적으로 학습하지 않고 학원 등에 의존했다면 현재의 성취를 이루었으리라 자신할 수 없다.

생기부에는 학교생활을 충실히 반영하라

비교과도 결국 학교생활에 충실하며 내가 하고 싶은 공부와 활동을 했다. 결과에 대한 집착을 버리면서 학교를 다니는 과정에서 내가 할 수 있는 것, 해 보고 싶은 것들을 해 보자고 생각했다. 학교생활을 충실히 하는 것으로 비교과에서 전공적합성과 과학철학 두 줄기의 흐름을 만들 수 있었다. 동아리 활동, 수행 평가, 교과 학습 심화 등 실제로 학교에서 진행한 활동들로만 구성하다 보니 생활기록부에도 일관성이 생기고, 면접 때도 훨씬 수월했던 것 같다.

먼저 중학교 때부터 관심 있던 줄기세포에 대해서 좀 더 전문적으로 공부해봤다. 고등학생 수준에서는 내가 가장 잘 안다고 생각될 만큼 공부했고, 그 결과 의대 MMI 면접에서도 줄기세포에 관해서 세부적인 질문이 있었는데, 자신 있게 자세히 답변할 수 있었고 면접 교수님들의 반응이 좋았던 기억이 난다.

두 번째로 평소에 혼자 고민하던 과학철학이나 생명윤리에 대해 친구들과 토론하는 동아리를 만들었다. 어릴 때부터 혼자 인식론적인 생각이나 상상을 많이 했고, 의료 기술이 발전하며 인간의 존엄성에 어떤 영향을 미칠지 고민한 적이 많았다. 외대부고라는 학교 특성상 그런 주제에 대한 진지한 토론이 가능했고, 마음이 맞는 친구들이 모여 같은 고민을 공유할 수 있었는데 이 과정을 통해 사고력을 확장할 수 있었다.

진로에 대한 고민과 기록

생기부의 진로 희망을 기재할 때 초기에는 순수학문을 하겠다는 방향으로 작성했다. 그 이유는 첫째, 입시 과정에서 진로 선택의 폭이 넓어지기 때문이다. 예를 들면, 처음부터 생활기록부에 진로 희망이 의사라고 쓰면 입시 직전이 되었을 때, 생명공학과나 생명과학과, 농생명과학대학 등으로 진로를 바꾸는 데 제약이 생긴다. 반면 진로 희망을 생명공학 연구라든가 의공학자, 의과학자 등으로 작성한다면, 나중에 생명공학이나 생명과학, 기계공학, 컴퓨터 공학 등의 자연과학, 공학, 의학을 가리지 않고 보다 폭넓게 진로를 전환해도 자연스럽기 때문이다.

두 번째, 학문에 대한 의지를 보일 수 있기 때문이다. 대학은 교육을 담당하기도 하지만, 연구를 통해 학문적 진보를 모색하는 기관이다. 대학교수도 이익을 얻는 방식을 찾는 대신 학문을 연구하기로 한 분들이다. 대학을 직업을 얻기 위한 관문으로 생각하기보다는 학문의 본산으로 여기기를 바랄 것이다. 3년 동안 계속 생활기록부에 생명공학과 의과학에 대한 열정을 드러낼 수 있도록 진로 희망을 작성하고 제반 동아리 활동이나 심화학습도 그에 맞추었다. 의대에 입학하고 난 뒤 서울대 의대는 '의학자로서의 정체성'을 상당히 중요하게 생각한다는 것을 알게 되었다. 물론 다른 확고한 목표가 있다면 그 목표를 작성하는 것도 좋지만, 순수학문에 대한 의지를 보이는 것 자체가 입시에도 어느 정도 유리한 측면이 있다고 생각한다.

학구적 열정을 담은 나만의 고백서

우리 학교는 3학년 1학기 기말고사를 마치고 여름방학 전에 자기소개서 초고를 쓰게 된다. 중학교 때 교내 논술대회에서 대상을 여러 차례 받았고, 전국 단위 논술대회에서도 수상할 만큼 글쓰기에는 원래 자신이 있었다. 여름방학 전에 학교 3학년 부장선생님께서 자기소개서 작성 원리와 방법에 대해 2시간여 동안 실제 사례를 들어 설명하며 방향을 잡아 주셨다. 담임선생님께서도 충분한 조언을 아끼지 않으셨다. 학교 밖에서 도움 받을 필요성을 느끼지 못했다.

먼저 생활기록부를 몇 번이고 다시 읽으며 지난 학교생활을 곰곰이 반추해보기도 하고, 생활기록부나 내가 따로 작성했던 자료들을 보며 내 진로 목표와 우수성을 보여줄 수 있는 내용을 추려 자기소개서를 작성했다. 브레인스토밍을 거쳐 에피소드를 중심으로 정리한 다음 장래 희망을 중심으로 초안을 작성했다.

그 다음 여러 차례에 걸쳐 담임선생님과의 면담과 계속된 수정을 거쳐 완성했다. 처음에는 자기소개서에서 강조하고 싶은 내용에 대해 작성했는데 좀 나열식이라며 구체적인 사례를 중심으로 작성하는 것이 좋다는 조언을 해주었다. 구체적인 것은 3학년 때 배운 고급생명과학과 동아리 활동을 많이 활용했다. 고급생명과학을 공부하며 참고했던 문헌들과 수행평가에서 신경줄기세포 이식 치료와 관련된 논문을 분석했던 것, 그리고 의학 동아리와 과학철학 동아리에서 활동했던 내용을 중심으로 작성했다.

자기소개서에는 교과의 심화 확장과 자기주도적으로 학습한 내용 등을 구체적 사례를 바탕으로 기재하는 것이 좋다. 이때 주의해야 할 것은 생활기록부에 구체적으로 드러나지 않는 내용을 작성한 답시고 근거도 없이 포괄적인 이야기만 하고 끝내면 안 된다는 점이다. 서울대학교에서 배포한 자료만 봐도 알 수 있는 내용인데, 구체적인 근거를 중심으로 객관적인 사실을 함께 전달하는 자기소개서를 권장한다. 즉, 생활기록부에 기재된 내용 중 자신이 강조하고자 하는 스펙을 스토리를 바탕으로 제시할 수 있다.

예를 들자면, 수학 스터디그룹 활동에 대한 스토리를 작성한 뒤에 생기부에 기록된 수학 경시대회 수상 실적을 간단하게 언급한다거나 자기주도적으로 학습한 과정에 대해 구체적 사례를 든 뒤에 성적의 양상에 대해 언급하는 것이 가능하다. 무조건 스펙 나열을 하지 말라는 것이지 일화와 그 감상만을 서술하라는 것은 아니다.

내 경우에는 담임선생님과 면담하고 수정하는 과정을 통해 구체적인 스토리와 나의 우수성을 드러내기 위해 강조해야 할 사실을 적절하게 조화시킬 수 있었다. 생활기록부만으로는 드러나지 않는 구체적인 학습 과정과 학문적 열정을 자기소개서에 담을 수 있었다. 물론 스스로도 자기소개서를 여러 번 고쳤지만 선생님이 객관적인 안목으로 도와주신 덕에 한쪽으로 치우치지 않은 자기소개서를 작성할 수 있었다.

구술면접 준비는 학교에서 쌓은 내공으로

면접은 학교 선생님들이 많이 준비해 주어 학원에 다니지 않았고, 집에서 부모님과 가치관이나 자기소개서 내용 등을 주제로 이야기하며 준비했다. 1시간가량 되는 MMI 면접을 봐야 해서 걱정했는데 면접 방식이 내가 자신 있는 방식으로 진행된 것 같다. MMI는 자기소개서와 생활기록부에 대한 질문뿐 아니라 총 5개의 별도 제시문을 분석한 뒤 관련 질문에 답변해야 한다. 1주일에 책을 한두 권씩 읽어왔고 매일 아침마다 기숙사를 나오면서 종이 신문을 들고 나와 읽고 정리하는 게 습관이 되었는데 그것이 나도 모르는 사이에 내공이 되어 도움이 많이 되었다.

대표적인 예로 면접 문제 중 인공지능 알고리즘의 편향성에 관한 긴 기사문의 주제를 파악하고 요약문을 작성한 뒤, 후속 질문에 답변해야 하는 신유형이 있어서 부담 없이 답변할 수 있었다. 소득 분위에 따른 의료비 지출 자료에 대한 분석을 요구하는 문제도 있었는데, 표면적으로는 모순되어 보일 수 있는 자료를 주고 그 현상에 대한 설명을 요구했다. 평소 통계 자료를 인용하는 기사를 보고 부모님과 통계 범주 설정의 타당성에 대해 대화한 적이 많았다. 문제에 제시된 명제의 원인과 결과를 뒤집어 생각함으로써 표면적인 모순을 해결하고, 통계 범주 설정에 대해 답변할 수 있었다. 별 것 아닌 것처럼 보이지만 자연과학 과정의 학생도 인문학적 소양을 요구하는 고등학교에 다녔기에 여타 학교 학생들과는 다른 시각에서 논의에 접근할 수 있었다.

학원을 다니지 않고도 학교에서 MMI를 준비할 수도 있었던 것은 내 면접의 가장 큰 성공 요인 중 하나였다. 사실 처음에는 몇 안 되는 서울대 의예과 면접 대상자 때문에 학교에서 MMI를 준비해줄 것이라고는 상상하지 못했다. 그러나 입시 직전에는 학교 선생님들이 MMI를 따로 분석하고 예상 문제까지 뽑아 준비해주었다. 국어, 수학, 생명과학, 화학 등 다양한 전공의 선생님들이 협력하여 다면적으로 교차 지도해 주어 큰 도움이 되었다. 특히 여러 차례 기출 문제나 예상 문제로 시뮬레이션을 하다 보니 면접관에게 내가 가지고 있는 생각을 명확하고 체계적으로 전달하는 훈련이 많이 되었다.

선생님들이 자신감을 많이 북돋아 주기도 했다. 면접 지도를 해준 선생님 중 한 분은 내가 수석 입학할 것 같다고 말씀하시기도 하고 합격 이후에도 수석 여부에 대해 물었다. 솔직히 말하면 실제 면접에서는 학교에서 선생님들께 보여 드린 것처럼 매끄럽게 답변하지 못해 조금 부담스럽기도 했다. 그런데 운 좋게 수시 수석으로 합격하여 전액 장학금을 타게 되었다. 학교 시스템과 여러 선생님의 도움 덕분이라 감사한 마음을 어떻게 표현해야 할지 모르겠다.

수시인가 정시인가

둘 다 잘 할 수 있으면 좋지만 2학년 말까지는 수시 중심인지 정시 중심인지 결정하는 것이 좋다. 수시는 내신 성적이 좋아야 하고 정시는 수능을 잘 보아야 한다. 2학년 말까지 내신 성적과 이전 선배들의 입시 실적을 비교해 보면 자신의 내신 성적으로 자신이 원하는 학교의 원하는 학과에 진학할 가능성을 대략 추정해 볼 수 있다.

자신 있으면 수시 중심으로, 어느 정도 자신이 있으면 병행, 자신이 없으면 정시 중심으로 준비하는 것이 전략적이라고 생각한다. 특히 우리 학교는 3학년 때 고급수학, 고급화학, 고급 생명과학 등 수능에 출제되지 않는 과목을 많이 배운다는 점도 충분히 고려하면서 전략적인 선택을 잘 해야 실패의 위험을 줄일 수 있을 것이다.

합스에서의 소중한 인연들

각박한 생활이라도 교우 관계는 매우 중요하다. 각박한 생활일수록 친구가 필요하다. 후배들에게 치열하게 살더라도, 고민을 털어놓을 친구 한 명은 적어도 사귀라고 얘기해주고 싶다.

나는 보기보다 낯도 많이 가리고 먼저 다가가서 친구를 사귀는 성격은 아닌데 다행히도 합스 3년 생활 동안 좋은 친구들을 많이 만날 수 있었다. 공부뿐만 아니라 수학여행이나 소풍, 체육대회, 예술제 같은 행사들을 하면서 쌓았던 친구들과의 추억이 아직도 생생하다. 같은 반을 했던 친구들끼리는 아직도 친한 경우가 많아서, 최근에도 함께 모여 종종 식사를 하는 등 친분을 유지하고 있다.

특히 1학년 때 우연히 두 번 연속으로 룸메이트가 되어 3학년 때도 함께 룸메이트 생활을 했던 친구가 있다. 그 친구와는 기숙사에서 할 얘기 못할 얘기 다 하면서 거의 숨기는 것 없이 지내며 서로 많이 의지하며 지냈던 것 같다. 지친 하루를 보내고 돌아왔을 때, 마음이 어지럽고 믿음이 사라질 때, 부담 없이 이야기를 나눌 수 있는 친구가 있다는 것은 행운이다.

수기를 작성하며 목표를 이루기 위한 마음가짐에 대해 이야기를 많이 했지만, 그 전에 주변 사람들을 잃지 않고 함께 갈 수 있는 태도를 기본적으로 가졌으면 더욱 좋겠다. 합스에서 만난 것이 생각보다 큰 인연이었다는 것을 졸업하고 나서야 깨닫게 된 것 같다. 앞으로 마주치는 인연들 하나하나를 소중히 여기며 살아가기 바란다.

꿈을 향해 포기하지 않는 도전

높은 목표를 달성하기 위해서는 도전 의식을 갖는 것이 필수적이다. 시작하기도 전에 가능성이 낮다고 지레 포기한다면 원하는 것은 얻을 수 없다. 나는 학교에 입학하고 시험을 보기도 전, 학교에서 조사하는 학생카드에 대학 진학 1~3지망을 모두 서울대학교 의예과로 적어냈다. 그때 담임선생님께서 이게 무슨 의미인지 아느냐고 물었던 것이 기억난다. 계속 전교 1등 정도를 하면 되는 걸로 안다고 말씀드렸고, 담임선생님께서는 알면 됐다고 하셨던 것 같다.

지금 생각해보면 내 스스로도 어이가 없기도 하지만, 그때 오만한 태도로 그런 목표를 적어냈던 것은 아니었다. 우리 학교에 입학하며, 전국의 수재들이 모인다는 사실에 흥분하기도 했지만, 경쟁에서 뒤떨어질까 두려웠던 것도 사실이다. 원하는 대학에 가지 못하더라도 어느 정도 감수하겠다고 생각하기도 했다.

그럼에도 내 목표를 자신 있게 적어냈던 것은 의지의 표현이었으며 스스로에 대한 약속이자 자기 최면이기도 했다. 그때는 불가능해 보이는 목표 같기도 했지만, 매 순간마다 된다고, 될 거라고 스스로 되뇌었던 것 같다. 그렇게 지금은 나와의 약속인 동시에 담임선생님과의 약속을 지키고 목표를 이룰 수 있었다.

고등학교 생활을 돌이켜보니, 공부하는 방식이나 비법을 찾는 것보다는 어떤 태도를 가지고 학습이나 활동에 임하느냐가 중요했던 것 같다. 내 경우 과정을 중시하고, 학교생활을 충실하게 하는 것, 끝까지 포기하지 않고 노력하는 것 등을 가장 중시했다. 순간의 결과에 일희일비하지 않고 스스로에게 최선을 다하며 한 걸음 한 걸음 다가가다 보니 원하던 목표에 도달해 있는 나를 발견하게 되었다.

| 참고 문헌 |

《유시민의 공감필법》, 유시민, 창비, 2016

《미쳐야 미친다》, 정민, 푸른역사, 2004

《책뜯기 공부법》, 자오저우(허유영 역), 다산북스, 2015

《클래식 법정》, 조병선, 뮤진트리, 2015

《라틴어 수업》, 한동일, 흐름출판, 2017

《강남에서 서울대 많이 보내는 진짜 이유》, 심정섭, 나무의철학, 2014

《2016년 서울대학교 학생부종합전형 우수성과 공유 컨퍼런스》, 서울대학교 입학본부, 2016

《학생부종합 서류평가의 이해》, 서울대학교 입학본부, 2016

《2017학년도 서울대학교 학생부종합전형 안내》, 서울대학교 입학본부, 2017

〈베리타스 알파〉, 2018. 03. 26.

외대부고 공신들의 진짜 1등 공부법

©박인호, 2018

초판 1쇄 발행　2018년 10월 15일
초판 5쇄 발행　2021년 04월 23일

지은이　박인호
펴낸이　이경희

발행　글로세움
출판등록　제318-2003-00064호(2003.7.2)

주소　서울시 구로구 경인로 445
전화　02-323-3694
팩스　070-8620-0740
메일　editor@gloseum.com
홈페이지　www.gloseum.com

ISBN　979-11-86578-52-0 13370